1페이지
미술
365

세상의 모든 지식이 내 것이 되는

1페이지 미술 365

◆ THE STORY OF ART ◆

김영숙 지음

빅피시
BIG FISH

아름다운 미술의 세계로 안내하는 365 수업

《세상의 모든 지식이 내 것이 되는 1페이지 미술 365》는 매일 1페이지씩, 365점의 명화와 함께 미술의 모든 지식을 단 한 권으로 만날 수 있는 책입니다. 월요일부터 일요일까지 작품, 미술사, 화가, 장르·기법, 세계사, 스캔들, 신화·종교 총 일곱 분야의 지식을 다루고 있어, 꼭 알아야 할 미술의 교양을 빠짐없이 쌓을 수 있습니다.

관심 있는 주제부터 읽어도 좋고, 처음부터 차례대로 읽어도 좋습니다. 아름답고, 신비한 매력의 명화들을 매일매일 감상하는 동안, 명화 속에 서려 있는 수만 년의 깊고 방대한 지식들이 인문학 세계를 확장해줄 것입니다. 매일 1페이지씩 읽으면서 나만의 교양 지식을 만들어보세요.

Monday 작품	반드시 알아야 할 교양 필수 명화
Tuesday 미술사	원시미술부터 근대미술까지 미술사의 결정적 명장면
Wednesday 화가	미술사에 한 획을 그었거나 인상적인 삶을 산 예술가
Thursday 장르·기법	거장들이 시행착오 끝에 완성한 회화 양식과 기술
Friday 세계사	세계 역사의 주요 사건을 기록한 시대적 명화
Saturday 스캔들	걸작에 숨겨진 뒷이야기와 미술사 속 논란의 순간
Sunday 신화·종교	작품으로 만나는 그리스 신화와 성서, 그리고 전설

1페이지 미술 읽는 법

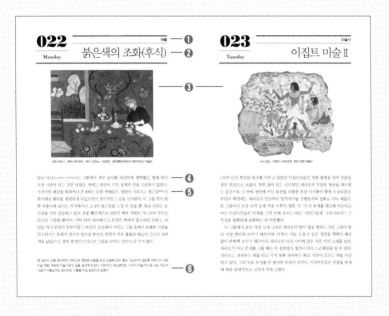

022 Monday ——❶ 작품
붉은색의 조화(후식) ——❷

023 Tuesday ——❶ 미술사
이집트 미술 Ⅱ

❶ 주제와 관련된 카테고리
❷ 주제
❸ 주제와 관련된 이미지 자료
❹ 주제에 대한 설명
❺ 주제와 관련된 참조 페이지(날짜 숫자)
❻ 주제와 관련된 짧은 지식

재미있는 주제를 읽다가 더 알아보고 싶으면 다른 관련 도서를 읽거나, 인터넷 검색을 하며 지식을 확장해보세요. 더 유익한 공부가 될 것입니다. 모든 지식과 공부의 출발점이자 친절한 안내서로 이 책을 활용하세요.

365일 체크리스트

다 읽은 페이지를 체크하면서 365일을 채워보세요.

	Mon	Tue	Wed	Thu	Fri	Sat	Sun
1week	☐	☐	☐	☐	☐	☐	☐
2week	☐	☐	☐	☐	☐	☐	☐
3week	☐	☐	☐	☐	☐	☐	☐
4week	☐	☐	☐	☐	☐	☐	☐
5week	☐	☐	☐	☐	☐	☐	☐
6week	☐	☐	☐	☐	☐	☐	☐
7week	☐	☐	☐	☐	☐	☐	☐
8week	☐	☐	☐	☐	☐	☐	☐
9week	☐	☐	☐	☐	☐	☐	☐
10week	☐	☐	☐	☐	☐	☐	☐
11week	☐	☐	☐	☐	☐	☐	☐
12week	☐	☐	☐	☐	☐	☐	☐
13week	☐	☐	☐	☐	☐	☐	☐
14week	☐	☐	☐	☐	☐	☐	☐
15week	☐	☐	☐	☐	☐	☐	☐
16week	☐	☐	☐	☐	☐	☐	☐
17week	☐	☐	☐	☐	☐	☐	☐
18week	☐	☐	☐	☐	☐	☐	☐
19week	☐	☐	☐	☐	☐	☐	☐
20week	☐	☐	☐	☐	☐	☐	☐
21week	☐	☐	☐	☐	☐	☐	☐
22week	☐	☐	☐	☐	☐	☐	☐
23week	☐	☐	☐	☐	☐	☐	☐
24week	☐	☐	☐	☐	☐	☐	☐
25week	☐	☐	☐	☐	☐	☐	☐
26week	☐	☐	☐	☐	☐	☐	☐

27week	☐	☐	☐	☐	☐	☐	☐
28week	☐	☐	☐	☐	☐	☐	☐
29week	☐	☐	☐	☐	☐	☐	☐
30week	☐	☐	☐	☐	☐	☐	☐
31week	☐	☐	☐	☐	☐	☐	☐
32week	☐	☐	☐	☐	☐	☐	☐
33week	☐	☐	☐	☐	☐	☐	☐
34week	☐	☐	☐	☐	☐	☐	☐
35week	☐	☐	☐	☐	☐	☐	☐
36week	☐	☐	☐	☐	☐	☐	☐
37week	☐	☐	☐	☐	☐	☐	☐
38week	☐	☐	☐	☐	☐	☐	☐
39week	☐	☐	☐	☐	☐	☐	☐
40week	☐	☐	☐	☐	☐	☐	☐
41week	☐	☐	☐	☐	☐	☐	☐
42week	☐	☐	☐	☐	☐	☐	☐
43week	☐	☐	☐	☐	☐	☐	☐
44week	☐	☐	☐	☐	☐	☐	☐
45week	☐	☐	☐	☐	☐	☐	☐
46week	☐	☐	☐	☐	☐	☐	☐
47week	☐	☐	☐	☐	☐	☐	☐
48week	☐	☐	☐	☐	☐	☐	☐
49week	☐	☐	☐	☐	☐	☐	☐
50week	☐	☐	☐	☐	☐	☐	☐
51week	☐	☐	☐	☐	☐	☐	☐
52week	☐	☐	☐	☐	☐	☐	☐
53week	☐	◨	◨	◨	◨	◨	◨

이 그림 앞에 앉아 머물 수 있었기 때문에,
인생의 10년은 행복할 것이다.

—

빈센트 반 고흐
Vincent van Gogh

001

Monday

오필리아

존 에버렛 밀레이, 캔버스에 유화, 76.2×111.8cm, 1851~1852년, 런던 테이트 갤러리

셰익스피어의 희곡 〈햄릿〉에서 햄릿은 자신이 사랑하던 연인, 오필리아의 아버지를 실수로 죽인다. 그가 자신의 아버지를 살해한 숙부라고 착각한 것이다. 연인의 손에 아버지가 죽자, 오필리아는 실성했고 결국 강에 빠져 죽는다.

존 에버렛 밀레이(1829~1896년)는 〈오필리아〉를 그리기 위해 '리지'라는 예명을 쓰는 모자가게 점원, 엘리자베스 시달을 모델로 삼았다. 그는 몸의 반이 물에 잠긴 효과를 사실적으로 그려내기 위해 그녀를 그림 속 옷을 입은 채 물이 가득 담긴 욕조에 들어가 눕게 했다. 이 일로 엘리자베스 시달은 독감에 걸려 거의 죽을 고비까지 넘겨야 했다. 또 화가는 물가의 풀과 나무, 꽃 등을 최대한 자연스럽게 그리려고 강가에 이젤을 세워놓고, 하루 11시간씩, 5개월여를 꼬박 고생했다. 그러나 막상 완성된 그림은 '배수로 잡초 사이의 오필리아' 등의 혹평에 시달려야 했다. 현재 이 그림은 거의 500억 원대의 가치를 가진 것으로 평가된다.

○ 엘리자베스 시달은 밀레이의 동료 화가 단테 가브리엘 로세티*[269]와 결혼하지만, 그의 왕성한 바람기를 견디지 못하고 약물에 의존하다가 중독되어 사망한다. 그림을 위해 죽음을 연기했는데, 결국 그림처럼 생을 마감한 것이다.

002

Tuesday

원시미술 I

기원전 3만 7천~3만 3,500년, 쇼베 동굴벽화 중 일부

J.M. 쇼베가 1994년에 발견한, 전체 면적 약 8,500㎡의 동굴 내부 벽화 중 일부이다. 동굴 안에는 갖가지 종류의 동물이 그려져 있는데, 지금은 멸종된 동굴 곰의 모습도 볼 수 있다. 동굴 입구가 붕괴된 채 오랫동안 진공 상태로 막혀 있던 덕분에 벽화가 비교적 심한 손상 없이 선명하게 보관될 수 있었다. 그림을 그린 원시인들은 동물의 피나 식물, 색깔 있는 돌을 갈아서 물감을 만들었다. 나무를 태워 만든 목탄으로 스케치한 흔적도 보인다. 불의 발견이 이미 미술에도 지대한 영향을 미쳤음을 알 수 있다.

덩치 큰 동굴 곰의 생김새를 잘 관찰해 그 특징이 되는 것만 단순화하여 묘사한 것을 보면 빙하기 원시인들의 그림이라 믿기 어려울 정도로 뛰어나다. 아마도 깊은 동굴 속에 살던 이들이 자신들보다 훨씬 힘세고 날렵한 동물과의 싸움에서 이기기를 기원하는 마음에서 그린 그림으로 추정된다. 더러 어떤 동굴에는 동물 그림 위로 뾰족한 돌을 여러 번 던진 흔적이 남아 있는데, 일종의 의식으로 보인다. 원시미술은 이렇듯 상당 부분 주술적인 기능을 했다.

○ 쇼베 동굴에서는 제단처럼 보이는 단상에 동굴 곰의 머리뼈를 얹어 놓은 것도 발견되었는데, 제사를 치른 것으로 추정된다.

003

Wednesday

빈센트 반 고흐

〈수염이 없는 자화상〉, 캔버스에 유화,
40×31cm, 1889년, 개인 소장

〈자화상〉, 캔버스에 유화,
65×54cm, 1889년, 파리 오르세 미술관

빈센트 반 고흐(1853~1890년). 이미 너무나 유명해서 이름만 들어도 '스스로 귀를 자른', '37세 나이에 자살한' 등의 수식어와 함께 고통, 슬픔, 광기, 집착이라는 단어를 떠올리게 하는 화가다. 작품이 최고 경매가를 경신했다는 타이틀로 자주 뉴스에 등장하지만, 살아생전 공식적으로 판매한 그림은 딱 한 점에 불과하다.

1888년 12월, 한쪽 귀를 잘라버린 사건은 당시 고흐가 살던 아를 마을 전체를 술렁이게 했다. 미치광이와는 단 하루도 불안해서 살 수 없다는 탄원서가 제출되자 그는 병원에 반강제로 입원하거나, 집에 와서도 격리된 상태로 감금되다시피 생활해야 했다. 화가이자, 그의 친구였던 폴 시냐크가 당시 관찰한 고흐는 '낮엔 멀쩡하다가도 밤이면 갑자기 유화용 기름을 마시려 하는 정신이상 증세'를 보였다. 발작도 잦아졌다. 1889년 5월 고흐는 스스로 생레미의 생폴드모졸 병원에 입원하기로 결심했다. 왼쪽 그림은 그가 병원에서 지낼 때 그린 것으로, 그간의 자화상과 달리 말끔히 면도한 모습이다. 어머니에게 드릴 선물로, 더 젊은 아들의 모습을 보여주기 위한 시도였다. 당시 고흐는 푸른 양복 차림의 자화상도 같이 그리고 있었는데, 이 두 점은 짧은 생의 마지막 자화상으로 남았다.

004

Thursday

소토 인 수

안드레아 만테냐, 〈원형 천장화〉, 프레스코, 지름 270㎝,
1465~1474년, 만토바 팔라초 두칼레 결혼의 방

이탈리아 만토바 지역을 다스리던 두칼레 공작을 위해 지은 궁 '팔라초 두칼레'의 '결혼의 방' 천장화로, 동그란 우물가 가장자리에 기대선 사람들이 아래를 향해 내려다보고 있다. 난간에는 공작새가 반대편 오렌지 화분을 쳐다보고 있다.

4시, 7시, 9시 방향의 아이들은 아슬아슬하게 우물 안 난간을 딛고 서 있는데, 자세히 보면 날개 달린 천사라 추락의 위험은 없어 보인다. 11시 방향에는 귀부인과 흑인 하녀가 이야기를 나누고 1시 방향에는 3명의 여인이 소곤대며 아래에서 바라볼 우리의 흠을 잡는 듯하다.

안드레아 만테냐(1431년경~1506년)는 궁전 내부 기둥을 자연스레 천장의 기둥과 이어지는 것처럼 그린 뒤 우물 모양으로 중앙 공간을 구획하고, 그 가장자리에다 천사와 사람들을 아래에서 위로 올려다본 것처럼 그렸다. 이런 방식은 만테냐가 처음 구사한 것으로 '아래에서 위'라는 뜻의 '소토 인 수Sotto In Su' 기법이라 부른다. 마치 천장이 열린 듯한 천장화 덕분에 건물이 더 확장된 느낌을 주는 이 기법은 르네상스를 거쳐 바로크 시대에도 크게 유행했다.

○ 이 방은 원래 아름다운 그림이 있는 방이라 하여 '카메라 픽타Camera Picta'라고 불렸으나, 이곳에서 결혼 연회가 자주 열리자 17세기부터는 '결혼의 방'이란 뜻의 '카메라 델리 스포시Camera degli Sposi'라고도 불렸다.

005

Friday

고대 스파르타와 여성

에드가르 드가, 〈운동하는 스파르타의 젊은이들〉, 캔버스에 유화, 109×155㎝, 1860년경, 런던 내셔널 갤러리

에드가르 드가(1834~1917년)[031]는 아카데미 화풍에 반하는 인상파 화가로 알려졌지만, 그 역시 초기에는 신화나 역사 등 아카데미가 선호하는 주제를 그리곤 했다. 이 그림은 고대 스파르타 소년·소녀들의 일상을 담고 있다. 왼쪽의 소녀들은 가슴을 드러낸 채, 오른쪽 발가벗은 소년들에게 공격적인 자세를 취하고 있다. 소녀들은 또래 아이들에게서 보이는 수줍음이나 두려움에서 완전히 자유롭다. 소년들 또한 그녀들을 우습게 보는 것 같지는 않다. 이들 뒤로 또 한 무리의 사람이 서성이는데, 아마도 소녀와 소년 들의 팽팽한 긴장 상태를 주시하는 듯하다.

언제나 전시 상황에 가까웠던 스파르타에서는 허약한 아이가 태어나면 멀리 보이는 타이게토스산 아래로 던져버렸다. 여성들 역시 전사로 키워져서 달리기, 레슬링, 투원반, 투창 등의 운동을 필수로 했다. 그녀들은 때로 남성들처럼 나체로 운동하고 행진도 했는데 소심하고 부끄럼 많은 성격을 버리기 위해서였다. 그림은 미완성작으로 왼쪽 하단의 다리가 10개이지만, 소녀들의 머리는 4개뿐이다.

○ 스파르타 여성의 높은 사회적 지위와 위상은 다른 폴리스에서도 잘 알려져 있었는데, 아테네 여성이 "스파르타 여성이 남성을 지배하는 유일한 여성들인 이유는 뭐죠?"라고 묻자, "우리가 남성을 낳는 유일한 사람들이기 때문이죠"라고 대답했을 정도였다.

난 너를 원해

수잔 발라동, 〈에릭 사티의 초상〉, 캔버스에 유화,
41×22cm, 1893년, 파리 국립 현대 미술관

수잔 발라동(1865~1938년)은 사생아로 태어났다. 모자가게와 채소가게, 레스토랑 등에서 일하며 근근이 살아가던 그녀는 서커스 단원 생활까지 하다 15세 때부터 모델 일을 시작해 몽마르트르 화가들의 마음을 사로잡는 뮤즈로 거듭났다. 르누아르가 그녀를 사랑해 몇 번이고 화폭에 담았고, 로트레크는 마리 클레망틴이라는 본명 대신 '수잔'이라는 이름을 지어주었으며, 당시 화단의 대가인 드가에게 소개해 화가로서의 출발을 도와주기도 했다.

그녀는 한때 〈짐노페디〉로 잘 알려진 작곡가 에릭 사티와 사랑에 빠져 6개월간 열렬한 연애를 했다. 하지만 사소한 말다툼을 끝으로 그의 곁을 영영 떠나버렸는데, 사티는 그 이후 그녀와 함께 묵었던 자신의 아파트에 30여 년간 누구도 들이지 않았다. 그가 죽고 나서야 문이 열린 집에서, 지인들은 그가 수잔 발라동에게 쓴 편지 꾸러미와 그녀가 그려준 이 초상화를 발견했다. 평생 딱 한 번 사랑했고, 하필 그 사랑이 자신을 아프게 한 수잔이었던 이 남자는 살아생전 가난에서 벗어나지 못한 채, 첫사랑의 이름만 부르며 죽어갔다. 그는 그녀를 위해 〈난 너를 원해Je te veux〉라는 곡을 남겼다.

○ 수잔 발라동이 18세 때 미혼모 신분으로 낳은 아들은 동료 화가이자 친구인 미겔 위트릴로의 성을 따 모리스 위트릴로라고 이름 붙여졌고, 역시 유명한 화가가 되었다. 그녀는 아들의 친구이자 20세 연하의 앙드레 우터와 사랑에 빠져 결혼했다가 이혼했다.

007

Sunday

자식을 잡아먹는 크로노스

프란시스코 데 고야, 〈자식을 잡아먹는 크로노스〉,
유화로 그린 벽화를 캔버스에 옮김, 143×81cm,
1820~1823년, 마드리드 프라도 미술관

크로노스는 하늘의 신 우라노스와 땅의 신 가이아 사이에서 태어났는데, 어머니 가이아의 요청으로 아버지를 낫으로 찔러 죽인 뒤 세상을 다스리는 왕이 되었다. 그러나 그 역시 자식에게 왕위를 빼앗기게 될 것이라는 예언을 듣고부터는 아이가 태어날 때마다 하나씩 잡아먹기 시작했다.

산 채로 자식을 잡아먹는 '크로노스'는 화가 고야(1746~1828년)의 조국인 스페인을 호시탐탐 노리는 외세 프랑스이거나, 선량한 국민을 우롱하는 부패한 스페인 지도층, 이성의 시대에도 횡행하는 광기와 야만 그 자체에 대한 은유일 수 있다.

말년에 청력을 잃은 고야는 마드리드 교외에 집을 짓고, 은둔하다시피 하면서 그림을 그렸다. 그는 집 안 2개의 방 벽에 석회를 바른 뒤 그 위에 유화물감으로 어둡고 탁한 느낌의 벽화를 그렸는데, 이를 '검은 그림'이라고 부른다. 현재는 벽에서 떼어내어 복원 작업 후 미술관에 전시하고 있는데, 그 과정에서 크로노스의 성기가 지워졌다. 아버지의 성기를 낫으로 자른 그를 후세 사람들이 되갚아준 셈이다.

008

Monday

진주 귀고리를 한 소녀

요하네스 페르메이르, 캔버스에 유화, 44.5×39cm,
1665년경, 헤이그 마우리츠호이스 미술관

등진 채 앉아 있다가 누군가 들어서는 인기척에 고개를 돌린 듯한 그녀. 귀에 달린 진주를 눈에도 달고 있는 듯 금방 눈물방울을 떨어뜨릴 것 같은 눈. 그런데도 너무 슬프지도 아프지도 않아 보이는 표정. 세상사의 수선스러움을 모두 삼켜버린 이 고요한 그림 앞에서는 그 어떤 들뜸도 금지된다.

레오나르도 다빈치(1452~1519년)가 〈모나리자〉에서 그랬던 것처럼[100], 얼굴 피부와 이어지는 눈, 코, 입의 윤곽선을 살짝 희미하게 그려 사실적인 느낌을 강조한 이 그림은 '북구의 모나리자'라는 별명을 얻었다. 화가가 살았던 네덜란드 델프트에서 유행한 청화백자를 떠올리게 하는 파란색, 특유의 차분한 노란색, 입술을 찍어 누른 붉은색, 이 세 가지 색에 하얀색과 검은색만 덧붙인 담백하고 정갈한 초상화는 사실 모델이 누구인지 밝혀지지 않았다. 아마도 페르메이르(1632~1675년)의 아이 중 하나이거나 집안일을 도와주는 하녀를 모델로 했을 거라는 추정이 가능한데, 후자의 경우를 두고 〈진주 귀고리를 한 소녀〉라는 영화와 소설이 탄생할 수 있었다.

○ 이 작품이 1881년 헤이그 경매시장에 나왔을 때, 작품의 해외반출을 막기 위해 데스 톰베라는 사람이 구입했다. 두 번의 복원작업을 통해 오늘날과 같은 모습을 되찾았고 훗날 마우리츠호이스 미술관에 기증되었다.

009

Tuesday

원시미술 Ⅱ

〈빌렌도르프 출토 여인상〉, 돌, 높이 11.1㎝, 기원전 약 2만 7천~2만 5천 년경, 빈 자연사 박물관

인간은 약 4만 년 전부터 자신들의 거주지인 동굴 깊숙한 곳에 도구로 그림을 그렸고, 돌이나 매머드 뼈, 상아 등을 깎아 반인반수상과 인물상 등의 조각을 해왔다. 그들의 이런 '미술 활동'에는 여러 이유가 있겠지만 대체로 자신들의 기대, 소망, 염원 등을 이루기 위한 주술적인 목적이 컸을 것으로 짐작된다.

1909년 오스트리아의 빌렌도르프에서 발견된 이 조각상은 얼굴보다 유방과 생식기가 크게 도드라지는 모습이다. 이는 이 조각상이 출산과 육아 등과 관련되었다는 추론을 가능케 한다. 크기가 10㎝ 남짓으로 손에 들고 다니기 적합한 것으로 보아, 원시인들이 이 조각상을 부적처럼 지니고 다니면서 다산의 축복을 기원했을 거라는 의견도 존재한다.

학자들은 이 조각상을 두고 〈빌렌도르프의 아프로디테〉라고 불렀는데, 여성 누드상만 보면 습관적으로 '아프로디테'를 붙이던 분위기의 결과물로 볼 수 있다. 어찌 되었건, 이 여성 조각상은 구석기 시대 사람들이 가장 함께하고픈 여성의 전형으로 숭배와 애모의 대상이었을 것이다.

010

Wednesday

로사 보뇌르

애나 클럼키, 〈로사 보뇌르의 초상〉, 캔버스에 유화,
117.2×98.1㎝, 1898년, 뉴욕 메트로폴리탄 미술관

19세기를 사는 화가가 프랑스 파리의 '살롱전'에 입선하는 일은 곧 국가가 공인하는 화가라는 공식 증명서를 받는 것과 다름없었다. 여성은 그림 속의 등장인물로서나 존재하던 시절, 로사 보뇌르(1822~1899년)는 여성 최초로 1848년의 살롱전에서 대상을 받았다.

그녀는 코르셋으로 몸을 조이며 살던 다른 여성들과 달리 '이성 복장 착용 허가'까지 받아가면서, 당시엔 남성들만 입을 수 있었던 바지를 입고 다녔다. 전문 분야인 동물 그림을 그리기 위해서는, 바지가 도축장과 가축우리를 뛰어다니기에 편리하다는 이유도 있었지만, 남자 차림을 하고 있으면 성가시게 구는 사람이 없다는 생각 때문이기도 했다. 그녀는 어릴 때부터 친구였던 나탈리 미카라는 여성과 40년을 살았고, 그녀와 사별 후엔 이 그림을 그린 여성 화가 애나 클럼키(1856~1942년)와 여생을 보냈다. 그림 속 로사 보뇌르는 싹둑 잘라낸 짧은 은발 머리에 그저 편하니 입었을 뿐이라는 듯 치마와 깔끔한 상의를 입고, 자신이 늘 그리는 동물 그림 앞에서 포즈를 취하고 있다.

○ 로사 보뇌르는 프랑스 국위를 선양한 공로로 레지옹 도뇌르 훈장을 받았는데, 이 역시 여성 예술가로서는 최초였다. 영국 빅토리아 여왕은 그녀를 위한 특별 전시회를 윈저성에서 개최했으며, 미국에선 '로사 보뇌르 인형'이 제작되어 엄청난 판매고를 올렸다.

011

Thursday

장례식용 초상 조각

〈조상의 초상을 들고 있는 귀족의 초상〉, 대리석, 165cm,
기원전 50~15년경, 로마 콘세르바토리 미술관

고대 이집트에서는 사람이 죽으면, 그의 얼굴에 왁스나 석고를 발라 데 스마스크로 제작해서 영원히 그 모습을 간직하고 기억하고자 했다. 이는 곧 얼굴에서 목, 가슴 일부까지의 초상 조각의 발전으로 이어졌다.

그리스와 로마의 조각 제작 양식은 크게 달랐다. 개인을 숭배하거나 기념하는 일에 소극적이었던 그리스인들은 올림픽 경기나, 전쟁을 승리로 이끈 영웅들을 조각할 때도 실물을 기본으로 하지 않고 그저 전형적인 모습으로 제작했다.

반면에 현세적 취향이 강한 로마인들은 얼굴의 작은 주름 하나도 놓치지 않는 사실적인 조각을 선호했다. 로마 귀족들은 조상의 초상 조각을 제작해서 집 안에 진열하거나 보관하다가 집안에서 누가 죽으면 그 조각을 들고 나가곤 했다. 이 조각상도 그런 모습 자체를 묘사한 것이다.

○ 장례 때 조상의 얼굴 조각을 드는 이는 그 집안의 최근 사망자와 가장 얼굴이 닮은 사람으로 정했다고 한다. 아쉽게도 이 조각상에서 조상의 초상을 든 이는 머리 부분이 분실되어 다른 사람의 초상 조각으로 이어 붙여놓은 것이다.

012

Friday

알렉산드로스 대왕

줄리오 로마노, 〈올림피아를 유혹하는 제우스〉, 프레스코, 1526~1528년, 만토바 테 궁전 프시케의 방

20살 나이에 즉위해 13년 만에 그리스, 페르시아, 인도에 이르는 3개 대륙을 정복, 대제국을 건설한 알렉산드로스(기원전 356~323년)는 남이 보기에도 사람 같지 않았지만, 그 역시 자신을 반신반인의 영웅쯤으로 여겼던지 기념 동전에 헤라클레스의 모습으로 등장하기도 한다. 위낙 출중한 인물이라 그의 탄생을 둘러싸고도 흥미로운 신화가 덧붙여졌다.

현실의 그는 마케도니아의 왕 필리포스 2세와 올림피아 사이에서 태어났지만, 신화에서는 아버지가 제우스라는 식으로 각색되었다. 어느 날 잠에 빠진 올림피아에게 욕정을 느낀 제우스가 뱀으로 변해 그녀를 겁탈했고, 그로 인해 알렉산드로스가 잉태되었다는 것이다. 그림에는 놀란 올림피아에게 달려드는 반은 뱀인 제우스의 모습이 적나라하게 묘사되어 있다. 그의 뒤로 제우스의 상징인 독수리가 번개로 한 남자의 눈을 찌르고 있다. 그는 필리포스 2세로, 아내가 제우스와 함께한 장면을 본 죄로 시력을 잃게 된다. 실제로 필리포스 2세는 알렉산드로스가 태어난 지 1년이 된 기원전 355~354년경에 메토네 전투에서 시력을 잃는다.

013

Saturday

사라진 가세 박사

빈센트 반 고흐, 〈가세 박사의 초상〉,
캔버스에 유화, 67×56㎝, 1890년, 개인 소장

빈센트 반 고흐가 짧았던 생의 마지막 정착지로 파리 인근, 오베르쉬르우아즈를 택한 것은 정신과 의사이자, 그림 애호가이며, 아마추어 화가이기도 한 폴 가세 박사와 함께 예술을 논하고 진료도 받을 수 있다는 생각 때문이었다. 그러나 막상 진료가 시작되자 불같은 성격에다 최근 아내를 잃은 뒤 깊은 우울증에 빠진 가세 박사를 두고, 과연 자신을 치료할 수 있을지 걱정하기도 했다.

그런데도 서로 닮은꼴인 두 사람은 친분을 이어갔다. 그림 속 박사는 슬픔에 절었다가 방금 꺼내놓은 사람처럼 처져 있다. 탁자 위 컵에는 디기탈리스라는 식물이 담겨 있는데, 고흐가 앓던 간질이나 조울증 치료제의 재료로 쓰였다.

가세 박사를 그린 그림은 총 두 점인데, 이 그림은 1990년 5월 뉴욕 크리스티 경매에서 무려 8,250만 달러에 낙찰되어 일본 다이쇼와 제지그룹의 사이토 료헤 회장 손에 넘어갔다. 회장은 그림을 대중에게 절대 공개하지 않았고, 심지어 자신이 죽으면 함께 묻어달라는 말까지 남겼다. 1996년 회장 사후, 이 그림은 완전히 사라진 상태로 어디에서도 볼 수가 없다.

○ 오른쪽 팔꿈치 아래 놓인 두 책은 공쿠르 형제의 《제르미니 라세르퇴》와 《마네트 살로몽》이다. 전자는 '정신질환', 후자는 '예술'을 주제로 한 것으로 이 두 권이 가세 박사의 모든 것을 설명한다.

014

Sunday

아프로디테의 탄생 I

산드로 보티첼리, 〈아프로디테의 탄생〉, 캔버스에 템페라, 172.5×278.5cm, 1484년경, 피렌체 우피치 미술관

사랑의 여신 아프로디테가 조개를 타고 오는 장면을 담은 이 그림은 중세 이후 최초로 시도된 실물 크기의 여성 누드화이다. 대지의 신 가이아는 아들 크로노스를 시켜, 하늘의 신 우라노스의 성기를 거세토록 했다. 아들은 아버지의 성기를 잘라 바닷가에 던졌는데, 거품이 일면서 아프로디테가 태어났다. 그녀는 그림 왼쪽, 힘차게 입에서 바람을 내뿜는 서풍의 신 제피로스에 의해 키프로스섬에 이르게 된다. 그의 곁에는 미풍의 신 아우라 혹은 꽃의 요정 클로리스가 함께하는데 얽힌 다리가 무척이나 관능적이다. 오른쪽 계절의 여신 호라이는 막 섬에 도착한 아프로디테에게 옷을 입히려 하나, 정작 당사자는 별로 입을 생각이 없어 보인다.

중세 동안 억제되었던 누드화라는 점, 역시 도외시되었던 그리스 신화 이야기를 주제로 했다는 점 등은 보티첼리(1445~1510년)의 시대가 르네상스에 접어들었음을 증명한다. 두 손으로 자신의 부끄러운 부분을 가리는 이 자세는 고대 그리스 조각가들의 여성 누드 조각상에서 빌려온 것이다. 그러나 부끄러운 부분을 가리기엔 너무 짧았던 탓인지, 아프로디테의 왼쪽 어깨가 무너지도록 팔이 늘어나 있다.

015

Monday

암굴의 성모

1483년, 레오나르도 다빈치는 밀라노 공국의 '무염시태 형제회'의 의뢰를 받고 이 그림을 그해 12월 8일까지 완성하기로 계약했다. 형제회는 이 그림으로 성모 마리아의 날을 기념한 뒤, 산 프란치스코 그란데 성당에 제단화로 걸 예정이었다.

그러나 화가가 그림을 제때 완성하지 않고, 밀라노를 벗어나기까지 해 분쟁이 일어났다. 1506년, 그는 2년 안에 그림을 완성하라는 법정 판결을 받고, 피렌체 시청사 건물에 앙기아리 전투 관련 벽화[145]를 그리다가 중단한 채 허겁지겁 이 그림에 다시 매달려야 했다.

다빈치는 이탈리아 남부 지역을 여행하면서 크게 감동했던 기암괴석의 자연 풍경을 그림의 배경으로 삼았다. 성모 마

레오나르도 다빈치, 패널에 유화, 189.5×120cm, 1495~1507년, 런던 내셔널 갤러리

리아, 아기 예수, 천사, 세례 요한이 함께하는데, 두 아기가 혼동되지 않도록 형제회에서는 훗날 왼쪽의 아기, 세례 요한에게 십자가를 그려 넣었다. 예수의 등을 받친 천사의 손을 보면 아직도 미완성처럼 보인다. 그림 속에 등장하는 물과 각종 식물 등은 식물학자이자 하천 연구자로서 다빈치가 자주 스케치하던 것들이었다.

O 이 그림은 1507년에 완성되어, 루브르 박물관에 소장된 동명의 그림(1483~1486년 제작 추정)보다 이후에 그려졌으며 크기는 약간 작다. 마감 일을 어겨 소송에 휘말리면서도 왜 루브르 박물관에 소장된 그림을 손질하여 제출하지 않고, 같은 내용으로 그림을 두 점이나 그렸는지는 알려진 바가 없다.

016

Tuesday

이집트 미술 I

기원전 3천 년경, 상·하 2개의 나라로 분리되었던 이집트는 파라오 메네스에 의해 하나로 통일된다. 논란은 많지만, 메네스는 '화난 메기'라는 뜻의 '나르메르Narmer'와 동일 인물로 본다.

이 석판은 태양으로부터 눈을 보호하는 화장품을 섞는 용도의 팔레트이지만 그 크기로 보아 장식용 혹은 제의용으로 사용된 것으로 보인다. 팔레트의 양쪽 윗부분, 뿔 달린 암소는 파라오를 보호하는 '하토르 여신'이며 중간에는 '메기'와 '끌'이 왕궁 모양과 함께하는데, 상형문자로 '화난 메기' 즉 '나르메르'를 뜻한다.

중앙에는 상이집트의 왕관을 쓴 나르메르가 하이집트 왕의 머리채를 휘어잡은 채 곤봉으로 내리치는 장면이 크게 그려져 있

〈나르메르 팔레트〉 양면 중 한 면, 석판,
높이 63.5㎝, 기원전 3천 년경,
카이로 이집트 박물관

다. 그의 뒤로 파라오의 신발을 든 시종이 보인다. 오른쪽에는 매의 머리를 한 태양신 호루스가 포로의 목에 감긴 밧줄을 움켜잡아 당긴다. 호루스는 곧 나르메르이다. 포로의 등에는 종이를 만드는 데 쓰였던 파피루스가 자라고 있다. 당시에는 하이집트가 종이를 만드는 파피루스의 주 생산지였다.

팔레트 아랫부분에서는 2명의 포로가 황급히 도망치고 있다. 팔레트는 결국 나르메르가 상하 이집트를 통일한 최초의 파라오임을 기록, 과시하기 위해 제작된 것으로 볼 수 있다.

017

Wednesday

귀스타브 카유보트

〈자화상〉, 캔버스에 유화, 40.5×32.5㎝, 1892년경,
파리 오르세 미술관

귀스타브 카유보트(1848~1894년)는 군복 납품 업체를 운영하는 부유한 아버지를 두었다. 변호사 시험에 합격했으나 법조인의 삶을 포기하고 화가가 되기로 결심했다. 국가 미술교육 기관인 에콜 데 보자르에 입학해 공부했으며, 아버지가 생을 마감하면서 남긴 어마어마한 유산을 상속받아 돈 걱정 없이 그림만 그려도 되는 풍족한 삶을 살았다.

카유보트는 인상파 화가들이 한껏 조롱받던 시절, 제2회 인상주의 전시회에 8점의 작품을 출품하면서 그들과 더욱 긴밀하게 교류하게 된다. 그 이후로도 몇 차례 인상주의 전시회에 참여했다.

파리의 도로, 광장, 다리 등을 거니는 사람들의 무심한 일상을 독특하고 대담한 구도로 그려 명성이 높았지만, 그를 더욱 돋보이게 한 것은 가난하고 인정받지 못하는 화가들을 물심양면으로 도와준 일이다. 그는 동료 화가들의 팔리지 않는 작품을 대거 수집해주곤 했고, 그렇게 수집한 67점의 작품을 국가에 기증, 뤽상부르 미술관에서 상설 전시할 수 있도록 했다. 보수적인 아카데미[226]의 반대로 받은 미술관 밖 작은 전시장에서 따로 전시되는 수모를 겪기는 했으나, 훗날 인상주의를 향한 전문가와 대중의 반응이 호의적으로 바뀌면서 프랑스 정부의 태도도 완전히 달라졌다.

018

Thursday

드리핑과 액션 페인팅

잭슨 폴록, 〈넘버 1〉, 캔버스에 유화, 애나멜, 알루미늄, 160×260cm, 1949년, 로스앤젤레스 현대 미술관

이 그림은 붓으로 물감을 칠한 게 아니라 '뿌리거나 들이부어' 그린 것이다. 이처럼 막대기나 팔레트나이프 등으로 물감을 찍어서 뿌리고 붓는 방식을 '드리핑(떨어뜨리기)' 기법이라고 한다. 이젤 위에 캔버스를 올린 뒤 서거나 앉아서 그리는 일반적인 작업 방식과 달리, 잭슨 폴록(1912~1956년)은 동양 화가들처럼 바닥에 종이를 깔고 그 위에서 작업했다. 그가 작업하는 모습은 그 자체로 하나의 예술 같아서 '액션 페인팅'이라고도 불린다. 알아볼 수 있는 구체적인 형상, 즉 구상이 아니란 점에서 추상미술▶338이며, 화가의 에너지가 폭발적으로 느껴진다는 점에서 '표현주의▶303'라는 이름이 더해진 그의 그림 세계는 '추상표현주의'로 정의된다.

그의 그림은 1940~1950년대 미국 미술계를 주름잡던 평론가 그린버그의 극찬을 받기도 했다. 그린버그는 미국의 현대미술, 특히 회화는 3차원의 환영을 만들어내지 않는 '평면 위의 물감'이라는 사실 외에는 그 어떤 것도 말하지 않아야 한다고 주장했다.

○ 폴록은 사진가 한스 나무스가 찍은 작업 사진과 영상으로 엄청난 유명세를 치렀다. 나무스는 자주 폴록에게 카메라를 들이댔는데, 무아지경으로 그림을 그리던 화가에게는 대단한 스트레스가 되었다. 그 때문에 폴록은 술에 취하면 나무스에게 갖은 욕을 퍼붓기도 했다.

019

Friday

이수스 대전의 승리

파올로 베로네세, 〈알렉산드로스 앞에 있는 다리우스의 가족〉, 캔버스에 유화, 236×475cm,
1565~1567년, 런던 내셔널 갤러리

알렉산드로스 대왕이 그토록 넓은 제국을 효과적으로 지배할 수 있었던 것은 그의 치세가 철저히 '관용'에 기반했기 때문이다. 그림은 그가 친구이자 제국의 장군인 헤파이스티온과 함께, 이수스 대전(기원전 333년) 이후 패전한 페르시아 왕가 여인들을 만나는 장면이다. 중앙에는 페르시아 다리우스 3세의 아내와 어머니, 그리고 아이들이 무릎을 꿇고 있다. 오른쪽에 선 두 남자 중 붉은 옷을 입은 이가 알렉산드로스인지, 아니면 그 뒤 황금빛 전투복 차림의 남자인지는 정확하지 않다. 아마 다리우스 3세의 어머니도 그림을 보는 우리처럼 헷갈렸던지, 그저 키가 더 커 보이는 사람을 알렉산드로스로 알고 인사했지만, 그는 헤파이스티온이었다. 당황한 그녀에게 알렉산드로스는 "괜찮습니다. 그 역시 알렉산드로스입니다"라고 감싸주었다는 이야기가 전해진다.

기원전 4세기에 일어난 이 일은 16세기 베네치아에서 주로 활동했던 화가 베로네세(1528~1588년)에 의해 시공간이 바뀌었다. 그는 배경을 베네치아의 유력가문 피사니가 저택으로 그렸고, 등장인물들 역시 그 가문 사람들을 모델로 그렸다.

O 그 이후 알렉산드로스는 다리우스 3세의 딸 스타테이라를 두 번째 아내로 맞이했고, 헤파이스티온은 스타테이라의 동생인 드리페티스와 결혼했다.

020

Saturday

자존심으로 건진 1원

제임스 애벗 맥닐 휘슬러, 〈검은색과 금색의 야상곡〉,
캔버스에 유화, 60×47㎝, 1875년, 워싱턴 필립스 컬렉션

색채에 대한 심미적인 탐구로 유명한 휘슬러(1834~1903년)가 이틀 만에 그린 유원지의 불꽃놀이 풍경이다. 화면 하단에는 불꽃놀이를 감상하는 이들이 희미하게 보이고, 칠흑처럼 어두운 밤하늘엔 불꽃이 치솟았다가 다시 강물로 떨어지는 모습이 마치 금가루를 뿌린 듯이 반짝인다.

휘슬러는 자신의 작품에 200기니의 값을 매겼다. 당시 달러로 약 1천 달러 남짓한 금액이지만, 인플레이션 등을 고려해서 계산하면 많게는 한화로 몇백만 원 이상으로도 계산할 수 있는 돈이다. 그게 얼마건, 2000년에 크리스티에서 낙찰된 휘슬러의 〈회색의 조화: 빙판의 첼시〉 가격이 한화 약 33억 원 정도였던 것을 고려하면 껌값 수준임에도 불구하고, 평론가 존 러스킨은 가격이 과하다며 "공중에 물감 통을 끼얹은, 성실하지 못한 그림에 어떻게 그런 가격을!"이라고 비난했다.[223] 이에 휘슬러는 격분해서 그를 고소해버렸다. 휘슬러는 "그림값은 내 생애를 통틀어 갈고닦은 지식을 기준으로 했다"고 주장했고, 결국 승소했다. 하지만 손해 배상액은 거의 1원 정도일 뿐이었다. 막대한 소송 비용은 휘슬러를 빈털터리로 만들어버렸다. 자존심을 지키기 위해 그가 치른 값이 비싸도 너무 비쌌던 셈이다.

021

Sunday

팔라스와 켄타우로스

산드로 보티첼리, 〈팔라스와 켄타우로스〉, 캔버스에 템페라,
207×148㎝, 1482년경, 피렌체 우피치 미술관

이 작품은 보티첼리가 남몰래 흠모하던 시모네타 베스푸치(1453년경~1476년)를 모델로 하여 제작했다. 팔라스는 지혜의 여신 아테나를 부르는 또 다른 이름이다. 그녀는 전쟁의 여신이기도 한데, 폭력 등의 물리적 힘을 사용하는 전쟁의 남신 아레스와 달리 협상과 대화, 타협 등으로 전쟁을 승리로 이끈다. 켄타우로스는 하체가 말인 반인반수의 괴물이다. 그런 그의 머리를 팔라스가 움켜잡은 것은 길들지 않는 야성을 잠재우는 이성의 우위를 의미한다.

그림의 배경은 나폴리 항구이다. 1478년경, 당시 피렌체를 지배하던 메디치 가문의 로렌초는 교황의 힘을 등에 업고 피렌체를 위협하는 나폴리 왕을 비무장으로 찾아가 협상에 성공, 피 한 방울 손에 묻히지 않고 평화를 되찾아낼 수 있었다. 그 이후 로렌초 메디치는 피렌체에서 '위대한 자'라는 수식어와 함께 불린다. 팔라스가 입은 옷에는 올리브나무 모양과 함께 서너 개의 다이아몬드 반지가 짝을 이룬 문양이 그려져 있는데, 이 문양은 메디치가에서 사용하던 문장으로 신에 대한 사랑을 의미한다.

022

Monday

붉은색의 조화(후식)

앙리 마티스, 캔버스에 유화, 180×200cm, 1908년, 상트페테르부르크 예르미타시 미술관

앙리 마티스(1869~1954년)는 그림에서 세부 묘사를 과감하게 생략했고, 형태 역시 가장 기본이 되는 것만 남겼다. 색채는 대상이 가진 실제의 것을 고려하지 않았다. 시각적인 쾌감을 위해서나 존재하는 듯한 색채들은, 명암이 사라지고 원근감*284이 희미해진 화면을 평평하게 뒤덮으면서 장식적인 느낌을 선사한다. 이 그림 역시 왼쪽 귀퉁이에 보이는 의자에서나 그나마 원근감을 느낄 수 있을 뿐, 앞과 뒤라는 공간감을 거의 상실하고 있다. 온통 빨간색으로 뒤덮인 벽과 식탁은 가느다란 선으로 간신히 구분될 뿐이다. 식탁 위의 아라베스크 문양은 벽에서 흘러내린 듯하고, 과일들 역시 문양의 일부처럼 느껴진다. 오른쪽의 여인도 그림 속에서 특별한 지위를 차지하지는 못해서 장식의 일부일 뿐이다. 왼편의 푸른 풀밭과 하늘이 그나마 자연색을 닮았으나, 창밖 풍경인지 아니면 그림을 걸어둔 것인지 알 수가 없다.

○ 법관의 길을 준비하던 마티스는 맹장염 수술을 받고 입원해 있는 동안, 심심하지 않도록 어머니가 사준 미술 재료 덕분에 미술가로의 길을 꿈꾸게 되었다. 아버지가 격노했지만, 기어이 미술가가 된 그는 자신의 그림이 아름답지는 않더라도 기쁨을 주길 원한다고 말했다.

023

Tuesday

이집트 미술 II

〈새 사냥〉, 프레스코, 기원전 1450년경, 런던 대영 박물관

3천여 년간 통일된 왕조를 이루고 살았던 이집트인들은 영혼 불멸을 믿어 죽음을 생의 연장으로 보았다. 특히 살아 있는 신이었던 파라오의 무덤은 왕궁을 대신하는 공간으로 그 안에 생전에 쓰던 물건을 포함한 온갖 사치품이 함께 소장되었다. 무덤의 벽면에는 파라오의 일상부터 업적까지를 상형문자와 삽화로 가득 채웠다. 또 그림이나 초상 조각 등에 죽음 이후의 영혼, 즉 '카'가 육체를 대신해 머문다고 여긴 이집트인들은 인체를 그저 눈에 보이는 대로 '자연스럽게' 그리기보다는 그 특징을 명확하게 표현하는 데 치중했다.

이 그림에서 보듯 가장 크게 그려진 파라오의 발이 옆을 향하는 것은 그래야 발이 가장 발다워 보이기 때문이며, 어깨나 가슴, 눈동자 등은 정면을 향해야 왜곡 없이 완벽해 보이기 때문이다. 파라오의 다리 사이에 앉은 작은 키의 노예를 보면, 파라오가 아닌 존재를 그릴 때는 이 정면성의 법칙이 다소 느슨해짐을 알 수 있다. 파라오는 파피루스 배를 타고 서서 왼쪽 파피루스 위로 치솟아 오르는 새를 사냥하고 있다. 그의 뒤로 모자를 쓴 왕비의 모습이 보인다. 이집트인들은 인물을 위계에 따라 상대적으로 크거나 작게 그렸다.

024

Wednesday

비제 르브룅

비제 르브룅, 〈밀짚모자를 쓴 자화상〉, 캔버스에 유화, 97.8×70.5cm, 1782년, 런던 내셔널 갤러리

페테르 파울 루벤스, 〈수산나 룬덴의 초상〉, 패널에 유화, 79×55cm, 1625년경, 런던 내셔널 갤러리

파리에서 태어난 비제 르브룅(1755~1842년)은 파스텔 초상화가인 아버지, 루이즈 비제로부터 그림을 배웠다. 1776년 어머니의 성화를 못 이겨 화가이자 미술상인 장바티스트 피에르 르브룅과 결혼했고, 몇 년 뒤 베르사유궁에서 궁정화가로 활동했으며, 1783년부터는 여성으로서는 드물게 프랑스 왕립미술아카데미의 회원이 되었다. 그녀는 마리 앙투아네트의 초상화를 30점 가까이 그린 명실공히 왕비의 화가였는데, 그만큼 왕비가 믿고 의지하는 말벗이 되어주었다. 그러나 바로 이 이유로 1789년 프랑스 혁명 이후 쫓겨나듯 파리를 떠나야 했다.

그 뒤로 유럽의 여러 도시를 떠돌며 주로 귀족과 왕족의 초상화를 그리면서 사교계의 주요 인사가 되었다. 그녀는 직접 제작하거나 고른 세련된 옷과 장신구를 모델에게 입힌 뒤 섬세하고 부드러우면서도, 살아 움직일 듯한 필치로 초상화를 그렸다. 하루에 3명의 초상화를 그릴 정도로 다작했던 그녀는 초상화 600여 점, 풍경화 200여 점 등 총 800점 이상의 그림을 남겼다. 한 손에 팔레트와 붓을 든 이 자화상은 그녀가 평소 존경하던 루벤스가 그린 초상화를 오마주한 것이다.

025

Thursday

우키요에

에밀 졸라는 우리에겐 소설가로 더 잘 알려졌지만, 프랑스에서 화가로 성공하기 위한 첫 관문 격인 살롱전을 신랄하게 비판한 진보적이고도 자유분방한 예술비평가로도 유명했다.

그림 속 에밀 졸라는 책과 필기구가 어지럽게 놓인 책상 앞에서 책을 든 채 상념에 빠져 있다. 깃펜 뒤로 얼핏 'MANET'이라는 글자가 보이는데, 이는 화가의 전시회 팸플릿에 그가 글을 써준 적이 있음을 상기시키기 위한 것이다.

벽에는 마네(1832~1883년)가 그린 〈올랭피아〉[120]와 일본의 우키요에 한 점이, 그 뒤로 판

에두아르 마네, 〈에밀 졸라의 초상화〉, 캔버스에 유화, 146.5×114㎝, 1868년, 파리 오르세 미술관

화작품으로 인쇄된 벨라스케스의 그림이 보인다.

우키요에는 일본 에도시대(1603~1868년) 때 유행한 일종의 장르화로, 목판화 형태로 제작되었다. 우키요에는 '덧없는 세상(우키요, 浮世)'을 그린 '그림(에, 繪)'을 의미한다. 목판화이다 보니 대량생산이 가능해 수출용 도자기를 싸는 보호 종이로 사용되며 서구에 선보였다. 마네를 비롯한 당대 예술가들은 원근법이 사라진 장식적인 색채와 독특한 구도, 세밀하지 않은 명암의 평면 느낌이 가득한 우키요에에 열광했고 이를 수집하는 데 열을 올렸다.

026

Friday

로마의 건국

자크 루이 다비드, 〈사비니 여인의 중재〉, 캔버스에 유화, 385×522㎝, 1799년, 파리 루브르 박물관

한 여인이 두 무리의 싸움을 중재하기 위해 안간힘을 쓰고 있다. 그림은 로마건국 신화와 관련된 것이다. 여인의 왼팔 아래 한 장수가 든 방패를 보면 늑대와 그 젖을 빠는 두 아이가 보인다. 트로이전쟁에서 패한 아이네이아스는 지금의 로마 인근으로 와 나라를 세웠는데, 그만 동생에게 왕위를 빼앗긴다. 왕이 된 동생은 형의 딸인 실비아를 감금하고 아이를 낳지 못하게 하지만, 전쟁의 신 아레스가 그녀와 관계하여 둘 사이에 쌍둥이 로물루스와 레무스가 태어난다. 왕은 훗날 자신의 자리를 위협할지 모를 이 아이들을 강에 버렸는데, 우연히 지나가던 늑대가 발견하고 젖을 먹여 키웠다. 이 둘이 성장해 세운 나라가 로마다.

　초기 로마에는 더 많은 인구가 필요했다. 그들은 이웃 마을 사비니에서 여인들을 납치해 로마인과 강제로 결혼시켰다. 훗날 사비니 남자들이 전의를 다져 로마로 쳐들어왔지만, 이미 로마의 아이를 낳아 기르는 여인들의 입장에서는 이 싸움이 곧 가족 간의 싸움과도 같았다. 프랑스 혁명 전후, 혼란기의 화가 다비드(1748~1825년)는 혁명 이후 분열된 프랑스인들에게 이 그림으로 화합의 메시지를 전하려 했다.

027

Saturday

프리다 칼로, 그를 가두다

프리다 칼로, 〈내 마음속의 디에고-테우아나 옷차림의 자화상〉,
섬유판에 유화, 76×61㎝, 1943년,
멕시코시티 자크 앤드 나타샤 겔먼 컬렉션

18세 때 갑작스레 일어난 교통사고로 하반신을 움직일 수 없게 된 프리다 칼로(1907~1954년)는 재활에 성공, 보조기를 착용하고 걸을 수 있게 된다.

그녀는 곧 운명적 인물과 마주치게 되는데, 멕시코 사회주의 운동에 참여한, 그녀와 거의 같은 뜻을 가진 화가 디에고 리베라(1886~1957년)를 만난 것이다. 그는 멕시코 특유의 색채가 물씬 풍기는 벽화 제작으로 이미 거물급 화가로 존경받고 있었다. 21세의 나이 차이에도 불구하고 둘은 곧 사랑에 빠져 결혼했다.

사회적 신념이 같고 함께 예술을 논할 수 있는 가장 이상적인 동반자이자 동지였지만, 디에고 리베라의 끝없는 바람기는 그녀를 멍들게 했다. 버스 사고 때 철제 손잡이 기둥이 그녀의 몸을 뚫고 들어와 자궁을 관통한 후유증으로 그토록 원했던 아이마저 유산을 반복하는 와중에 둘은 이혼과 재혼을 거듭했다. 프리다 칼로 자신이 말하듯, 그녀 인생을 가장 심각하게 망가뜨린 두 가지는 버스를 들이박은 전차, 그리고 디에고 리베라였다. 이 두 가지보다 더 최악인 것은 그런데도 그녀가 그를 그토록 사랑한다는 사실이었다. 그녀는 자신을 멕시코 전통의상을 입은 모습으로 그렸다. 그리고 이마 안에 애증의 디에고 리베라를 단단히 가둬놓았다.

028

Sunday

아도니스의 죽음

세바스티아노 델 피옴보, 〈아도니스의 죽음〉, 캔버스에 유화, 189×285cm, 1512년경, 피렌체 우피치 미술관

그림은 사랑의 신 아프로디테와 사냥꾼 아도니스의 사랑과 죽음에 얽힌 신화를 바탕으로 한다. 둘은 인간과 신이라는 신분 차이에도 불구하고 열렬한 사랑에 빠졌다. 어느 날 아도니스는 혼자 사냥에 나서지 말라고 신신당부하는 아프로디테의 만류에도 불구하고 나섰다가 멧돼지의 습격을 받고 사망한다. 그의 피가 스며든 땅에서 아도니스 꽃이 피어났다. 그림 정중앙에는 등에 화살집을 맨 아들 에로스와 함께 앉아 있는 아프로디테의 모습이 보인다. 왼쪽에는 이미 습격을 당한 아도니스가 맥없이 쓰러져 누워 있다. 강 건너 멀리 보이는 건물들은 베네치아의 두칼레 궁▶191과 종탑이다.

　세바스티아노 델 피옴보(1485~1547년)는 베네치아에서 태어나 그곳 대가들로부터 그림을 배웠다. 1511년 로마로 건너간 그는 바티칸에 머물며 무뚝뚝하기 짝이 없는 미켈란젤로의 벗이 되면서, 해부학 지식을 바탕으로 한 정확한 인체 묘사법에 영향을 받았다. 그는 특히 아름다운 풍경 속에 인물들을 배치하기를 즐겼다.

○ 화가의 이름 피옴보는 '납 도장'이라는 뜻으로, 1531년 교황 클레멘스 7세(재위 1523~1534년)로부터 옥새 관리인 직책을 받으면서 생긴 별명이다.

029

Monday

봄

산드로 보티첼리, 패널에 템페라, 203×314㎝, 1481~1482년, 피렌체 우피치 미술관

보티첼리의 대표작 중 하나인 〈봄〉은 피렌체 메디치 가문에서 어느 귀공자의 결혼 선물로 주문받아 제작된 것이다. 등장인물은 왼쪽부터, 겨울 먹구름을 걷어내는 헤르메스, 순결·미·사랑 등 결혼을 의미하는 삼미신, 마지막으로 사랑의 여신 아프로디테와 눈을 가린 채 화살을 쏘는 에로스이다. 그가 제멋대로 쏜 것이 황금 화살이면 화살을 맞은 이는 가장 먼저 본 사람에게 사랑을 느끼게 된다.

아프로디테의 머리 양쪽으로, 휘어진 나뭇가지들이 만든 빈 공간이 마치 후광처럼 여신의 존재를 강조한다. 오른쪽에서는 봄의 서풍을 가져오는 제피로스가 꽃의 요정을 건드리자 봄, 프리마베라로 탄생하는 장면이 펼쳐진다. 화려한 꽃무늬 옷을 입은 봄의 여신 프리마베라는 보티첼리의 짝사랑 상대인 시모네타 베스푸치를 모델로 했다. 배경을 채운 나무들은 감귤나무 종류로 학명에 'medica'가 붙어 있어 메디치 가문과 연관 지어 생각할 수 있다. 그림 속에는 170여 종의 꽃이 그려져 있는데, 대부분 메디치 가문의 별장 인근에서 흔히 볼 수 있는 것들이다. 그림은 결국 먹구름이 물러가고 따스한 서풍이 몰려오는 봄, 꽃들이 만발한 곳에서 '메디치가 부부'가 사랑의 결실을 맺기 바라는 기원을 담은 셈이다.

030

Tuesday

고대 그리스 미술

페르시아와의 전쟁에서 승리한 뒤 아테네가 최고의 번영을 구가하던 시기, 미술 역시 정점에 달하는데 서양에서는 이 시기 그리스 미술을 언제나 흠모하고, 또 모범으로 삼을 '고전'으로 본다. 현존하는 그리스 조각상들은 많은 경우 청동이나 대리석으로 만들어진 것을 후대 로마인들이 복제한 것이다. 특히 청동상의 경우는 대부분 녹여져 동전이나 장신구, 무기 등이 되었다.

레오카레스, 〈벨베데레의 아폴론〉, 대리석, 224×118×77cm, 기원전 300년경에 제작된 것을 로마 시대에 복제, 바티칸 미술관

르네상스 시기 미켈란젤로(1475~1564년)는 이 조각상에 경도되어, 〈최후의 심판〉[288]을 그릴 때 주인공 예수의 얼굴 모델로 사용했다. 또 18세기의 독일 고고학자 빙켈만은 고대 그리스 미술을 '고귀한 단순성과 조용한 숭고함'이라며 칭송했는데, 이 작품을 두고는 "핏줄이 없는 것 같은 이 몸은 신경이 아니라 천상의 영혼에 의해 움직인다"라고 찬사를 쏟아냈다. 피톤을 물리치는 아폴론은 오른쪽 발에 체중을 싣고 왼발을 살짝 들어 한결 자연스러운 자세를 취했는데, 이를 '콘트라포스토Contrapposto'라고 한다.

전쟁 승리 후부터 마케도니아에 멸망하기까지의 고전기 그리스 미술가들은 인간의 몸이 가장 아름답고 완벽하게 보일 수 있는 비율, 즉 캐논을 만든 뒤, 그를 적용하여 작품을 제작했다. 군살 하나 없는 아폴론의 아름다운 몸은 다소 여성적인 분위기마저 풍긴다.

031

Wednesday

에드가르 드가

〈자화상〉, 종이에 파스텔, 47×32㎝, 1885~1900년,
취리히 라우 재단

드가의 아버지는 집안이 소유한 은행의 지점장이었다. 성공한 부르주아 가문 출신의 아버지는 '드가 de Gas'라고 귀족들처럼 성을 쓰곤 했지만, 드가는 'Degas'라는 성을 사용할 만큼 젊은 감각의 소유자였다. 우연한 기회에 그림에 관심을 두게 된 그는 다니던 법대를 그만두고 화가의 길을 걷기로 한다.

드가는 주로 루브르 박물관 등을 드나들며 사귄 마네를 통해 여러 진보적인 화가들과 교제하게 되었다. 그는 수많은 재산뿐 아니라, 수집광이었던 아버지가 모아둔 벨라스케스, 들라크루아 등 유명 화가의 작품까지 상속받았기에 굳이 돈을 벌기 위해 그림을 그릴 필요는 없었다. 그러나 한때 파산하면서 잘 팔리는 그림, 즉 발레리나 그림이라거나 누드화 등을 그리기도 했다.

새로운 미술에 적극적이어서 인상파 모임에 열심히 나갔으나, 인상파 화가들이 추구하는 '빛으로 빚은 색의 표현'이나, 직접 야외에 나가 그리는 '풍경화'엔 관심이 없었다. 그러나 새로운 매체로 출현한 카메라를 좋아했고, 그것을 이용해 도시인의 모습을 담는 데 열심이었다.[074] 이 자화상은 그리다 말다 하다 말년에 완성했는데, 지병인 눈병으로 시력을 거의 잃어가면서 그린 것이다.

○ 그는 이 자화상을 친구들에게 보여주며, 자신이 개처럼 생겼다고 우스갯소리를 한 적 있다.

032

Thursday

정물화

정물화는 스스로 움직이지 못하는 일상의 사물을 그린 것으로 이미 고대 로마시대의 벽화에도 등장한다.

그릇, 책, 꽃 등은 신화나 종교 역사를 담은 그림, 초상화 등에서 그 주제를 돋보이게 하기 위해 그려졌고, 그림 실력 연마를 위한 연습용으로도 그려졌다. 그러나 16~17세기 네덜란드에서부터는 이런 그림이 독립된 장르로 부각되기 시작했다. 일상의 사물들이 그림의 주인공으로 등장한 것이다.

종교화나 대형 역사화 주문이 뜸했던 검소한 신교국가 네덜란드에서는 팔기 좋고, 사기

(대) 얀 브뤼헐, 〈토기 화병 속의 꽃다발〉, 패널에 유화, 51×40㎝, 1599~1607년, 빈 미술사 박물관

에도 좋은 작은 크기의 정물화가 유행하기 시작했다. 사람들은 시장에 나가거나 화가나 화상을 통해 구입한 정물화를 자신의 집 벽에 걸어놓고, 살 돈은 없지만 눈으로는 영원히 가질 수 있는 그림 속 값비싼 기물들을 보며 대리만족을 느꼈다. 비싸지만 금방 시들고 마는 생화 대신, 봄꽃 여름꽃 할 것 없이 한꺼번에 꽂아둔 화사한 꽃 그림을 보며 그들은 눈으로 향기를 맡곤 했다.

네덜란드의 유명 화가 집안인 브뤼헐 가문의 얀은 특히 꽃 정물화로 이름이 드높았는데, 이 그림 속에는 약 140여 종의 다양한 꽃이 그려져 있다.

○ 브뤼헐 집안에는 화가도 많았지만, 아버지와 아들이 같은 이름을 쓰는 경우도 많았다. 영어권에서는 이들을 구분하기 위해 이름에, 아버지의 경우는 the elder, 아들은 the younger를 붙여 표기하는데, 우리말로는 (대)와 (소)로 번역하는 것이 일반적이다.

033

Friday

한니발, 알프스를 넘다

윌리엄 터너, 〈눈보라: 알프스 산을 넘는 한니발의 군대〉, 캔버스에 유화, 146×237.5cm,
1812년경, 런던 테이트 갤러리

휘몰아치는 하얀 눈보라, 시커먼 먹구름, 그런데도 자신의 위세를 꺾지 않는 둥근 태양. 거대한 자연 앞에 선 한낱 인간의 왜소함을 그린 풍경화처럼 보이지만, 로마 제국에 도전한 한니발 군대의 무용담을 슬쩍 주제로 끼워 넣은 그림이다.

기원전 270년, 이탈리아를 통일한 로마는 지중해 건너 아프리카 대륙의 카르타고와 전쟁을 벌인다. 라틴어로 카르타고인을 '포에니'라고 부르는 데서 '포에니전쟁'이라 이름 붙여졌다. 포에니전쟁의 1차 목표는 지중해 해상권 장악이었다. 처음엔 로마군이 승리했으나, 카르타고의 명장 한니발이 등장하면서 역전된다.

한니발은 군사 약 4만 명과 코끼리 37마리를 대동한 채 배를 타고 오늘날의 스페인, 카르타고 노바에 도착한 뒤, 알프스를 넘어 로마로 진격해왔다. 이 먼 거리를 돌아 험준한 알프스를 넘어 적군이 무사히 로마로 진격할 것이라고는 상상도 못했던 로마는 충격에 빠졌다. 그러나 카르타고에 한니발이 있었다면 로마에는 스키피오가 있었다. 그는 역으로, 한니발이 떠나고 없는 카르타고로 진격했다. 포에니전쟁에서 마침내 승리한 로마는 영토를 넓혀가며 대제국으로 성장했다.

034

Saturday

쌍둥이 모나리자의 발견

레오나르도 다빈치의 제자, 〈모나리자〉, 패널에 유화, 76.3×57cm, 1503~1519년, 마드리드 프라도 미술관

스페인 프라도 미술관에는 루브르 박물관의 그 유명한 〈모나리자〉와 거의 흡사하지만, 더 젊고 가느다란 눈썹이 있으며 배경까지 마무리된 〈모나리자〉가 전시되어 있다.

발견 당시에는 시커먼 먼지들이 엉겨 붙어 있어 몰랐으나, 복원 과정에서 루브르의 모나리자와 거의 비슷한 배경에 같은 자태의 여인이 모습을 드러내 모두를 놀라게 했다.

연구가들은 적외선과 엑스선 촬영을 이용해 이 두 작품의 관계를 조사했는데, 다빈치가 루브르 〈모나리자〉를 그릴 때 머리와 손 모양, 상의를 조금 더 아래로 내려 가슴팍이 드러나도록 수정한 과정이 프라도의 이 그림에서도 같은 순서로 진행되었다는 사실이 밝혀졌다.

추측건대 스승이 그리면 제자 중 하나가 따라 그리고, 스승이 수정하면 다시 따라 수정하는 형식으로 완성한 것으로 보인다. 많은 사람이 이 그림을 레오나르도 다빈치의 꽃미남 제자이자 동성애인인 살라이[127]나 프란체스코 멜치, 둘 중 하나의 작품일 것으로 추정한다.

035
Sunday

헤파이스토스의 대장간

조르조 바사리, 〈헤파이스토스의 대장간〉, 동판에 유화,
38×28㎝, 1564년경, 피렌체 우피치 미술관

화가이자 건축가이었던 조르조 바사리(1511~1574년)는 르네상스 시기 미술가 200여 명의 삶과 예술을 총망라한 《예술가 열전》의 저자이기도 하다. 바사리는 공화정이었던 피렌체를 공국이 다스리는 나라로 바꾼 코시모 1세 데 메디치의 아들, 프란체스코 1세 데 메디치에게서 주문을 받고 이 작품을 그렸다. 연금술에 완전히 빠진 프란체스코는 자신이 머무는 곳을 신화 속 최고의 발명가, 헤파이스토스의 대장간 그림으로 꾸미고자 했다.

화면 왼쪽, 전쟁의 여신이자 지혜의 여신 아테나가 헤파이스토스에게 종이 한 장을 건네고 있다. 아테나가 설계도를 건네주면 대장장이의 신 헤파이스토스가 그에 맞추어 물건을 제작하는 것이다. 이는 설계의 중요성, 나아가 소묘의 중요성을 역설한다. 바사리는 피렌체에 '소묘 아카데미'를 설립, 소묘야말로 미술의 기본이라고 지도했다. 화면 상단의 왼쪽 아치 아래에는 삼미신이 서 있고, 바로 아래로 그를 열심히 스케치하는 4명의 누드 학생들이 보인다. 바사리로서는 헤파이스토스의 대장간이 곧 자신의 소묘 아카데미였다.

한편 헤파이스토스 앞에 놓인 방패에는 자신이 섬겼던 코시모 1세와 프란체스코 1세의 탄생 별자리인 염소자리와 양자리가 그려져 있다.

036

Monday

아르놀피니 부부의 초상화

얀 반 에이크, 패널에 유화, 82×60cm, 1434년,
런던 내셔널 갤러리

르네상스 미술의 눈부신 발전에는 이탈리아인들이 발명한 원근법이 큰 역할을 했다. 평면 그림에 공간감을 표현할 수 있어 자연스럽고 실제 같은 환영을 창조해낼 수 있었기 때문이다. 그러나 오늘날 네덜란드와 벨기에 인근의 플랑드르 화가 얀 반 에이크(1395년경~1441년) 형제가 만든 '유화'도 르네상스 미술의 사실주의적 특성에 큰 몫을 해냈다. 광물질을 갈아서 테라핀 기름에 섞어 만든 유화 물감은 다양한 색을 만들기 쉬웠고, 마르지 않아도 덧칠로 수정이 가능해 그림의 완성도를 높이는 데 큰 역할을 했다.

얀 반 에이크의 그림에서 볼 수 있는 세밀함, 정교함 등은 알프스 북쪽 사람 특유의 정확성에 유화의 장점이 합쳐진 결과다. 그림은 부유한 모피 상인 아르놀피니와 그의 아내를 그린 것이다. 그리 큰 그림이 아님에도 불구하고 천장 샹들리에나 아래 거울이 반짝이는 모습, 입은 옷, 심지어 강아지 털까지 섬세하게 그려져 있다. 거울 틀을 장식하는 10개의 둥근 원에는 예수의 수난 장면이 차례로 담겨 있다. 거울과 샹들리에 사이에 그려진 글자는 "1434년, 나 얀 반 에이크가 있다"라는 뜻으로, 얀 반 에이크는 부부의 결혼에 자신이 함께 있었다는 사실과 더불어 이 그림을 그린 장본인임을 밝히고 있다.

037

Tuesday

헬레니즘 미술

하게산드로스·아타노도로스·폴리도로스, 〈라오콘〉, 1세기 초,
대리석, 높이 240cm, 바티칸 미술관

기원전 338년, 그리스는 마케도니아의 왕 필리포스에게 정복당했다. 그 뒤를 이은 알렉산드로스 대왕은 대제국을 건설하면서 자신이 정복한 동방의 문화와 헬라스(그리스)적인 것들을 서로 섞이게 했는데, 이 시기를 헬레니즘 시기라고 한다. 헬레니즘 시기는 로마에 의해 제국이 재편되는 기원전 31년까지 지속된다.

헬레니즘 미술은 무표정하고 우아하며 정적인 고전주의와 달리, 감정이 격정적으로 표출되는 연극처럼 동적인 경향을 보이는 특징이 있다. 헬레니즘 미술의 특징을 고스란히 보여주는 〈라오콘〉은 1506년 로마의 에스퀼리노 언덕 위, 네로의 궁전 터에서 한 농부에 의해 발굴되었다. 이 작품은 트로이전쟁 당시 그리스 편에 섰던 아테나 여신이 트로이 측 사제 라오콘에게 바다뱀을 보내, 두 아들과 함께 고통에 시달리다 죽게 한 장면을 그려낸 것이다. 라오콘의 근육이 그야말로 터질 듯 뒤틀려 있고, 아이들을 칭칭 감은 뱀의 몸통에도 힘이 가득 들어가 있다. 공포로 비명이 터져 나오고, 얼굴이 산산조각이 날 듯하다.

ㅇ 〈라오콘〉은 네로 황제(재위 56~68년)가 자신의 황금 궁전을 장식하기 위해 로도스섬에서 가져온 것으로 보인다. 발굴 당시 이 작품의 진가를 알아본 미켈란젤로 덕분에 교황 율리오 2세(재위 1503~1513년)는 농부로부터 이 작품을 구입해 바티칸 궁으로 가져왔고, 소식을 들은 사람들이 작품을 구경하기 위해 몰려들자, 결국 궁을 개방하면서부터 바티칸 미술관이 시작되었다고 한다.

038

Wednesday

클로드 모네

오귀스트 르누아르, 〈모네의 초상화〉, 캔버스에 유화,
85×60.5cm, 1875년, 파리 오르세 미술관

파리에서 태어났지만, 프랑스 북부 해안 도시 르아브르에서 성장한 모네(1840~1926년)는 동네 사람들의 캐리커처를 그려주면서 유명해졌다. 그의 그림은 동네 한 화구상에 진열되었는데, 화구상의 동업자인 외젠 부댕이 그를 불러 제자 삼고, 함께 르아브르의 해안가 풍경을 그리면서 화가의 꿈을 본격적으로 키우게 되었다.

모네는 고모의 도움으로 파리에서 미술 공부를 시작하나 살롱전 입선만을 목표로 하는 전통적인 교육 방식에 불만을 품었다. 결국 뜻을 같이하는 다른 친구들과 함께 자연으로 뛰쳐나가 직접 햇살과 대기 안에서 눈에 보이는 대로의 풍경을 어떤 각색도 없이 그리곤 했다.

그런 화가들이 모여, 살롱전이 아닌 독립적인 모임과 전시를 기획했는데 이것이 인상주의의 시작이다. 인상주의에 대한 대중의 이해도가 점차 높아지면서 마침내 그는 국제적인 스타가 되었다. 지베르니의 너른 대지에 자신만의 정원을 만들고 연못 가득 수련을 비롯한 여러 식물을 키우며 화폭에 옮기는 작업을 했다. 말년의 그는 화가로서는 치명적인 백내장에 걸렸지만 그럼에도 생을 마감하는 그날까지 결코 붓을 꺾지 않았다.

이콘화

〈우주의 지배자 예수〉, 모자이크, 1080~1100년경,
다프니 도르미션 성당

본 적도 없는 예수와 마리아, 성인들을 그린 성상, 즉 이콘은 상상이 만들어낸 이미지에 불과하다. 그런 만큼 신성한 존재가 그리는 사람에 따라 옆집 아저씨로, 미남으로 기준 없이 그려지는 것은 여러 논란을 낳았다. 그려진 성상에 기도하던 사람들이 마침내 성상 그 자체를 숭배하는 것도 문제였다.

기독교 사회는 8세기부터 성상 숭배를 두고 분열되기 시작했다. 콘스탄티노플을 수도로 둔 동로마제국에서는 성상 제작에 반대를 표했지만, 로마 중심의 교회에서는 그림이야말로 문맹들에게 가장 훌륭한 글이 될 수 있다고 여겼다. 이윽고 대대적인 성상 파괴 운동까지 전개되었고, 이로 인해 기독교 사회는 동로마제국의 '정교회'와 로마 중심의 '로만 가톨릭'으로 완전히 갈라섰다.

그러나 결국 성상의 필요성은 인정되었다. 다만 정교회는 성서의 내용이나 인물을 변하지 않는 기본적인 틀 안에서 그리도록 하여, 누가 그려도 비슷한 이미지와 자세를 취하게 했다. 이러한 전통과 규칙은 이후 1천여 년간 계속되어, 로만 가톨릭권의 화가들에게도 영향을 미쳤다. 그림 속 IC XC는 예수 그리스도를 뜻하는 'Ἰησοῦς Χριστός'의 앞뒤 글자를 딴 것이다. 예수는 근엄하고 엄숙한 얼굴로 정면을 향하고 있다.

040

Friday

카이사르의 죽음

장 레옹 제롬, 〈카이사르의 죽음〉, 캔버스에 유화, 85.5×145.5㎝, 1867년경, 볼티모어 월터스 미술관

로마는 왕정에서 시작했으나, 기원전 509년부터 귀족의 원로원과 평민의 민회가 각각 집정관, 호민관을 두어 정국을 이끌어가는 공화정체제로 변신했다. 그러나 포에니전쟁 이후 로마는 귀족과 평민들 간의 대립이 심해지면서 극심한 혼란기에 접어들었다.

카이사르(기원전 100~44년)는 3명의 집정관을 두는 삼두 정치를 제안, 폼페이우스, 크라수스와 함께 삼두 정치를 시행했다. 그는 오늘날의 프랑스 땅인 갈리아를 정복해 그곳 총독으로 머물다가 크라수스 사후, 자신을 제거하려는 세력에 맞서기 위해 급히 군대를 이끌고 루비콘강을 건너 로마로 진격했다. 이때 나온 유명한 말이 '주사위는 던져졌다'이다.

카이사르는 로마에서 종신 독재관 자리에 올랐고, 다양한 친서민 정책으로 인기를 한 몸에 받았지만, 그를 견제하려는 원로원 귀족들과 뜻을 같이한 부르투스에게 암살당한다. 그림의 왼쪽 앞, 카이사르가 맥없이 누워 있다. 그의 죽음에 흥분한 이들이 몰려드는 동안, 그림 오른쪽에선 한 남자가 고개를 푹 숙인 채 의자에 앉아 앞으로의 로마를 염려하며 깊은 상념에 빠져 있다.

041

Saturday

저속하고 천박한 주제

귀스타브 카유보트, 〈대패질하는 사람들〉, 캔버스에 유화, 102×146.5cm, 1875년, 파리 오르세 미술관

카유보트 이전의 화가들도 노동자의 모습을 담아왔지만, 이 그림은 '도시' 노동자의 모습을 담고 있다는 점에서 특별하다. 게다가 이전의 그림들이 노동자들의 고단함을 가시화하여 연민과 연대 의식 등을 고취했다면, 이 그림은 그보다는 일하는 사람들의 힘 있는 움직임과 적절한 근육을 가진 몸의 아름다움에, 그리고 그들을 감싸는 실내의 빛과 그림자에 더 집중하게 한다. 이러한 뛰어난 완성도에도 불구하고 이 그림은 1875년의 살롱전에서 낙선했다. 심사위원들은 이 작품을 "저속하고 천박한 주제를 다룬 사건"이라고 평했는데, 신화나 영웅, 종교 등의 도덕적 서사를 다룬 작품이 아닌 데다, 도시 노동자들의 삶을 너무 사실적으로 묘사했다는 터무니없는 이유 때문이었다. 그 이후 카유보트는 미련 없이 살롱전을 포기하고 인상주의자들의 모임에 합류했다. 그는 상속을 어마어마하게 받은 부유한 화가로 굳이 자신의 작품을 판매할 필요가 없었다. 따라서 자신의 작품 대부분을 소장하고 있었기에 오히려 대중에게 덜 알려졌고, 쉽게 잊혔다. 그의 존재가 알려진 것은 작품이 미술시장에 깔리기 시작한 1960년대 이후부터이다.

042

Sunday

레다와 백조

틴토레토, 〈레다와 백조〉, 캔버스에 유화, 167×221㎝, 1550~1560년, 피렌체 우피치 미술관

레다는 스파르타의 왕비였다. 어느 날 레다의 미모에 흠뻑 빠진 제우스가 백조로 변장해서 그녀를 범했다. 그날 레다는 4명의 아이를 가지게 되는데, 그중 하나가 헬레나이다. 헬레나 역시 스파르타의 왕비로, 유부녀임에도 불구하고 트로이의 왕자와 사랑에 빠져 도주했고, 결국 스파르타와 트로이 간에 트로이전쟁을 촉발했다.

그림은 마치 보정 프로그램으로 채도를 확 낮춘 듯이 전체적인 톤이 탁하게 느껴지는데, 이는 틴토레토의 색채에 대한 이해도가 그만큼 높았음을 증명한다. 레다는 화면을 비스듬하게 사선으로 가로지르며 누워 있다. 오른쪽 하단의 백조가 긴 목으로 그녀를 탐한다. 그 긴 목이 묘하게도 남성의 상징을 연상케 한다.

왼쪽 아래 새장 안의 오리와 그를 탐내는 고양이는 오른쪽 레다와 백조의 관계와 쌍을 이룬다. 레다의 발치에 놓인 강아지는 주인을 유혹하는 백조를 향해 짖고 있다. 하녀와 커튼 사이의 어둠 속에는 새장에 갇힌 앵무새의 모습이 어렴풋이 보인다. 앵무새는 주로 순결을 의미하나, 새장에 갇혀 그 미덕을 발휘할 힘을 잃은 듯하다.

해바라기

빈센트 반 고흐, 캔버스에 유화, 95×73㎝, 1889년,
암스테르담 반 고흐 미술관

고갱이 온다는 소식에 한껏 흥분한 고흐는 그가 머물 방을 장식할 〈해바라기〉를 그렸다. 그는 고갱이 자신의 해바라기 그림을 크게 칭찬해주고, 고갱의 다른 그림과 교환까지 해줬던 일을 잊지 않았다. 원래는 방 전체를 해바라기 그림으로 가득 채울 생각이었으나, 잘된 작품만 골라 두 점을 걸었다.

그러나 좋은 시절은 잠시였을 뿐, 두 사람의 관계는 고흐가 자신의 귀를 스스로 자르면서 파국으로 치달았다. 미치광이와는 살 수 없다는 마을 사람들 때문에 병원에서 지내거나, 집으로 돌아와서도 격리 상태로 살아야 했던 상황에서도, 고흐는 고갱을 맞이하기 위해 그렸던 그림을 다시 복제해 그렸다. 이 그림은 현재 런던 내셔널 갤러리에 소장된 작품을 다시 그린 것으로 15송이의 꽃이 그려져 있는데, 상단 부분의 캔버스를 뜯어 늘려놓아서 다른 해바라기 그림보다 위쪽 공간에 여유가 있다.

고흐가 입원한 동안 짐을 싸서 아를을 떠나버린 고갱은 훗날 고흐에게 급하게 떠나느라 못 챙겨온 자신의 습작들 대신, 고흐의 〈해바라기〉를 달라고 요구했을 정도로 이 그림들을 높이 평가했다. 오늘날에도 〈해바라기〉는 경매에 나올 때마다 최고가를 경신하는데, 특유의 처연한 노랑은 곧 고흐를 상징하는 대표 색이 된 듯하다.

○ 고흐의 〈해바라기〉는 현재 뮌헨과 런던을 비롯, 도쿄에도 있다. 이들 중 일본의 야스다 해운에 당시 최고가 2,470만 파운드에 낙찰된 그림은 그의 서명이 없다는 점, 평소 고흐가 사용하던 물감의 종류와 다르다는 점 등으로 인해 위조품이라는 의견도 있다.

044

Tuesday

초기 기독교 미술

〈수태고지〉, 프레스코, 2세기경,
로마 프리실라 카타콤 벽화

다신교 사회인 고대 로마에서는 기독교의 유일신 사상을 터무니없다고 여겼다. 특히 황제보다 예수를 세상의 왕이라며 공경하는 기독교인들은 로마제국 입장에서 배척되고 타도되어야 할 대상이었다.

그 때문에 기독교인들은 공개된 곳에서 모임과 제 의식을 진행할 수가 없었다. 따라서 그들이 택한 은밀한 회합의 장소는 뜻밖에도 지하 공동묘지, 즉 카타콤Catacomb 안이었다. '낮은 지대의 모퉁이Catacombe'라는 뜻을 가진 그리스어에서 비롯된 카타콤은 16세기부터 '초기 그리스도인들의 지하 묘지'라는 뜻으로 사용되었다.

내부는 동굴을 연상케 하는데, 벽면을 층층이 파서 시신을 위아래로 빼곡히 안치했고, 천장과 벽은 기독교 관련 그림들로 장식되었다. 이 그림은 천사 가브리엘이 나타나 마리아에게 죄 없이 잉태함을 알리는 장면이다. 이 벽화는 서양미술 역사에 나타난 '수태고지' 그림 중 가장 오래된 것으로 알려져 있다.

○ 카타콤에서 벌어지는 일을 로마인들이 전혀 몰랐을 리는 없다. 다만 그들은 죽은 자의 영역을 함부로 침범하지 않을 만큼의 예는 갖추었다. 기독교인의 입장에서는 지하 묘지가 그나마 덜 위험한 곳이었다.

045

Wednesday

얀 반 에이크

〈남자의 초상(자화상)〉, 패널에 유화, 25.5×19cm,
1433년, 런던 내셔널 갤러리

네덜란드의 화가, 얀 반 에이크는 형인 휴베르트 반 에이크와 함께 유화를 발명하여 그림의 사실주의적 완성도를 높였다. 유화의 발명은 곧 베네치아를 거쳐 피렌체 등 이탈리아 전역의 화풍을 바꾸면서 르네상스 미술의 발전에 큰 역할을 했다.

그는 대상의 형태를 가능한 한 세밀하게 묘사했는데, 그 정교함은 혀를 내두를 정도였다. 이 남자는 얀 반 에이크가 궁정화가로 활동하던 당시 부르고뉴의 상류층이 좋아하던 붉은색 터번을 쓰고 있다. 뾰족한 시선을 던지는 그의 얇고 단호한 입술을 보면 그 냉랭한 성격이 느껴진다. 그가 얀 반 에이크 자신이라는 구체적인 기록은 없다. 다만 액자 상단에 적힌 글, "Als Ik Kan(내가 할 수 있는 한)"에서 중간 글자 Ik는 '나'라는 뜻도 되지만, 그의 이름 에이크를 떠올리게 한다는 점에서 "에이크가 할 수 있는 한"이라는 뜻으로도 해석이 가능하다.

○ '내가 할 수 있는 한'은 평소 얀 반 에이크의 좌우명이기도 했다. 액자 하단에는 '얀 반 에이크가 나를 만들었다'라는 글자가 제작 연도와 함께 그려져 있다.

046

Thursday

데쿠파주

앙리 마티스, 〈푸른 누드〉, 데쿠파주, 116.2×88.9cm,
1952년, 파리 퐁피두 센터

색채의 거장이라 불리던 화가, 마티스는 건강이 악화되면서 그림과 조각 작업이 버거워지기 시작했다. 새로운 작업 방식을 모색하던 그는 종이 오리기와 붙이기를 고안해냈다. '데쿠파주Découpage'라고 불리는 이 기법은 종이를 오린 뒤 색을 칠하거나, 색을 칠한 종이를 오려서 미리 준비한 다른 종이 위에 덧붙이는 식으로 구도를 잡아나간다. 섬세하게 디테일을 살리기보다는 선명하고 밝고 간결한 색의 단순한 형태로 화면을 구성한다.

처음에는 작은 사이즈로 시작했지만, 후반으로 갈수록 작품의 크기가 커졌다. 종이 위에 또 종이를 붙이기 때문에 튀어나온 부분이 있어 마치 부조와 같은 효과를 내는데, 평면이면서 입체이고, 입체이면서 평면인 셈이다. 또한 추상이냐, 구상이냐의 두 가지 중 어느 하나에만 속하지 않는 추상적이면서도 구상이며, 구상적이면서도 추상인 작품이다.

이 작품은 마티스가 위암 수술을 받은 직후부터 죽기 전까지 제작한 〈푸른 누드〉 연작 중 하나로 1907년에 그렸던 여성 누드화와 같은 이름을 가지고 있다.

○ 평소 마티스는 사람들이 '이건 나라도 그리겠군!' 하고 생각할 수 있는 그림을 그리겠노라고 말했다. 색종이 작업 역시 단순한 형태와 색채로 누구라도 할 수 있을 듯하다.

047
Friday

클레오파트라의 죽음

귀도 레니, 〈독사에 물린 클레오파트라〉, 캔버스에 유화,
110×94㎝, 1640년, 마드리드 프라도 미술관

알렉산드로스에게 정복당한 기원전 305년경부터, 이집트는 마케도니아의 프톨레마이오스 왕가가 지배했다. 클레오파트라는 기원전 51년에서 30년까지 약 20여 년간 이집트를 다스렸다.

동생과 함께 이집트를 다스렸으나 동생과 그 무리에 의해 권좌에서 쫓겨나게 된 그녀는, 이집트에 원정 온 카이사르와 깊은 관계를 맺으면서 그의 도움으로 왕권을 되찾는다. 클레오파트라는 이후 카이사르와 함께 로마로 가지만 로마의 귀족들은 이방인인 그녀를 반기지 않았다. 결국 그녀는 카이사르가 암살당한 직후 이집트로 다시 돌아오게 된다.

로마는 카이사르 사후, 혼란 속에서 다시 삼두 정치를 이어간다. 3인의 집정관 중 하나였던 안토니우스는 오늘날 이란 지역을 지배하던 파르티아 왕국으로 원정을 떠나는 길에 이집트에 들렀다가 클레오파트라와 사랑에 빠지고 말았다. 그는 파르티아 원정에 관심을 잃어버렸고, 아예 로마로 돌아갈 생각조차 하지 않았다. 안토니우스는 자신과 클레오파트라를 응징하기 위해 온 또 다른 집정관, 옥타비아누스와의 악티움 해전에서 패배한 뒤 자살했고, 클레오파트라 역시 독사에게 물리는 방법으로 목숨을 끊었다.

허름한 농가에 숨겨진 대작

렘브란트 판 레인, 〈화가의 아들, 티투스의 초상화〉, 캔버스에 유화,
65×56cm, 1655년경, 패서디나 노턴 사이먼 미술관

티투스는 렘브란트(1606~1669
년)와 아내 샤스키아 사이에서
태어났다. 그는 렘브란트가 파
산한 이래, 아버지의 작품을 거
래하는 아트 딜러 일을 했다.
결혼하고 아이도 하나 두었지
만, 결국 아버지보다 1년 앞서
사망했다.

렘브란트는 아들을 먼저 보
낸 후, 생의 마지막을 유대인
거리의 초라한 집에서 보내다
그 누구도 알아주지 않는 고독
사로 세상과 작별했다.

19세기 초엽, 그림 복원가 조
지 바커는 네덜란드에서의 일
을 마치고 영국으로 돌아가려

다 배를 놓쳐, 헤이그의 허름한 농가에서 하루를 묵어야 했다. 그곳에서 우연히 이
그림을 발견했는데, 농가 주인은 대수롭지 않게 작품을 거저 주다시피 했다고 한다.

이후로 몇몇 컬렉터들의 손을 거친 이 작품은 1965년의 경매에서 큰 주목을 받
았다. 미국의 사업가로 자신의 이름을 딴 아름다운 미술관의 설립자인 노턴 사이
먼은 이 작품의 구입을 위해서라면 그 무엇도 할 준비가 되어 있었다. 그러나 경매
당일 경매사는 워낙 높은 가격이 제시되자, 그가 더는 가격을 올리지 못할 거로 생
각하고 서둘러 낙찰시켜버렸다. 노턴 사이먼은 강하게 항의, 경매를 다시 이어 기
어이 그림을 구매했다. 당시 낙찰액은 한화로 약 26억 원 정도였다.

아프로디테와 아레스

산드로 보티첼리, 〈아프로디테와 아레스〉, 패널에 템페라, 69×173.5㎝, 1485년경, 런던 내셔널 갤러리

아프로디테 앞에서 전쟁의 신 아레스가 완전 무장 해제 상태이다. 폭력이나 전쟁보다 사랑이 한 수 위인 셈이다. 그림은 메디치 가문의 귀공자 줄리아노 데 메디치와 그의 숨은 유부녀 연인으로 추정되는 시모네타 베스푸치를 모델로 그렸다는 설이 있다. 두 연인은 비슷한 시기에 사망했는데, 시모네타가 22살 나이에 결핵으로 사망했고, 줄리아노는 2년 후인 1478년에 당시 메디치 가문의 정적이었던 파치 가문이 보낸 자객들에게 암살당했다. 아레스의 머리 옆 벌통에서 '베스파Vespa' 라고 하는 장수말벌이 나와 윙윙거리는데, 이는 그를 상대하는 여성이 '베스푸치' 가문 출신임을 상기시킨다. 실제로 베스푸치 가문은 자신들의 성과 이름이 비슷한 베스파를 가문의 상징으로 삼고 있었다.

두 연인 사이에 반인반수의 사티로스들이 아레스의 창에 매달려 장난을 치고 있다. 화면 왼쪽의 사티로스는 그의 투구까지 쓰고 있고, 오른쪽은 아레스의 귀에다 소라 껍데기를 대고 힘껏 불어보지만 깨어나지 않는다. 긴 창과 조가비, 소라 등은 주로 남성과 여성의 성적 이미지와 관련이 있다. 그림은 인테리어를 위해, 침대 머리맡 상판이나 긴 소파의 등받이 등 가구 크기에 맞춰 제작된 것으로 보인다.

○ 줄리아노 데 메디치가 사망하던 그해에 피오레타 고리니라는 여성이 그의 아이를 낳았다. 정식 결혼 관계가 아니라 사생아로 태어난 아이를 메디치 가문이 거두었는데, 그는 훗날 자라서 교황 클레멘스 7세가 되었다.

작품

중년

카미유 클로델, 청동,
121×181×73cm,
1899년, 파리 로댕 미술관

카미유 클로델(1864~1943년)은 프랑스의 국가 공인 미술학교인 에콜 데 보자르에서 조각을 공부하고자 했으나, 여학생을 받아들이지 않아 사설 미술학원에서 조각 공부를 해야 했다. 그녀는 스승 알프레드 부셰가 로마로 떠나면서 자신을 대신할 선생으로 소개한 로댕(1840~1917년)과 깊은 사랑에 빠지게 된다.

그러나 19살짜리 클로델과 사랑에 빠진 24살 연상의 로댕에게는 이미 어려운 시절을 함께 한 여인 로즈 뵈레(1844~1917년)가 있었다. 함께 예술과 작업을 논할 수 있고, 지적이며, 젊고 아름다운 동료이자 모델이었던 클로델에 비해, 뵈레는 그저 그의 식사를 차려주는 오래된 연인에 불과했다. 한때 로댕은 그녀와의 관계를 정리하고 클로델과 결혼하겠다는 단호한 의지를 보였지만 이루어지지 않았다. 클로델은 배신감, 상실감, 집착의 병을 앓다가 정신병원에 수용되었다.

〈중년〉은 자신과 로댕, 뵈레의 이야기로 읽힌다. 한 남자가 노파의 손에 잡혀 마지못해 끌려가고 있고, 그 뒤로 한 젊은 여인이 무릎을 꿇은 채 애원하며 매달리고 있다. 물론 중년, 즉 젊고 싶지만 결국 늙어가는 존재라는 해석도 가능하다.

○ 로댕이 뵈레를 특별히 사랑한 것 같지는 않다. 그는 그녀와 낳은 아들을 호적에 올려주지도 않았고, 그녀가 죽기 2주 전에야 정식 아내로 인정해주었다. 카미유는 퇴원해도 좋다는 의사의 말에도 불구하고 엄마와 동생이 거부하는 바람에 정신병원에 갇혀 30여 년을 지내다 사망했다.

051

Tuesday

중세 미술

리우타르가 바친 성경책 삽화, 〈그리스도로 그려진 오토 3세〉, 33.4×24.2cm, 996년경, 아헨 대 성당

신성 로마제국의 오토 3세(980년 ~1002년)는 3세의 어린 나이에 왕위에 올라 측근들의 섭정을 받다가 14세부터 제국을 통치했다.

인쇄술이 발명되기 이전의 책은 가죽을 얇게 두드린 뒤 그 위에 손으로 일일이 글자와 삽화를 그려 넣는 필사본 형식이었다. 더러 이런 책들은 표지를 값비싼 보석으로 장식하기도 했다. 그러다 보니 책의 가격은 상상을 초월할 정도였고, 아무나 소유할 수 없었다. 이 그림은 리우타르라는 수도자가 오토 3세에게 바친 성경책 삽화 중 하나로, 상단 중앙에 하느님이 오토 3세에게 황제 왕관을 씌워주는 모습이 보인다. 그의 발치에는 지구가 있는데, 지구를 발로 밟는 것은 예수를 묘사할 때나 가능한 일이었다.

오토 3세의 몸은 아몬드 모양의 형상으로 둘러싸여 있는데, 이는 만돌라^Mandorla 라 하여 하느님, 예수, 성인의 신성함을 강조하는 후광과 같은 역할을 한다. 만돌라는 주로 4개의 날개 달린 생명체와 함께 등장하는데, 4대 복음사가들을 상징한다. 상단 왼쪽의 날개 달린 사람은 마태오, 그 아래 날개 달린 소는 루카, 오른쪽 상단 독수리는 요한, 그 아래 날개 달린 사자는 마르코이다. 중세 미술은 사실적이고 이상적인 아름다움을 자랑하던 이전 시대와 달리, 대부분 성서의 이해를 돕기 위한 도식적인 그림이 주를 이루었고, 여러 상징이 함께했다.

052

Wednesday

미켈란젤로 부오나로티

〈최후의 심판〉 중 부분도, 프레스코,
13.7×12.2m, 1534~1541년,
바티칸 시스티나 예배당

〈미켈란젤로의 초상〉, 패널에 유화,
88.3×64.1cm, 1545년경,
뉴욕 메트로폴리탄 미술관

〈피에타〉, 〈다비드〉 등으로 고대 그리스의 조각을 재탄생시킨, 말 그대로 '르네상스'의 조각가 미켈란젤로는 회화에서도 가히 신기원을 이루었다. 그는 20m 높이의 시스티나 예배당 천장, 가로세로 각각 41m와 14m 크기의 면적을 경이로울 정도로 완벽한 그림으로 장식했다.

60대 중반에 접어든 그는 예배당의 제단화까지 의뢰받고 '최후의 심판' 장면을 그려냈다. 그림 정중앙의 예수와 성모 마리아를 중심으로, 순교한 성인 성녀가 자신을 고문하거나 처형했던 기물들과 같이 등장한다. 예수의 왼발 아래, 오른손으로 칼을 들고 왼손으로 살가죽을 든 이는 성 바르톨로메오이다. 그는 기독교인이라는 이유로 산 채로 살가죽이 벗겨지는 고문을 당한 뒤 순교했다. 미켈란젤로는 벗겨진 살가죽의 얼굴을 자신의 모습으로 그렸다. 바르톨로메오는 시인이자 저술가이며, 교황청 실세이기도 한 피에트로 아레티노(1492~1556년)를 모델로 했다.

○ 아레티노는 입이 험하기로는 타의 추종을 불허하는 문인이었다. 미켈란젤로가 자신을 무시한다고 생각한 그는 "살가죽을 벗겨버릴 테다"라며 욕을 하고 다녔다. 따라서 미켈란젤로가 굳이 바르톨로메오의 살가죽에 자신의 얼굴을 얹은 것은, 그에 대한 화가의 '그러시던지'라는 쿨한 답변으로 볼 수 있다.

053

Thursday

모노타이프

에드가르 드가, 〈스타(무대 위 댄서)〉, 종이에 모노타이프와 파스텔, 58×42cm, 1876~1877년, 파리 오르세 미술관

모노타이프Monotype는 평판화의 일종으로 평평한 금속이나 석판 등에다 잉크나 물감을 바른 뒤 그것이 마르기 전에 얼른 종이로 찍어내는 판화 기법을 말한다. 따라서 일반적인 판화처럼 물감을 계속 발라 몇 장이고 원하는 만큼 찍는 것이 아니라, 한두 장 정도만 찍을 수 있는, 회화와 판화의 중간 정도의 방식이다.

이 작품의 경우, 모노타이프로 찍어낸 그림 위에 파스텔로 선과 색을 가하여 완성했다. 드가의 모노타이프를 본 시인, 말라르메는 "낯설고 새로운 아름다움!"이라 칭송하기도 했다.

〈스타〉는 드가를 스타로 만들어준 작품이다. 드가는 거리의 사진가들처럼 특별한 이야깃거리가 없어도 눈에 들어오는 장면을 무심코 담아낸 듯한 그림을 주로 그렸다. 자신이 사는 시대와 공간의 모습을 담았다는 점에서 신화, 종교, 영웅의 이야기를 담는 전통적인 화가와는 차별을 보인 셈이다. 〈스타〉역시 무대의 한 장면을 구경하는 '구경꾼'의 시각으로 그린 그림으로, 카메라를 들고 2층 정도에 올라가 아래를 향해 찍은 듯한 구도이다.

○ 당시 발레리나는 오늘날과 달리, 대부분 가난한 노동자 가정 출신으로 공연이 끝나면 매춘으로 이어지는 슬픈 직업이었다. 곱게 춤추던 저 소녀는 잠시 후면 검은 옷을 입은 신사의 유희 대상이 될 터였다. 드가는 이런 시대의 슬픈 자화상을 가감 없이 포착해냈다.

로마 제정의 시작

〈갑옷을 입은 아우구스투스 전신상〉, 대리석,
높이 204cm, 14~29년경, 바티칸 미술관

카이사르가 암살당한 후, 그의 양자이자 후계자로 지목되었던 옥타비아누스는 삼두정치의 실세로 떠올랐다. 마침내 그는 3명 중 자신을 제외한 안토니우스와 레피두스를 제거, 기원전 27년에 로마 초대 황제로 즉위했다. 로마 제정이 시작된 것이다. 원로원은 그를 '존엄한 자'라는 뜻의 '아우구스투스Augustus'라 칭했다.

1863년, 로마의 프리마 포르타 지역에서 발굴된 이 조각상은 원래 청동으로 제작된 것을 대리석으로 복제한 것이다. 한쪽 팔을 치켜든 자세는 그가 제국을 이끄는 '지도자'임을 상징한다. 흥미롭게도 그는 갑옷을 입고 겉옷을 허리에 두른 상태임에도 불구하고 신발을 벗고 있다. 로마인들은 신상을 제작할 때 이처럼 대부분 맨발로 표현했다. 따라서 그의 맨발은 그가 거의 신과도 같은 존재임을 천명하는 셈이다.

곁에 서 있는 에로스는 아프로디테의 아들이다. 대대로 카이사르의 집안은 아프로디테의 후손임을 자랑해왔는데 에로스의 존재는 아우구스투스가 카이사르의 혈통이라는 점을 상기시킨다. 맨발의 옥타비아누스가 존엄한 자, 아우구스투스가 되어 로마제국을 지배한 이래로 약 200년 동안 제국은 '팍스 로마나'라고 불리는 태평성대의 시절을 보낸다.

055

Saturday

그림으로 기록한 두 번의 사랑

페테르 파울 루벤스, 〈삼미신〉, 패널에 유화, 221×181cm,
1639년, 마드리드 프라도 미술관

17세기의 루벤스(1577~1640년)는 당대 유럽 왕실의 고관대작들이 어떻게 하면 그의 그림 한 점 구할 수 있을까, 애태울 정도로 실력 있고 유명한 화가였다. 그림뿐만 아니라, 교양이 풍부하고 외국어 구사 능력도 뛰어나 외교관으로도 활동했다.

출중한 외모에 지성, 재력을 다 갖춘 그는 아내와의 금슬도 소문날 정도로 좋았다. 그러다 아내가 일찍 세상을 떠나자 나이 쉰셋에 무려 37세 연하의 어린 신부까지 얻는다. 이 남자, 어째 미안했던 걸까, 아니면 두 여인에 대한 자신의 사랑을 기념이라도 하고 싶었던 걸까. 그는 3명의 아름다운 여신들, 즉 삼미신을 그리면서 오른쪽의 여신을 죽은 첫 아내 이사벨라 브란트, 왼쪽을 두 번째 부인인 엘렌 푸르망으로 동등하게 그려 넣었다. 무엇이든 그리는 족족 팔려나가기 무서웠을 인기 속에서도, 루벤스는 이 그림만큼은 팔지 않고 간직했다.

누드의 삼미신은 대체로 감상자로 하여금 한 번에 여성의 몸을 이쪽저쪽으로 관찰하게 하는 화가의 배려에서 비롯된 경우가 많다.

○ 53세의 권세가, 루벤스가 귀족 여인과의 혼사도 뿌리치고, 굳이 평민 출신의 16세 소녀와 재혼한 것은 그녀가 안트베르펜의 소문난 미녀였기 때문이라는 말도 있다. 그들 사이에서는 다섯 아이가 태어났는데, 막내는 그가 통풍으로 사망한 직후 태어났다.

056

Sunday

은하수의 기원

틴토레토, 〈은하수의 기원〉,
캔버스에 유화, 148×165cm,
1570년, 런던 내셔널 갤러리

제우스는 아내 헤라 몰래, 암피트리온의 왕비 알크메네와의 사이에서 헤라클레스를 낳았다. 제우스는 그 아이를 너무나 사랑하여 영원히 죽지 않는 영웅이 되길 원했다. 생각 끝에 헤라의 힘을 빌리기로 하고, 그녀가 잠든 사이에 몰래 젖을 물렸다. 인기척에 잠에서 깬 헤라는 깜짝 놀라 아이를 힘껏 밀쳐버렸는데, 젖을 빠는 힘이 너무나 강했던 나머지, 아이의 입이 떨어지자마자 헤라의 젖이 사방으로 분출되었다. 그리스 신화에서는 이것이 은하수가 되었다고 한다.

틴토레토(1518~1594년)의 그림은 제우스가 아이를 안고 젖을 먹이는 동안 막 깨어난 헤라가 당혹해하는 모습을 담고 있다. 아이의 발치께로 제우스와 언제나 함께하는 독수리가 번개를 잡은 모습이 보인다. 그림 오른쪽의 공작은 헤라와 깊은 관련이 있다. 헤라는 눈이 100개인 거인, 아르고스를 시켜 제우스의 불륜을 감시하라고 일렀다. 하지만 아르고스는 제우스의 꾀에 넘어가 버렸고, 분노한 헤라는 아르고스의 눈들을 떼어다가 공작의 깃털을 장식했다. 날개를 단 아이들은 사랑의 화살을 쏘아대는 에로스이다.

유디트와 홀로페르네스

카라바조, 캔버스에 유화, 145×195cm, 1599년,
로마 국립 미술관

아르테미시아 젠틸레스키, 캔버스에 유화,
199×162cm, 1612~1621년, 피렌체 우피치 미술관

가톨릭교회는 정경으로 인정하지만 개신교는 인정하지 않는 외경 중 〈유딧기〉에
나오는 내용을 그린 것으로, 이스라엘 여성 유디트가 하녀와 함께 조국을 침략한
아시리아 장수의 목을 베는 장면이다. 아르테미시아 젠틸레스키(1593~1653년경)는
화가인 아버지, 오라치오 젠틸레스키[217]의 작업실에서 그림을 배웠다. 그녀는 아
버지의 동료 화가 아고스티노 타시에게 성폭행을 당했고, 법정에서 수치스러운 증
언을 해야 했다. 타시는 전 부인을 살해한 범행까지 밝혀졌지만, 겨우 1년 감옥살
이 끝에 자유의 몸이 되었다. 아르테미시아 젠틸레스키는 자신의 공방을 운영할
만큼 당차게 삶을 개척할 줄 알았고, 훗날 여성 최초로 이탈리아 미술아카데미의
회원이 되었다. 억세게 두 팔로 버둥거리는 남자의 목을 자르는 장면은 일견, 성폭
행으로부터 재판 과정, 그 이후의 삶 전반에 가해졌던 유무형의 폭력에 대한 그녀
의 분노와 응징으로 보인다. 카라바조의 그림은 같은 내용을 다뤘지만 큰 차이가
있다. 그의 그림 속 유디트는 예쁘고 연약하고 언제나 남성의 도움이 필요한 '소
녀' 이미지다. 하녀는 어떤 도움도 줄 수 없는 노파로, 그저 소녀의 젊음과 아름다
움을 돋보이게 하는 장치로서나 존재한다.

058

Tuesday

성상, 그림이 된 성서

〈성상숭배 금지〉, 클루도프의 시편 필사본 삽화 중 하나,
19.5×15cm, 858~868년경, 모스크바 역사 박물관

기독교는 로마, 콘스탄티노플, 예루살렘, 안티오크, 알렉산드리아의 5개 지역에 대교구를 두었다. 이들 중 로마는 서로마 지역에, 나머지는 동로마제국의 영토 안에 있었지만 콘스탄티노플을 제외한 나머지 세 지역은 7세기, 이슬람의 점령하에 놓이게 된다.

로마와 콘스탄티노플 두 교구는 각각 라틴어와 그리스어로 성서를 읽고 미사를 집행하는 등 여러 차이를 보이기 시작하는데, 1054년의 성상숭배 논쟁을 계기로 서로를 파문, 완전히 분열된다. 로마의 주교는 스스로 가톨릭 교황이라 칭했는데, 가톨릭Catholic은 '보편적'이라는 뜻이다. 한편 동로마 교회는 '정교Orthodox'라 하는데, 자신들이야말로 정통적이라는 의미를 품고 있다. 성상숭배 논쟁은 하느님, 예수 등의 모습을 그림이나 조각으로 제작한 성상에 기도하는 등 숭배하는 행위를 두고 벌어진 논쟁이다. 라틴어에 무지한 게르만인들을 선교하기 위해 그림이나 조각이 유용하다 생각한 서로마 교회에서는 성상을 '그림으로 보는 성서'라 예찬했다. 위 그림은 성서 시편을 실은 필사본 중 하나이다. 하단, 한 남자가 열심히 예수의 얼굴을 지우는 모습이 보인다. 이는 그가 성상 제작과 숭배에 반감을 품고 있다는 뜻이다.

○ 예수의 얼굴을 지우는 남자의 얼굴은 손톱 등으로 심하게 뜯겨나간 상태로 많이 훼손되어 있다. 아마도 성상 제작에 우호적인 누군가의 짓으로 보인다.

059

Wednesday

에른스트 루트비히 키르히너

〈군인 자화상〉, 캔버스에 유화, 69×61cm, 1915년,
오하이오 오벌린대학 앨런 기념 미술관

독일 표현주의의 거장으로, '다리파▸352'라는 진보적인 회화 집단을 이끌었던 키르히너(1880~1938년)는 거칠고 강렬한 선과 색으로 눈이 아닌 가슴을 자극하는 그림을 그렸다. 그는 드레스덴에서 태어나 그곳에서 건축을 전공했고, 이후 뮌헨에서 미술을 공부했다. 어깨에 적힌 75라는 숫자는 키르히너 자신이 복무하던 75포병부대를 떠올리며 가져온 것이다.

상처의 흔적이 남은 퀭한 눈, 무엇보다도 잘린 손목, 그리고 누드모델 등이 그림 속 분위기를 암담하고, 처절하게 이끈다. 사실 키르히너는 서른의 늦은 나이에 제1차 세계대전(1914~1918년) 중 강제 징집, 운전병으로 활동했다. 그러나 몇 개월 못 가 자해를 하는 등 신경쇠약 증세를 보여 일시 제대했지만 술과 모르핀 등에 중독되어 결국 재소집되지 않았다.

실제로 그는 그림에서처럼 손목이 잘려 나간 적도, 또 그만큼 격렬한 전투에 임한 적도 없었다. 그러나 그는 이 작품을 통해, 원하지 않았던 군 생활이 자신의 영혼을 다 파괴하여 모델이 있어도 그림을 그릴 수 없는, 즉 그림을 그릴 손이 사라져버린 상태에까지 이르렀음을 말하고 있다. 그는 나치가 자신의 그림을 '퇴폐미술▸200'로 분류한 것에 격분, 지독한 우울증을 앓다가 스스로 목숨을 끊었다.

장르 · 기법

트롱프뢰유

코르넬리스 헤이스브레흐트, 〈뒤로 돌려놓은 그림〉, 캔버스에 유화, 66.6×86.5㎝, 1670년, 코펜하겐 국립 미술관

프랑스어로 '눈을 속이다'라는 뜻을 가진 '트롱프뢰유Trompe-l'oeil'는 보는 사람이 그림이라 생각지 못할 정도로, 실제와 가깝게 그리는 기법을 말한다. 고대 그리스의 제욱시스는 그림을 워낙 잘 그렸는데, 포도를 그리면 새들이 그 포도를 먹기 위해 달려들 정도였다. 이에 파라시오스는 당신은 고작 새의 눈을 속였지만, 자신은 사람의 눈을 속이는 그림을 그린다고 큰소리를 쳤다. 제욱시스가 그렇다면 그 그림을 보여 달라 청하자, 파라시오스는 커튼 뒤에 있으니 알아서 보라고 말했다. 제욱시스는 성큼 다가가 커튼을 걷으려 했으나, 그 커튼은 파라시오스가 그린 '트롱프뢰유' 그림이었다. 실제와 닮게 그리겠다는 의지는 동서양을 막론하고 그림의 기원이 될 정도로 오래된 것이다. 역시 고대 그리스의 전설에 따르면, 한 소녀가 연인과 이별할 상황이 되자 그를 벽 앞에 세우고 불을 밝힌 뒤 그림자로 윤곽을 만들고 안을 다듬어 연인과 똑같이 그렸는데 그것이 그림의 기원이 되었다고 한다. 그림의 역할 중, 곧 사라질 대상을 영원히 다시 붙들어놓고, 재현Re-present하는 것에 큰 비중을 두는 이들일수록 트롱프뢰유에 열광한다.

061
Friday

로마제국 내 기독교의 확산

카라바조, 〈에케 호모-이 사람을 보라〉, 캔버스에 유화, 128×103cm, 1605년경, 제노바 팔라초 비앙코

로마의 초대 황제 아우구스투스가 제국을 지배하던 시기, 자칭 하느님의 아들이자 세상의 왕인 예수 그리스도가 태어났다. 태어난 자 모두 하느님 아래 평등하다는 그의 설교는 소수의 지배자에게 늘 빼앗기고 사는 다수의 마음을 움직였다.

그를 따르는 무리가 많아지자, 세상의 왕이 로마 황제라 믿는 편이 속 편한 로마 지배층을 불편하게 했고, 아직은 하느님이 구세주를 보내지 않았을 거라 믿는 유대 지도자들을 분노케 했다. 유대인들은 입바른 소리로 자신들의 입지를 위태롭게 하는 예수를 고발했다. 그들은 예수를 유대의 로마총독 빌라도에게 끌고 가 처형을 주장했다.

그림은 빌라도가 "에케 호모" 즉 "이 사람을 보라"라고 외치면서, 그에게 대체 무슨 죄가 있다는 거냐고 유대인들에게 묻는 장면이다. 결국 예수는 처형되었지만 그의 부활과 구원을 믿는 기독교인들은 점차 늘어났다. 로마제국은 황제에게 절대 복종하지 않는 기독교인들을 박해했으나 역부족이었다. 급기야 제국의 황제는 이들을 억압하기보다는 회유하고, 그 힘을 빌려야 할 정도에 이르렀다.

○ 미간을 찌푸린 채 화면 밖 감상자들을 유대인 보듯 바라보는 빌라도는 카라바조 자신의 모습을 모델로 한 것이다.

고흐의 귀

빈센트 반 고흐, 〈귀를 자른 자화상〉, 캔버스에 유화, 60×49cm,
1889년, 런던 코톨드 인스티튜트 오브 아트

빈센트 반 고흐는 예술가들이 함께 모여 서로 의지하며 작업하는 예술가 공동체를 꿈꾸며, 존경하던 화가 고갱을 자신의 집으로 초대했다. 그러나 차가운 고갱과 뜨거운 고흐는 물과 기름처럼 어울리기 힘든 사이였다.

고갱이 곧 자신을 떠날 것을 안 고흐는 불안증 탓인지, 그가 자는 방에 불쑥 들어가는 등 이상행동을 하기 시작했다. 크리스마스를 코앞에 둔 어느 날에는 산책하던 고갱의 뒤를 따라갔다. 고갱은 오싹한 느낌에 멈춰서 그를 돌아보았다.

순전히 고갱만의 진술이기에 어디까지나 자신에게 유리한 말일 수도 있지만, 어쨌든 그날 고갱은 고흐의 손에 들린 면도날을 보았고 그를 나무란 뒤 집으로 돌려보냈다고 한다. 불안했던 고갱은 함께 살던 집이 아닌 근처 호텔로 가 묵었고, 고흐는 자신의 귀를 잘라 자주 가던 카페의 여종업원에게 줘버렸다. 이 그림은 귀를 자른 자신의 모습을 그린 두 점의 자화상 중 하나이다. 병원 기록 등에 의하면 고흐는 분명 왼쪽 귀를 잘랐는데, 붕대는 오른쪽을 감고 있다. 거울로 자신의 모습을 보고는 그대로 그렸기 때문이다.

○ 고흐가 자신의 귀를 자른 이유는 여러 가지로 추정된다. 우선은 고갱에 대한 배신감이 큰 원인으로 꼽히지만, 동생 테오의 결혼 소식을 듣고 감정적·재정적으로 버려졌다는 공포가 원인이라는 말이 있다. 더러는 펜싱이 취미였던 고갱이 그와 싸우다 귀를 잘랐을 거라는 주장도 있다.

063

Sunday

디오니소스와 아리아드네

티치아노 베첼리오, 〈디오니소스와 아리아드네〉, 캔버스에 유화, 175×190㎝, 1520~1522년, 런던 내셔널 갤러리

《변신 이야기》에 따르면, 크레타의 아리아드네 공주는 아테네의 왕자 테세우스가 험준한 미로에 들어가 괴물 미노타우로스를 물리칠 때, 그에게 실을 연결해줘 무사히 탈출할 수 있게 했다. 테세우스는 아리아드네에게 함께 아테네로 돌아가자고 말해놓고는, 자신을 따라온 그녀를 낙소스섬에 내버려 둔 채 도망가 버린다. 잠에서 깨어 연인이 도망간 것을 알고 흐느끼는 아리아드네를 우연히 본 것은 술의 신 디오니소스였다. 그녀에게 한눈에 반한 디오니소스는 청혼한다.

그림 왼쪽, 수평선에 테세우스가 탄 배가 보인다. 푸른 옷을 입은 아리아드네가 바다를 향해 손을 뻗는데, 그런 그녀를 포도나무 가지로 만든 관을 쓴 디오니소스가 애절하게 쳐다본다. 포도는 술을 만드는 과실로, 디오니소스의 상징이다. 왼쪽과 달리 오른쪽은 요란하다. 심벌즈와 비슷한 악기를 든 디오니소스 추종자들이 반인반수의 사티로스, 실레노스 등과 함께 등장한다. 여신들은 둘의 결혼을 축하하기 위해 빛나는 왕관을 보내주었다. 훗날 아리아드네가 죽고, 디오니소스가 그 왕관을 하늘로 던지자 별이 되었다. 왼쪽 상단, 푸른 하늘에 왕관자리가 보인다.

라 벨 페로니에르

레오나르도 다빈치, 패널에 유화, 63×45cm, 1490년,
파리 루브르 박물관

루브르 박물관에는 〈모나리자〉만큼이나 위대한, 다빈치의 또 다른 초상화가 있다. 검은 배경 위로 몸을 살짝 비튼 채, 창틀 밖의 무엇인가를 향해 시선을 치켜올리는 매혹적인 여인의 그림을 두고 프랑스 귀족들은 〈라 벨 페로니에르〉, 즉 '페로니에르 Ferronnière를 한 아름다운 여인'으로 불렀다. '페로니에르'는 여성의 이마에 두르는 금줄 달린 보석 장신구를 의미한다.

이 단어에는 또 다른 의미도 있다. '페론 씨의 아내'라는 뜻이다. 따라서 '아름다운 페론 씨의 아내'라는 해석도 가능하다. 〈모나리자〉가 그랬듯, 이 그림 역시 모델이 누구인지 확실치 않아 여러 가지 추정들만 난무한다. 프랑스 궁정에서는 이 여인을 페론이라는 성을 가진, 철과 관련된 장식업자의 아내로 프랑수아 1세(재위 1515~1547년)와 염문을 뿌리던 연인으로 보고 있다.

그러나 그녀가 루도비코 스포르차의 정부, 루크레치아 크리벨리라는 주장도 있다. 루도비코 스포르차는 검은 피부가 아랍 사람 같다 하여 루도비코 '일 모로'라는 별명으로도 불리는데, 다빈치가 밀라노에 머물던 시절 모시던 공작이다. 그녀가 누구였건, 매섭지만 지적인 눈매와 시원스레 뻗은 날렵한 콧대, 작고 단호한 입술의 매력은 아직도 감상자의 가슴을 설레게 한다.

065

Tuesday

초기 르네상스 I

조토 디본도네, 〈그리스도의 죽음을 슬퍼함〉, 프레스코, 200×185㎝, 1306년, 파도바 스크로베니 예배당

조토 디본도네(1266년경 ~1337년)는 르네상스의 서막을 연 화가로, 치마부에의 제자로 알려져 있다. 르네상스는 '재탄생'이라는 뜻으로, 중세 때 죽었던 '인간 중심'의 고대 그리스·로마 문화의 부활을 의미한다. 미술에서의 르네상스 역시 이상적이고, 사실적이고, 현실감이 뛰어난 고대 그리스·로마의 부활을 의미한다.

이 그림은 르네상스의 시작점에 선 그림이라 아직은 부자연스럽게 보이지만, 황금색 배경이라는 비현실적 설정에 입체감 없이 무표정하게 그려진 등장인물만 보던 옛사람들 눈에는, 우선 이 새파란 하늘색 배경부터 신선함 그 자체였다. 예수와 얼굴을 밀착한 마리아의 모습에서 '인간적인' 감정이 느껴진다. 하늘을 나는 천사들은 대성통곡을 한다. 죽은 시신을 두고 애도하는 인물들의 옷 안으로 부피를 가진 몸이 느껴진다.

이 그림은 파도바 스크로베니 가문의 개인 예배당을 가득 메운 벽화 중 하나이다. 부유층의 개인 예배당 건설과 장식이 경쟁적으로 유행하면서 미술가들의 처우가 중세에 비해 훨씬 나아진 것도 르네상스 발전에 큰 원동력이 되었다.

○ 그림은 생을 마감한 아버지가 천국으로 가기를 염원하며 아들이 지은, 스크로베니 가문의 개인 예배당 벽화 중 하나이다. 그 아버지는 훗날 구두쇠 '스크루지 영감'의 모델이 되었다. 당시 파란색 물감은 황금보다 값이 비쌌고, 그만큼 귀했다. 파란색 배경의 그림 수십 점이 예배당의 천장과 벽을 가득 메운 스크로베니 예배당을 보면 그 가문의 재력이 상상 이상이었음을 알 수 있다.

066

Wednesday

카라바조

〈골리앗의 머리를 든 다윗〉, 캔버스에 유화, 200×100cm, 1610년, 로마 보르게세 미술관

카라바조(1573~1610년)는 1600년대 바로크 미술을 주도했다. 명암의 극단적인 대조, 그로테스크한 주제, 연극적인 분위기 등으로 사람들의 마음을 한눈에 사로잡는 그의 그림은 감정과 심리에 집중하는 바로크 미술의 특징을 극명하게 드러낸다.

1606년, 카라바조는 공연한 시비 끝에 살인을 저질렀다. 그는 그 길로 로마를 떠나 나폴리, 몰타, 시라쿠사, 메사나, 팔레르모 등을 전전했다. 귀족들이 그의 도피를 적극적으로 도와주었지만, 가는 곳마다 사건·사고를 일으켜 한곳에 머물 수가 없었다.

자다가 끌려갈까 봐 신발도 벗지 못한 채 칼을 옆에 차고 자야 했던 4년간의 도피 생활에 종지부를 찍기 위해서는 사면권이 필요했다. 그의 그림 실력을 아꼈던 교황 바오로 5세(재위 1605~1621년)가 그에게 기사 작위를 수여하면서 사면도 이루어졌으나 또 사건을 일으켰다. 카라바조는 교황 바오로 5세의 조카인 보르게세 추기경에게 다시 사면을 청하는 수밖에 없었다. 이 그림은 이즈음에 그려진 것으로, 어린 다윗이 거인 골리앗의 목을 쳐들고 있는 장면을 담고 있다. 카라바조는 다윗을 자신의 어린 시절 모습으로, 골리앗을 자신의 현재 모습으로 그렸다. 선한 자신이, 악한 자신을 이미 처벌했다는 뜻일 것이다.

067

Thursday

조각의 인상주의자

오귀스트 로댕, 〈발자크 상〉, 석고, 132×121×275cm,
1891~1898년, 파리 오르세 미술관

프랑스 문학협회의 의뢰를 받아 제작한, 위대한 소설가 발자크(1799~1850년)의 이 조각상은 평론가와 대중으로부터 거센 비난을 받았다. 심지어 프랑스 문학협회는 작품 인수를 거절했다. 이는 모네의 〈인상, 해돋이〉▶289 등을 포함한 인상파 화가들의 그림을 처음 본 이들의 반응과 흡사했다.

그들은 이 조각상에서 발자크의 어떤 면도 찾을 수 없었고, 흔히 미술가들에게 기대하는 고난도의 수작업도 느낄 수 없었다. 거칠게 잘라낸 돌의 단면들만 삐죽하게 드러난 이 작품은 어느 모로 보아도, 본 작업을 위해 돌을 적당히 다듬어놓은 준비 단계로만 보였다. 인상파의 그림에서 보이는 미완성의 느낌이 발자크 상에서도 고스란히 드러났던 것이다.

그러나 로댕은 이 작품을 위해 무려 7여 년간 발자크를 연구했고, 수없이 습작을 반복했다. 그는 이미 발자크의 모습을 사진처럼 조각하길 포기하고 있었다. 온몸을 천으로 만 채 서 있는 발자크는 멀리서 보면 모든 현실적인 것을 박차고 용솟음치는 거대한 존재로 보인다. 로댕은 발자크의 영웅성이라는 인상을 잡아내는 데 주력했고, 거친 돌 표면에 와 닿는 빛의 변화에 따라 조각 전체의 분위기가 달라 보이는 것에 집중했다.

○ 작품 수용이 거절되자 청동으로 주조하려 했던 꿈은 좌절되었고, 청동상은 발자크가 죽은 지 한참의 세월이 흐른 후에야 제작되었다.

068

Friday

콘스탄티누스 황제의 기독교 공인

피에로 델라 프란체스카, 〈콘스탄티누스의 꿈〉,
프레스코, 329×190cm, 1452~1466년,
아레초 성 프란치스코 성당

아우구스투스 이후 200여 년간 팍스 로마나를 구가하던 로마제국은, 그 뒤로 50년 동안 황제가 25명이나 바뀔 정도로 혼란스러워졌다. 권력에 대한 야욕이 드세지면서 황제가 되기도 어려웠지만, 쫓겨나기는 더 쉬운 세상이 되었다.

270년, 로마의 장군 콘스탄티우스 클로루스는 황제가 되기 위해 아이와 아내까지 버리고 왕족의 혈통을 이은 테오도라와 결혼, 황제가 되었다. 그가 버린 아들은 장성하여 정적 막센티우스를 물리치고 결국 아버지의 뒤를 이어 황제의 자리에 올랐고, 아버지와 같은 이름의 콘스탄티누스(재위 306~337년)로 불렸다. 콘스탄티누스는 기독교를 공인한 황제로도 잘 알려져 있다.

전하는 이야기에 따르면, 콘스탄티누스는 막센티우스와의 접전을 위해 로마로 가던 중, 갑자기 하늘 높이 십자가와 함께 '이것으로 이기리라'라는 글자가 나타나는 장면을 목격했다. 놀란 가슴을 진정시키고 막사에 돌아와 잠을 자는데, 그날 밤 꿈속에서 같은 장면을 다시 보았고, 급기야 개종을 결심했다고 한다. 그림 속 콘스탄티누스는 붉은 지붕을 한 막사 안에서 역시 붉은색 이불을 덮고 잠을 자고 있다. 왼편, 막사를 향해 날개를 단 천사가 손에 보일 듯 말 듯한 작은 십자가를 들고 다가오고 있다.

○ 콘스탄티누스 황제는 이어 수도를 로마가 아닌, 현재 터키의 이스탄불로 옮겼다. 원래 비잔티움이라고 불리던 그 도시는 천도 이후, 그의 이름을 따 콘스탄티노플이라 불리게 된다.

069

Saturday

다행히도 발리는 아닙니다

에곤 실레, 〈죽음과 소녀〉, 캔버스에 유화, 180×150.5cm, 1915년, 빈 벨베데레 미술관

에곤 실레(1890~1918년)의 인생에서 가장 빈번히 등장하는 여성으로는, 그의 여동생 게르티 실레를 꼽을 수 있다. 에곤 실레와의 근친상간 의혹이 끊이지 않는 그녀는 이미 12세 때부터 오빠의 누드모델이 되어주었다. 또 한 여인, 어쩌면 그의 인생에서 가장 큰 부분을 차지했을 그녀는 발리 노이질(1894~1917년)이다. 원래 클림트의 그림 모델이었지만, 에곤 실레를 위해 포즈를 취해주게 되었다. 그녀는 에곤과 동거하면서 그가 소녀들을 집으로 불러들여 외설스러운 그림을 그릴 때도, 그리고 그로 인해 사회적 물의를 일으켰을 때도 에곤을 옹호하며 곁을 지켰다. 그녀 자신도 그의 예술을 위해 그 어떤 난잡한 포즈도 다 응해주었다.

그러나 에곤은 그녀를 버렸다. 자신의 후원자에게 "저는 곧 결혼할 겁니다. 다행히도 발리는 아닙니다"라는 편지까지 보내면서 그가 배우자로 선택한 여인은 철도청 고급관료의 딸, 에디트 하름스였다. 그는 발리에게 자신이 결혼한 뒤에도 연인으로서, 모델로서 함께 해주길 요청했다. 그러나 그녀는 단호히 거절했고, 종군 간호사를 지원해 전쟁터에서 숨을 거두었다. 그림 속 죽음은 에곤, 소녀는 발리이다. 1915년, 그가 그녀와 결별하고 결혼하던 해에 그린 그림이다.

070

Sunday

아레스에 대항하는 아테나

페테르 파울 루벤스, 〈아레스에 대항해 평화를 수호하는 아테나〉, 캔버스에 유화, 203.5×298cm,
1629~1630년, 런던 내셔널 갤러리

신뢰 가는 외모와 언변에, 대여섯 개 국어를 자유자재로 구사했던 루벤스는 17세
기 최고의 화가로 많은 군주와 귀족들로부터 사랑받았다. 그는 외교관으로도 활동
했는데, 1629년에는 스페인 펠리페 4세(재위 1621~1665년)의 명을 받고 영국을 방문
해 두 나라의 평화협정을 성사시켰다. 그 공으로 영국의 찰스 1세 왕은 루벤스에
게 기사 작위를 수여했다. 루벤스는 감사의 뜻으로 이 그림을 그려 왕에게 바쳤다.

그림 정중앙에는 투구를 쓴 전쟁의 여신 아테나가 역시 전쟁의 신 아레스를 저지
하는 모습이 보인다. 아테나는 폭력으로 전쟁을 이끄는 아레스와 달리, 대화와 타협
에 의한 승리를 추구한다. 아테나 앞의 여인은 풍요의 신, 플루토스에게 젖을 물린
다. 반인반수의 사티로스가 내미는 과일들, 여인이 든 보석, 아기 천사들이 들고 오
는 올리브 화환과 지팡이는 평화와 조화를 의미한다. 이제 스페인과 영국은 폭력이
아니라 대화로 전쟁을 끝냈으니, 풍요와 화합 속에서 행복하게 살자는 뜻이다.

O 아레스 바로 앞, 횃불을 든 소녀는 결혼과 순결의 신 히메나이오스이다. 그녀의 이름은 영어의 '처녀막'을
뜻하는 'hymen'의 어원이다.

071

Monday

쾌락의 정원

히에로니무스 보스, 패널에 유화, 195×220cm, 1500년, 마드리드 프라도 미술관

미술관에서 그림에 대한 사전지식이 없다면 해볼 만한 가장 좋은 감상법은, 관람객이 많이 모인 그림에 먼저 다가가는 일이다. 현대인이 보아도 그 기발한 상상력에 혀를 내두를 정도인 이 그림 앞에는 언제나 인파가 몰려 있다.

그림은 접었다 펼칠 수 있는 세폭화로 제작되었다. 왼쪽에는 아담과 이브의 탄생 장면과 함께 동물과 식물 등이 등장한다. 중앙에는 욕망의 나락에 빠진 인간들이 갖가지 모습으로 쾌락을 추구하는 장면이 펼쳐진다. 오른쪽에는 그런 인간들이 맞게 될 최후의 장면, 즉 지옥의 모습이다. 세폭화는 주로 성당의 제단화로 제작되지만 〈쾌락의 정원〉은 어느 교회에서 주문한 것인지 알려진 바가 없으며, 내용 또한 선정적이어서 제단화로는 적합하지 않아 보인다. 그 때문에 이 그림은 화가가 몸담았던 걸로 추정하는 이단 종교단체, 자유정신형제회의 '성적 혼교를 통해 아담 이전의 순수함으로 돌아가자'라는 의지를 그린 것으로 보기도 한다. 따라서 오른쪽 그림의 지옥으로 떨어지는 군상들은, 중앙 그림 속 그들의 비밀스럽고 성스러운 의식을 부정하는 기성 교회세력의 마지막 모습이라 해석하기도 한다.

❍ 지옥의 장면 속, 마치 동물이나 사람의 위장처럼 생긴 물체 뒤로 이 모든 것을 묵묵히 바라보는 한 남자의 얼굴이 보이는데, 화가 자신으로 추정한다.

072

Tuesday

국제 고딕회화

시모네 마르티니리포 멤미, 〈수태고지〉, 패널에 템페라, 184×210cm, 1333년경, 피렌체 우피치 미술관

국제 고딕회화는 우아한 선으로 이루어진 길쭉한 인체, 너무 세밀해서 오히려 현실감이 없는 정교한 세부 묘사, 화려하고 다채로운 색상의 장식성 등을 특징으로 한다. 중세가 끝나고 르네상스로 접어든 시기, 상업으로 부를 축적한 신흥 부르주아들이 사진을 볼 때와 같은 사실주의적인 회화 작품을 선호하는 진보적 미감을 발휘하는 동안 왕실과 귀족들은 화려하고 세련된, 장식적인 그림에 매료되었다. 유럽의 어느 곳을 가도 권력자들의 이런 취향이 비슷하여, '국제적'이라는 말이 붙었다. 이 그림의 패널처럼 끝이 뾰족한 아치는 화려한 빛과 색의 스테인드글라스 등과 함께 중세 말기, '고딕' 양식의 예술 경향을 설명할 때 늘 함께 등장한다.

시모네 마르티니(1284~1344년)는 '국제 고딕 양식'을 즐겨 구사했다. 천사의 날개나 인물의 옷, 꽃, 화병, 가구 등은 놀라우리만큼 세밀하지만, 인물들은 입체감이 없고 지나치게 야윈 모습이다. 어찌 보면 이들은 현실의 존재가 아닌, 영적 존재에 가깝다. 빛의 색인 황금색 배경은 화가가 그린 것이 인간 세상이 아니라, 신의 말씀 속에 존재하는 다른 세계임을 강조한다.

073

Wednesday

산드로 보티첼리

〈동방박사의 경배〉, 패널에 템페라, 111×134cm, 1475년경, 피렌체 우피치 미술관

산드로 보티첼리는 신화와 종교를 주제로 한 그림을 주로 그렸다. 잠시 로마에서 작업한 적도 있으나 주로 피렌체에서 메디치 가문의 후원을 받으며 활동했다. 그는 메디치 가문이 세운 아카데미에서 당대의 인문학자들과 교류하며, 중세 동안 잊혔던 그리스적인 것들을 회화를 통해 재탄생시켰다.

'위대한 자' 로렌초, 즉 로렌초 '일 마니피코'가 사망하고 메디치 가문의 세력이 약해지면서 도미니코 수도회의 수도사 사보나롤라(1452~1498년)가 피렌체를 다스리던 신정정치 기간에는, 보티첼리는 입장을 바꿔 그의 열렬한 추종자가 되어 종교화에 몰두하기도 했다.

제목만 〈동방박사의 경배〉일 뿐, 경배하는 세 박사를 포함, 주요 등장인물이 죄다 메디치 가문의 일원이거나, 그 측근인 이 그림은 과스파레 델 라마라는 메디치 가문 소유 은행의 지점장이 주문한 것이다. 그는 산타마리아 노벨라 성당 내부 한쪽을 차지한 자신의 개인 예배당에 이 그림을 걸어두었는데, 본인이 이런 권력층의 비호를 받고 있음을 선전하려 한 것이다. 보티첼리는 오른쪽 가장자리에 자신의 모습을 슬쩍 집어넣어 그림 밖 우리에게 시선을 던진다.

○ 하늘색 옷을 입고 손가락으로 자신을 가리키는 이가 그림을 주문한 과스파레 델 라마이다.

074

Thursday

카메라의 시선으로 그린 그림

에드가르 드가, 〈페르난도 서커스의 라라양〉, 캔버스에 유화,
117×77cm, 1879년, 런던 내셔널 갤러리

드가는 야외 풍경화를 극도로 혐오했다. 자연 속에서 빛의 색과 형태의 변화를 포착해서 그리는 인상주의 화가들은, 그의 태도에 자주 분노를 터트렸다. 그는 데생의 중요성을 강조하는, 어찌 보면 전통적인 기법에 충실한 화가에 가까웠다.

인상주의 화가들은 데생은커녕 붓으로 대충 스케치하고, 툭툭 끊어지는 선으로 대상의 인상을 포착해 그렸기에 미완성 그림 같다는 야유를 받기도 했다. 그런 만큼 드가와는 큰 차이가 있었다.

그럼에도 불구하고 드가는 특별한 이야깃거리에 치중하지 않고, 동시대의 모습을 담담하게 그림에 담았다는 점에서 전통적인 화가들과도 차이를 둔다. 그는 주로 인공조명에 의지하는 카바레, 공연장, 무대에서 일하는 이들의 모습을 그렸다. 〈페르난도 서커스의 라라양〉은 객석 어딘가에 앉아 카메라로 찍은 듯한 느낌의 구도이다. 이는 드가가 당시 막 보급되기 시작한 카메라에 상당히 경도되어 있었음을 증명한다.

075

Friday

기증장의 진실

라파엘로 산치오·조반니 프란체스코 펜니, 〈콘스탄티누스의 기증〉, 프레스코, 1520~1524년, 바티칸 콘스탄티누스의 방

콘스탄티누스 황제는 비잔티움으로 수도를 옮기면서 '교황이 기독교 세계 전체를 관장한다'라는 내용과 함께 "자신이 지배하는 세계의 서쪽 지역을 실베스테르 1세(재위 314~335년)에게 바친다"라는 기증장을 바쳤다. 그림 왼쪽 캐노피 아래로 황제가 무릎을 꿇으며, 교황 실베스테르 1세에게 로마제국을 상징하는 황금조각상을 헌정하고 있다. 가톨릭교회에서는 이 '콘스탄티누스의 기증Donatio Constantine'을 근거로 하여 교황의 서로마제국 통치권을 주장해왔다. 15세기의 인문학자 로렌초 발라가 기증장이 날조된 것임을 밝혔지만, 교회는 오랫동안 이 사실을 은폐하다가 17세기에 와서야 시인했다.

이 그림은 라파엘로와 그의 제자들이 그린 그림으로 장식되어 '라파엘로의 방'이라 불리는, 바티칸 궁 2층의 4개 구역 중 하나에 있다. 특히 이 방은 콘스탄티누스 황제의 업적을 담은 그림으로 가득 차 있어서 '콘스탄티누스의 방'으로도 불린다.

○ 콘스탄티누스의 방에 가득한 그림들은 라파엘로가 밑그림을 그리다가 급사하는 바람에 제자들이 완성했다. 그림 속 실베스테르 1세 교황은 그림 작업이 진행되던 당시의 교황인 클레멘스 7세의 모습을 모델로 했다.

076

Saturday

나는 누구이며, 누구의 것인가

라비니아 폰타나, 〈안토니에타 곤살부스의 초상〉, 캔버스에 유화,
57×46cm, 1583년경, 프랑스 블루아 성

온몸이 털로 덮인 이 소녀의 아버지, 페드로 곤살부스는 현재 스페인령 카나리아 제도의 테네리페섬에서 태어났다.

선천성 다모증을 앓았던 페드로는 10살 무렵부터 프랑스 앙리 2세(재위 1547~1559년)의 궁정에서 일했다. 과거 왕궁에서는 병을 앓았거나 유전적 문제로 특별한 외모가 된 난쟁이나 꼽추 등을 고용해, 눈요기로 삼는 일이 흔했다.

페드로는 비교적 수입이 높은 데다 궁정에서 성장한 터라 음악과 미술, 문학, 라틴어 등을 익혔고, 20살 무렵엔 아름다운 네덜란드 여인과 결혼까지 해 〈미녀와 야수〉의 모델이 되는 삶을 살았지만 그들 사이에 태어난 아이 일곱 중 넷은 아버지의 유전자를 물려받아 같은 병을 앓아야 했다. 앙리 2세의 궁정은 이들 부부의 신체포기 각서를 가진 것과 다름없어서, 특별한 외모를 가진 이들 아이들을 유럽의 다른 왕실이나 귀족의 집에 선물로 보내는 것이 가능했다.

같은 병을 앓던 어린 딸, 안토니에타 곤살부스는 당시 네덜란드의 섭정왕후이자 파르마 공작부인이었던 마르그레테의 궁정에 보내져, 라비니아 폰타나(1552~1614년)에 의해 그려졌다. 그림 속 소녀는 자신이 누구이며, 누구의 소유인지를 기록한 종이를 들고 서 있다. 소녀는 웃고 있지만, 소녀가 겪었을 일들을 떠올리면 도저히 함께 웃을 수가 없다.

077

Sunday

파리스의 선택

페테르 파울 루벤스, 〈파리스의 심판〉, 패널에 유화, 145×194㎝, 1636년경, 런던 내셔널 갤러리

불화의 여신, 에리스는 올림포스의 신들이 벌이는 축제에 초대받지 못했음에도 불구하고 나타나 식탁 위에 황금사과를 던졌다. 사과에는 '가장 아름다운 여신'이라는 말이 적혀 있었다. 이는 올림포스를 삽시간에 불화로 이끌었다. 서로 사과를 갖겠다고 날을 세우는 여신들과 누구에게 사과를 줘도 난감한 남신들이 우왕좌왕하다 결국 지상의 인간에게까지 불똥이 튀었다. 제우스가 헤르메스를 시켜 트로이의 왕자 파리스에게 그 사과를 건네고, 세 여신 앞에 서게 한 것이다.

화면 오른쪽 날개 달린 모자를 쓴 이가 헤르메르, 지팡이를 쥐고 앉은 사람이 트로이의 왕자 파리스다. 화면 가장 왼쪽에는 아테나가 서 있다. 전쟁의 여신인 그녀 뒤로 메두사의 머리가 그려진 방패가 보인다. 중간의 여신은 아프로디테다. 그녀 뒤로 화살집을 등에 멘 아들, 에로스가 보인다. 오른쪽 여신은 헤라로, 아르고스의 눈알들로 날개를 장식한 공작새[112]를 대동하고 있다. 파리스는 아름다운 여인과의 사랑을 약속한 아프로디테에게 사과를 주었다. 하필 그녀가 말한 아름다운 여인은 스파르타의 왕비 헬레나였다. 스파르타와 트로이의 전쟁은 이렇게 시작되었다. 이 소란의 최종 승리자는 불화의 여신 에리스인 셈이다.

078

Monday

피에타

미켈란젤로 부오나로티, 대리석, 높이 174cm, 1499년,
바티칸 성 베드로 대성당

〈피에타〉는 '자비를 베푸소서'라는 뜻으로, 미술에서는 죽은 예수를 안고 슬퍼하는 성모 마리아의 모습을 의미한다. 미켈란젤로가 24세 때 완성한 것으로, 피렌체 출신의 애송이에 불과하던 그를 바티칸에서 일약 스타급 조각가로 발돋움하게 한 작품이다.

숨을 거둔 예수는 늘어진 팔마저 우아하고, 그를 무릎에 누인 채 앉은 성모 마리아는 슬픔 속에서도 품위를 잃지 않고 있다. 그러나 성모 마리아가 너무 젊어 죽은 예수보다 어려 보이는데, 아마도 단테가 《신곡》에서 쓴, "성모, 당신 아들의 딸"이라는 표현을 미켈란젤로가 은연중에 차용한 것으로 보인다. 그는 마리아의 지나치게 젊은 얼굴을 이해하기 어렵다는 사람들에게 "정숙하고 순결한 여성은 절대로 늙지 않는다"는 식으로 응수하기까지 했다. 이 작품의 아름다움에 반한 19세기 화가 다비드는 프랑스 대혁명 직후 혼란의 와중에 암살당한 동료 〈마라의 죽음〉▶085을 그림으로 남기며, 그의 팔을 〈피에타〉 속 예수의 팔처럼 그렸다.

○ 걸작이라는 소문에 구경꾼이 몰려들자 미켈란젤로는 그들 틈에서 작품이 어떻게 평가되고 있는지를 엿듣다가, "이런 훌륭한 조각을 만든 이는 크리스토포로 솔라리가 틀림없다"라는 말을 듣게 된다. 크게 자존심이 상했던 그는 그날 밤, 마리아의 어깨에서 내려오는 띠 위에 밤새도록 자신의 이름을 새겨 넣었다고 한다.

079

Tuesday

초기 르네상스 II

안드레아 만테냐, 〈성 세바스티아노〉, 캔버스에 템페라,
255×140㎝, 1480년, 파리 루브르 박물관

로마제국 기독교 박해사에서 가장 악랄했던 디오클레티아누스 황제 시절, 그 황제의 근위병이었던 세바스티아노(~287년경)는 기독교인임이 발각되어 사형에 처해진다. 기둥에 묶은 뒤 화살로 쏘아 처형하는 방식이었다. 다행히 어느 신앙심 깊은 여인이 쓰러진 그를 극진히 보살펴 목숨을 구하게 되지만, 그는 불굴의 의지로 황제 앞에 나타나 다시 기독교를 전파하려다 그만 몽둥이에 맞아 죽는다.

성 세바스티아노는 주로 맨살이 다 드러나는 벗은 몸에 화살이 꽂히는 모습으로 그려졌다. '인간 중심'의 르네상스는 세속화되면서, 벗은 몸, 즉 누드를 그리는 일이 빈번해졌다. 신 중심의 세계에서 벗어났다고는 하지만, 신의 분노를 아직은 두려워하던 시절이라 화가는 누드로 그리기에 더 좋은, 혹은 누드로 그릴 수밖에 없는 아담이나 이브, 화살을 맞은 성 세바스티아노 등을 그려 후원자의 관음증을 달랠 수 있었다. 안드레아 만테냐(1431년경~1506년)는 고대 그리스와 로마에 대한 애정을 과시라도 하듯, 처형 장소를 고대 유적지로 정했다.

○ 그림 하단에는 일을 마치고 집으로 돌아가는 두 병사의 모습이 상체만 간신히 보인다. 마치 창밖으로 사람이 지나가는 듯한 느낌이다. 르네상스 이후 회화는 이처럼 창문을 통해 바라본 세상처럼 그려졌다.

080

Wednesday

베르트 모리조

에두아르 마네, 〈제비꽃 장식을 한 베르트 모리조〉, 캔버스에 유화, 55×40㎝, 1872년, 파리 오르세 미술관

베르트 모리조(1841~1895년)는 1864년부터 1874년까지 10년 동안의 살롱전에서 무려 6번이나 입선할 정도로 제도권에서 인정받는 화가였다.

부유한 집안 출신의 그녀는 취미로 그림을 시작했는데, 스승은 그녀와 그녀의 자매들을 루브르 박물관에 데려가 거장들의 작품을 모사하는 방식으로 지도했다. 이때 루브르에 들른 마네가 그림을 그리던 베르트 모리조를 만나게 된다. 이 우연한 만남은 베르트 모리조를 진보적인 미술가들과의 만남으로 이끌었다.

그녀는 마네의 남동생과 결혼했는데, 항간에는 그녀가 진정 사랑했던 사람은 마네로 두 사람 사이에 모종의 스캔들이 있었을 것으로 추정한다. 그녀는 그로부터 당대 최고의 풍경화가 코로[337]를 소개받아 자연에 나가 직접 그 빛을 보며 그리는 방식을 연구, 빛과 색의 관계를 잘 이해하고 표현하는 인상주의 화풍으로 옮겨갈 수 있었다. 그녀는 1회부터 1886년의 8회까지 모든 인상주의 전시회에 딸을 낳은 1879년, 단 한 해를 제외하고는 빠짐없이 참가했다.

○ 곰브리치가 《서양미술사》에서 소개한 '제1회 인상주의 전시회'를 다룬 기사에 그녀도 언급되어 있다. "여자도 끼어 있는 대여섯 명의 정신질환자가 합세해서 그들의 작품을 전시했다 하는데, 사람들은 그림 앞에서 웃음을 터트리고 있었다." 이 구절 속 '여자'가 바로 베르트 모리조이다.

081

Thursday

클루아조니슴

에밀 베르나르, 〈브르타뉴의 여인들〉, 캔버스에 유화,
74×93㎝, 1888년, 파리 오르세 미술관

빈센트 반 고흐,
〈브르타뉴의 여인들─에밀 베르나르의 그림을 모사〉,
종이에 수채화, 60×73.7㎝, 1888년, 밀라노 현대 미술관

'클루아조니슴Cloisonnisme'은 윤곽선을 검고 짙게 그린 뒤, 그 안에 명암 등을 표현하지 않고 평평하게 칠하는 기법을 말한다. 중세의 스테인드글라스를 보면 색을 나누는 굵은 윤곽선이 있는데, 이를 클루아종Cloison(구분, 칸막이)이라 부른다.

인상주의 이후 시기에 활동하던 화가 중 하나인 고갱이 개발한 클루아조니슴은 기존의 그림에서 당연하다고 여겨온 명암법에서 완전히 벗어나 있어 입체감이 없다. 또한 자연색을 과감하게 포기, 사실적인 묘사와 아예 거리를 둔다. 덕분에 이 기법의 그림들은 중세의 스테인드글라스에서 두드러지는 평면적이고 장식적인 느낌이 강하다.

이 그림은 고갱의 열렬한 추종자, 에밀 베르나르가 그린 것이다. 고갱은 자신의 그림과 맞교환한 베르나르의 이 그림을 고흐에게 보여주었고, 고흐는 그림을 동생 테오에게 소개하기 위해 수채화로 가볍게 다시 그렸다.

082

Friday

훈족의 서진

라파엘로 산치오, 〈레오와 아틸라의 만남〉, 프레스코, 하단 길이 750cm, 1514년, 바티칸 헬리오도루스의 방

로마제국이 둘로 분열되면서 서로마제국은 이민족의 침입으로 몸살을 앓아야 했다. 유럽 사회를 공포에 떨게 한 훈족은 특히나 그 잔혹함으로 악명을 떨쳤는데, 그들의 서진을 피해 게르만족들이 계속 남하하면서 이탈리아반도는 늘 혼돈의 상태였다. 아틸라(재위 433~453년)가 지배하던 훈족은 심지어 로마까지 진격해오기도 했다. 이에 서로마제국의 황제 발렌티니아누스 3세(재위 425~455년)는 교황 레오 1세를 보내, 훈족의 우두머리 아틸라를 만나 협상하도록 한다.

그림 왼쪽에는 레오 1세와 그 수행원들이, 오른쪽에는 검은 말을 탄 아틸라와 훈족 병사들이 함께한다. 교황의 머리 위로 천국의 열쇠를 든 성 베드로와 자신을 참수하는 데 쓰인 칼을 든 성 바오로가 보인다. 라파엘로는 레오 1세의 얼굴을 당대 자신이 모시던 교황, 레오 10세를 모델로 그렸다.

○ 9세기의 어느 성직자의 말에 의하면, 아틸라는 회담을 하던 중 본인에게만 사제복 차림의 덩치 큰 남자가 칼을 든 모습이 보이자 겁에 질려 레오 1세와의 협상에 서명했다고 한다.

083

Saturday

그림으로 부활한 사랑

제임스 티소, 〈정원의 벤치〉, 캔버스에 유화, 99.1×142.3㎝, 1882년, 개인 소장

캐슬린 뉴턴(1854~1882년)이라는 아름다운 여성이 있었다. 그녀는 아버지의 뜻대로 동인도회사에서 근무하던 정혼자와의 결혼을 위해 인도로 가던 중, 배 안에서 선장과 잠시 사랑에 빠진다. 인도에 도착한 뒤 계획대로 결혼은 했지만, 남편에게 배에서의 사건을 고백했고, 이혼소송에 휘말린다. 선장은 그녀가 영국으로 돌아갈 경비를 모두 지원해주며 청혼했지만, 뉴턴은 그의 청혼을 받아들이지 않았고 마침내 이혼 판결이 나던 날, 선장의 아이를 낳았다.

그 이후 언니의 집에 머물던 그녀는 근처에 살던 티소(1836~1902년)와 우연히 만나게 되고, 사랑하게 된다. 프랑스 출신이던 제임스 티소는 당시 영국으로 건너와 화가 생활을 하고 있었다. 티소의 집에서 함께 살기 시작한 지 얼마 되지 않아 뉴턴은 아버지가 누구인지 모르는 아이를 낳았다고 한다. 결핵에 걸린 28세의 뉴턴이 통증을 잊기 위해 아편을 과다 복용하다 결국 사망하기까지, 그들은 6년의 세월을 함께했다. 티소는 그녀의 관을 나흘 동안이나 지키다가 다섯째 날 런던을 떠났다. 그는 심령술사를 찾아 그녀의 영을 불러들이려 애쓸 정도로 그리워했다.

❍ 그림은 뉴턴 사후에 그녀를 그리워하며 그린 것으로, 티소는 이를 죽을 때까지 팔지 않고 간직했다. 오른쪽 등받이에 고개를 파묻은 아이는 언니의 아이이며, 그녀 곁에 가까운 둘은 뉴턴이 낳은 아이들이다.

084

Sunday

황금 비를 맞는 다나에

티치아노 베첼리오, 〈황금 비를 맞는 다나에〉, 캔버스에 유화, 129.8×181.2㎝, 1553년, 마드리드 프라도 미술관

티치아노(1490~1576년)는 스페인의 펠리페 2세(재위 1556~1598년)로부터 주문을 받고, 신화 속 신들의 사랑 이야기를 그렸다. 아르고스의 왕 아크리시오스는 외손주에게 죽게 될 거라는 신탁을 받은 뒤, 딸 다나에를 탑에 가둬버렸다. 그러나 제우스는 황금 비로 변신하여 그녀의 몸을 적시듯 겁탈해 결국 임신하게 만든다. 다나에가 낳은 아이가 페르세우스이다. 그는 우연히 참가하게 된 창 던지기 시합에서 하필 외할아버지를 맞춘다. 피하고자 했던 불운은 결국 이렇게 실현된 셈이다.

다나에는 침대에 비스듬히 누워 있고, 하녀는 갑자기 들이닥친 황금 비를 자신의 앞치마로 받아내고 있다. 자세히 보면 황금 비는 '금화'이다. 피할 이유가 없는, 받아 챙겨야 하는 비인 것이다. 신화의 내용을 모른다면 포주가 돈을 챙겨 여인으로 하여금 성을 제공하게 하는 모습으로도 볼 수 있다. 티치아노는 다나에를 언제 어디서나 왕에게 순종하는 백성으로 그렸고, 그런 백성들을 위해 '금화'로 대변되는 풍요를 망극한 성은으로 하사하는 펠리페 2세는 제우스로 묘사되었다.

085

Monday

마라의 죽음

자크 루이 다비드, 캔버스에 유화, 165×128cm, 1793년,
벨기에 왕립 미술관

프랑스 혁명 직후, 급진파인 자코뱅당의 장 폴 마라(1743~1793년)는 피부병으로 인해 늘 욕조에 몸을 반쯤 담근 채 집무를 보곤 했다. 그의 업무 중 많은 부분이 자코뱅당의 이상에 맞지 않는 반동분자들의 리스트를 작성해 단두대로 보내는 일이었다.

그러던 1793년 7월, 온건파 지롱드당의 샤를로트 코르데라는 젊은 여인이 그의 집무실 같은 욕실로 들어왔다. 샤를로트는 그에게 제거해야 할 지롱드 당원의 이름을 불러주며 경계를 풀다가 준비해간 칼로 순식간에 그를 찔러 살해했다. 샤를로트는 현장에서 검거되었고, 며칠 후 사형에 처해졌다.

자코뱅당은 열성당원이자, 마라의 친구였던 화가 다비드에게 마라를 위한 그림을 부탁했다. 다비드는 한 팔을 축 늘어뜨린 채 죽어가는 마라의 모습을 마치 〈피에타〉의 한 장면처럼 그렸다. 마라는 샤를로트가 건네준 종이를 들고 있는데, "마라에게, 나는 당신의 자비를 받을 권리가 있을 만큼 충분히 비참합니다"라는 글이 적혀 있다. 그림 오른쪽에는 평소 마라가 탁자처럼 사용하던 작은 나무 상자가 있다. "마라에게, 다비드가"라는 글자가 보인다.

○ 이 작품은 다비드의 제자들에 의해 몇 작품 복제되었는데, 현재 루브르 박물관에 있는 작품에는 탁자에 마라와 다비드의 이름이 아니라, "뇌물을 거부했더니 나를 살해했다"라는 글귀가 적혀 있다. 자코뱅당의 청렴함을 자랑하려는 의도이다.

086

Tuesday

플랑드르 르네상스, 풍경화

요아힘 파티니르, 〈스틱스강을 건너는 카론이 있는 풍경〉, 패널에 유화, 64×103㎝, 1520~1524년, 마드리드 프라도 미술관

르네상스 시대와 그 이후로도 피렌체나 로마 등 고대 그리스·로마에 경도된 지역에서는, 역사화를 선호하는 경향이 강했다. 신화나 종교적 내용, 도덕적이거나 영웅적인 이야깃거리가 있어야 좋은 그림이라 여겼기 때문이다. 이런 그림에서는 이야기를 이끄는 인물과 사건이 주인공이 되었다. 풍경은 그저 주인공을 돋보이게 하는 부수적인 장치일 뿐이었다. 그러나 플랑드르의 화가들은 풍경을 이야기 뒤로 밀어내지 않았다. 북유럽 최초의 풍경화가인 요아힘 파티니르(1480년경~1524년)의 이 그림은 신화의 내용을 담고 있어 엄밀한 의미의 풍경화라고는 할 수 없지만, 대체로 이야기보다 풍경에 더 큰 비중을 두었음을 알 수 있다. 그림은 높은 곳에서 새처럼 날며 내려다본 한 지역의 아름다운 풍광을 보여준다.

　실제 장소는 아니지만 눈을 시원하게 하고, 가슴을 두근거리게 하는 자연의 아름다움을 느끼기엔 부족함이 없다. 화면 왼쪽은 천사들이 노니는 낙원으로 레테의 강이 흐른다. 이 강의 물을 마시면 이 세상에서의 모든 일을 잊는다고 하여 '망각의 강'이라고도 부른다. 중앙은 지하 세계로 가는 스틱스강이다. 카론의 배는 죽은 자들의 영혼을 실어나른다. 오른쪽은 화염에 불타오르고 있다. 지옥이다. 건물 앞에 머리가 셋인 개는 지옥의 문을 지키는 케르베로스이다.

087

Wednesday

파르미자니노

〈볼록거울 속 자화상〉, 패널에 유화, 지름 24.4cm, 1523~1524년, 빈 미술사 박물관

이탈리아 파르마에서 태어난 파르미자니노(1503~1540년)는 삼촌들로부터 그림을 배웠다. 그는 인체를 길게 늘어뜨리는 인위적인 느낌이 과도한, 그럼에도 우아한 선을 사용하는 독특한 분위기의 화가였다. 파르마에서 이미 종교화를 비롯한 초상화로도 유명해진 그는 바티칸으로의 입성을 꿈꾸며 이 자화상을 그렸다.

볼록 거울을 보며 그린 탓에 가장자리는 일그러지고, 가까이 있는 손은 지나치게 커지는 왜곡을 그는 즐겁게 그림으로 옮겼다. 그림의 사실성을 높이기 위해 그는 나무를 공 모양으로 깎은 뒤 그것을 반으로 잘라, 볼록 거울과 같은 모양을 만들어 화판 삼아 그렸다.

20살의 모습을 그린 이 이색적인 자화상은 교황 클레멘스 7세에게 선물로 보내졌고, 그로 인해 1524년부터 로마와 바티칸에서 교황의 후원을 받으며 활동할 수 있게 됐다. 그러나 3여 년 만에 신성 로마제국의 카를 5세(재위 1519~1556년)가 로마를 약탈하자, 볼로냐로 피신했다. 이후 그는 고향마을로 돌아왔지만 주문받은 그림을 제때 완성하지 못해 체포될 정도로 연금술에 빠져 거의 폐인이 되다시피 생활했다. 그러다 37세의 나이에 열병에 걸려 생을 마감했다.

088

Thursday

석판화

앙리 드 툴루즈 로트레크, 〈물랭루주 라 굴뤼〉, 석판화,
170×119cm, 1891년, 인디애나폴리스 미술관

석판화는 조각칼로 파내는 식이 아니라, 평평한 석판 표면에 그림을 그린 뒤 찍어내는 방식으로 물과 기름이 섞이지 않는 성질에 착안해 만드는 판화 기법이다. 18세기 말 독일에서 발명된 이후 계속 진화해왔다. 19세기에는 여러 판을 이용해 다채로운 색상으로 제작되기 시작했고, 화가의 역량에 따라 다양한 질감 묘사까지 가능해졌다.

로트레크(1864~1901년)는 석판화를 이용해 파리 유흥가의 극장식 카바레나 카페 등의 광고 포스터를 제작했다. 이 포스터는 1891년, 당시 파리에서 가장 인기 있던 댄스홀이었던 물랭루주의 의뢰를 받아 제작한 것이다.

그림 중앙에는 손님 술을 너무 많이 받아 마신 탓에 살이 올라 '라 굴뤼la Goulue(먹보)'라는 별명으로 불리던 여자 댄서를, 그리고 전면에는 너무나 유연해서 뼈가 없는 게 아니냐는 소리까지 듣던 남자 댄서 '뼈 없는 발랑탱Valentin le Désossé'을 어두운 실루엣으로 그렸다. 뒤에 보이는 새까만 실루엣은 손님들로, 이곳에 오면 충분히 익명으로 즐길 수 있음을 상기시킨다. 노란 가스등을 군데군데 넣어, 밤이 깊어도 아무 문제 없다는 사실 역시 강조했다.

○ 여러 판을 사용해 만든 포스터이니만큼 로트레크는 물랭루주 측이 요구하면 글자를 바꿔가며 다른 내용을 담아낼 수 있었다. 그래서 어떤 포스터에는 하단에 글자가 있지만, 빈 채로 제작된 포스터도 있다.

동로마제국의 발전

〈유스티니아누스 황제와 수행자들〉, 모자이크, 547년경, 라벤나 산 비탈레 성당

콘스탄티누스 황제가 수도를 콘스탄티노플(비잔티움)로 옮긴 뒤부터 로마제국의 동과 서는 분열되기 시작했다. 급기야 395년, 테오도시우스 1세(재위 379~395년)는 아예 제국을 둘로 나누어 두 아들에게 물려주었다. 476년, 서로마제국은 게르만 민족의 침략으로 멸망했지만, 동로마제국은 1453년, 오스만튀르크제국의 술탄 메흐메드 2세(재위 1444~1446년, 1451~1481년)에 의해 함락당하기까지 1천여 년 존속했다. 사실 서로마제국이나 동로마제국 같은 명칭은 오늘날 우리가 편의상 부르는 것으로, 그들은 서로 자신들이 진정한 로마제국의 맥을 이어간다고 생각했다.

동로마제국은 제국의 수도 콘스탄티노플의 옛 이름을 따, 비잔틴제국이라 불리기도 한다. 6세기 유스티니아누스 황제 재위 시절(기원전 527~565년), 동로마제국은 게르만 민족에게 빼앗긴 서로마제국 땅의 대부분을 되찾을 만큼 그 세가 확장되었다. 황제와 수행원들을 담은 이 모자이크화에서 정중앙의 황제는 기독교 성인에게만 허용되는 후광까지 하고 있다. 그가 오른발로 살짝 신하의 발을 밟고 선 것도 그의 권력을 강조한다. 수행원들의 수도 12명으로 맞추어 그를 거의 예수처럼 보이게 한다.

090

Saturday

찢겨진 채 팔려나간 초상화

외젠 들라크루아, 〈조르주 상드의 초상〉, 캔버스에 유화, 81×56㎝, 1838년, 코펜하겐 오드럽가드 미술관

외젠 들라크루아, 〈쇼팽의 초상〉, 캔버스에 유화, 45.5×38㎝, 1838년, 파리 루브르 박물관

"화가가 되지 않았다면 음악가가 되었을 것"이라던 들라크루아(1798~1863년)는 조르주 상드(1804~1876년)의 소개로 쇼팽(1810~1849년)을 만나 열렬한 지지자이자 친구가 되었다. 오른쪽 그림 속 28세의 젊은 쇼팽은 창백하게 야위었으며, 병색이 깊고 어딘가 불안해 보인다. 이 그림은 원래 조르주 상드와의 2인 초상화로 제작되었다. 쇼팽이 피아노를 연주하면, 뒤에 앉은 상드가 음악을 감상하는 모습이었다.

영원할 것 같던 쇼팽과 상드의 사랑은 9년 정도에 그쳤다. 상드가 자신의 아이를 쇼팽이 유혹했다고 생각하고 이별을 선언했다는 말도 있지만 자세한 내막은 알 길이 없다. 이별 후유증에 시달리던 쇼팽은 폐결핵이 악화되면서, 1849년 39세의 나이로 세상을 등진다. 들라크루아는 두 사람의 초상화를 완성하지 못한 채 작업실에 두었다가 1863년 세상을 떠났다. 그의 사후, 화가의 작업실에서 작품을 찾아낸 사람들은 그림을 쪼개어 둘로 나누었다.

○ 두 사람의 초상화가 둘로 나뉘게 된 이유는 한 그림을 판매하는 것보다 두 조각으로 나누어 판매하는 쪽이 더 경제적인 이득을 볼 수 있을 거라는 소유자의 판단 때문이었다. 비록 현실에서는 끝이 났지만, 그림으로라도 영원했을 두 사람의 사랑은 이렇듯 어이없게 갈라서게 되었다.

091

Sunday

거미가 된 자만심

디에고 벨라스케스, 〈아라크네의 신화〉, 캔버스에 유화, 220×289cm, 1657년경, 마드리드 프라도 미술관

오비디우스의《변신 이야기》에 실린 이야기로, 리디아에 살던 소녀 아라크네는 자신의 베 짜는 솜씨가 아테나보다 더 낫다고 자랑했다. 전쟁의 여신이지만 베 짜는 일에서도 최고라 자부하던 아테나는 아라크네와 실력을 겨루게 되었는데, 인간인 주제에 감히 자신보다 실력이 뛰어난 아라크네를 거미로 변신시켜 평생 실과 함께 살게 했다. 그림 저 안쪽은 시합 직후의 일을 그린 것으로 아라크네가 완성한 태피스트리가 보인다. 아라크네는 제우스가 황소로 변해 에우로페라는 여인을 납치하는 장면을 짜 넣었는데, 아버지의 치부를 보는 아테나의 마음이 편치는 않았을 것이다. 태피스트리 바로 앞, 아테나는 갑옷과 투구 차림을 하고 앉아 있다.

전경 왼쪽에는 노파로 변한 아테나가, 오른쪽에는 아라크네가 베를 짜고 있다. 아테나의 물레가 세차게 돌아가는 장면이 보이는데, 이런 움직임을 묘사할 수 있는 화가는 당시로서는 벨라스케스(1599~1660년)가 유일했다고 할 수 있다. 감히 자신의 베 짜는 솜씨를 신과 비교한 아라크네의 이야기는, 그림 실력이 거의 신의 경지라 소문난 벨라스케스 본인의 이야기이기도 했다.

작품

스케이트를 타는 목사

헨리 레이번 또는 앙리-피에르 당루, 캔버스에 유화,
76.2×63.5㎝, 1795년경, 스코틀랜드 국립 미술관

나라마다 대표되는 그림이나 화가가 있기 마련이다. 네덜란드가 렘브란트의 〈야간 순찰〉로, 이탈리아가 미켈란젤로의 〈다비드상〉으로 기념품을 만들 때, 스코틀랜드에서는 이 그림을 내놓는다.

주인공은 로버트 워커 목사. 그는 에든버러의 상류층 클럽에서 스케이트를 비롯한 다양한 스포츠를 즐겼다. 꽤 젊은 나이에 교회 요직에 올랐고, 책도 냈지만 이렇다 할 큰 업적을 남긴 것은 아니었다.

1914년에 외손녀가 우연히 그림을 발견해 헐값에 판 것을, 1949년에 스코틀랜드 국립 미술관이 다시 사들이면서 목사도, 그림을 그린 레이번(1756~1823년)도 덩달아 유명해졌다. 근엄해야 할 목사가 유머러스한 포즈를 취한 이 그림은 곧 구설수에 올랐다. 몇몇 학자는 이 그림이 레이번의 양식과 동떨어졌다며 앙리-피에르 당루(1753~1809년)의 작품이라고 주장했다. 현재 미술관에서는 이 그림 정보에 레이번 작품이라고 쓴 뒤, "레이번이 그린 다른 초상화와 많이 다르다"라고 덧붙여두었다. 어쨌든 이 그림이 아니었다면, 레이번도 당루도 이렇게까지 유명해지지 않았을 것이다. 무엇보다 목사는 자신이 스코틀랜드를 대표하는 마스코트가 될 거라고는 상상도 못 했을 것이다.

○ 한파가 몰아친 1780년대 겨울, 스코틀랜드의 호수는 꽁꽁 얼어붙었고 스케이트 인구가 급증했다. 당시 스케이트 클럽에서는 한쪽 다리를 든 채 원을 그리는 스케이팅 동작을 시험 봐서 합격한 사람만 받아들였다. 아마 목사는 그 시험을 치는 중인 듯하다.

093

Tuesday

플랑드르 미술

한스 멤링, 〈포르티나리 제단화〉, 패널에 유화, 각 45×34㎝, 1487년, 피렌체 우피치 미술관

고대 그리스 미술 같은 이상적인 아름다움을 추구하는 이탈리아와 달리, 플랑드르 화가들은 현실성 있는 표현을 중요시했고, 머리카락 한 올까지 묘사하는 정교한 사실주의를 추구했다.

한스 멤링(1430~1494년)은 오늘날 벨기에 인근을 일컫는 플랑드르의 브뤼셀과 브루게 등지에서 활동했다. 그는 성당의 대형 제단화도 제작했지만, 작은 크기의 제단화에 더 주력했다. 접었다 펼쳤다 할 수 있는 소형 제단화는 귀족이나 성공한 상인들이 자신의 집이나 개인 예배당에 보관하기 좋았고, 여행용으로 휴대하기도 좋았기에 제법 인기가 있었다. 그는 초상화 역시 작은 크기로 제작해 명성을 떨쳤는데, 주로 인물의 배경을 풍경화로 제작했다.

3면으로 된 〈포르티나리 제단화〉는 사실상 개인 초상화로 주인공을 그의 수호성인, 그리고 성모자와 함께 그린 것이다. 오른쪽의 주인공은 플랑드르에서 은행업을 하는 포르티나리 가문의 베네데토 포르티나리이며 왼쪽의 성인은 이름이 같은 성 베네딕토이다. 성 베네딕토는 그가 수사들을 혼낼 때 사용한 지팡이를 상징물로 들고 있다. 등장인물들 뒤로 아름다운 자연 풍경이 펼쳐져 있다.

094

Wednesday

자크 루이 다비드

〈자화상〉, 캔버스에 유화, 81×64㎝, 1794년, 파리 루브르 박물관

향락적이고 사치스러웠던 로코코 미술은 뒤이어 등장한 신고전주의에 자리를 내어준다. 신고전주의 미술은 이성과 논리를 바탕으로, 사사로운 개인의 감정보다는 더 큰 공익에 이바지할 수 있는 도덕적이고 규범적인 삶을 계몽하려 했다.

프랑스 신고전주의 미술을 주도한 다비드는 완벽한 소묘로 자연스러우면서도 이상적인 아름다움이 돋보이는 인체를 묘사했고, 그리스와 로마의 고전을 바탕으로 시민에게 귀감이 되는 내용의 그림을 그리곤 했다. 이는 그가 1774년, 프랑스 아카데미에서 로마상을 수상한 뒤, 이탈리아 유학길에 올라 거장들의 작품 세계를 충분히 연구하고 학습한 결과로 볼 수 있다.

다비드는 1789년의 대혁명 직후, 급진적인 개혁을 추구하는 자코뱅당의 당원으로 활동했으며, 지도자 로베스피에르(1758~1794년)와 막역한 사이로 예술 장관의 지위에까지 올랐다. 그러나 지나친 공포정치로 신망을 잃은 로베스피에르가 단두대에서 처형된 뒤 한동안 감금되었다가, 나폴레옹이 황제로 취임하면서 궁정 수석 화가로 임명된다. 그러나 나폴레옹마저 실각한 뒤, 1816년 추방되어 브뤼셀에서 사망했다.

○ 이탈리아 미술 유학이라는 엄청난 혜택이 있는 프랑스 아카데미의 '로마상'은 그만큼 경쟁이 치열했다. 다비드는 3번 연속 로마상에서 낙선, 자살까지 시도할 정도였으나 결국 수상자로 선정되었다.

095

Thursday

바니타스

피터르 클라스, 〈바니타스 정물화〉, 캔버스에 유화, 39.5×56cm, 1630년, 헤이그 마우리츠호이스 미술관

식기류나 꽃, 책, 그 밖의 물건들을 그리는 일은 그림 공부를 위한 연습으로나 여겨졌다. 그러다 독립된 장르가 되면서 '정물화'라는 이름을 얻게 되었다. 정물화는 스스로 움직일 수 없는 사물들을 그리는 것으로 회화의 서열상, 역사적·종교적 내용을 교훈과 함께 담은 역사화나, 부유층의 초상화 등에 비하면 낮은 지위에 속했다. 그러나 막상 그림을 사는 대중으로서는 가장 이해하기 쉽고, 걸어두기에도 편리하며, 상대적으로 작은 크기로 그려져 가격도 적당했기에 큰 인기를 끌었다.

식탁 옆에 걸어두는 과일 그림, 거실에 걸어두는 화사한 꽃 그림 등은 대중의 삶을 화사하고 윤택하게 해주었다. 그러나 정물화가 언제나 즐겁고 낙천적이기만 한 것은 아니었다. 어떤 화가들은 해골, 불 꺼진 촛대, 비어버린 잔 등 죽어 없어질 것들, 차고 넘쳤지만 비어버릴 것들을 그려 인생의 '덧없음'을 환기하곤 했다. 이를 '바니타스Vanitas' 정물화라고 부르는데, 네덜란드에서 크게 유행했지만 곧 알프스 이남의 여러 나라로 퍼져 나갔다. 그림 속의 책 꾸러미도 실은 바니타스의 연장으로 모든 지식의 헛됨을 말한다.

096

Friday

샤를마뉴 대제의 대관식

라파엘로 산치오와 제자들,
〈샤를마뉴 대관식〉, 프레스코,
하단 길이 670cm, 1516년~1517년,
바티칸 보르고 화재의 방

799년, 교황 레오 3세(재위 795년~816년)는 간통죄로 투옥된다. 교황 하드리아노 1세의 조카가 교회 고위 성직자들과 공모해 반란을 일으키면서 억울한 죄를 씌운 것이었다. 위기의 순간, 레오 3세는 당시 서유럽 지역을 다스리던 샤를마뉴(재위 768~814년)의 도움으로 탈출에 성공한다. 그 이후 레오 3세는 샤를마뉴를 '서로마 제국의 황제'로 칭하며 황제의 관을 수여한다.

라파엘로는 800년에 일어난 일을 자신이 살던 시대의 모습으로 연출했다. 배경은 막 재건축을 앞두고 있던 성 베드로 성당이다. 그림 오른쪽, 레오 3세가 황제에게 관을 수여하고 있다. 레오 3세는 라파엘로가 모시던 교황, 레오 10세의 얼굴을 모델로 했다. 한편 샤를마뉴는 당시 프랑스의 왕, 프랑수아 1세를 닮았다. 1515년, 레오 10세는 프랑스 내의 고위 성직자 후보 지명 권한을 프랑스 왕에게 양도하는 협정에 서명했다. 나라를 막론하고 성직자 임명은 교황의 권한이었기에 교황으로서는 굴욕적인 사건이라고 할 수 있다. 레오 3세가 샤를마뉴 황제의 관을 수여하는 모습을 라파엘로가 굳이 그린 것은 종교의 권위가 세속의 권력에 앞선다는 교황의 뜻을 대변하기 위해서이다. 따라서 세속의 왕, 프랑수아 1세가 하느님의 뜻으로 사는 성직자 임명 권한을 갖게 되는 것은 옳지 않다는 의미이다.

097

Saturday

슬픈 고흐의 연인

빈센트 반 고흐, 〈슬픔〉, 종이에 펜과 잉크, 44×27㎝,
1882년, 월솔 뉴 아트 갤러리

고흐는 헤이그에서 만난 매춘부 시엔(1850~1904년)과 사랑에 빠졌다. 시엔에게는 이미 5살짜리 딸이 있었고, 또 다른 아이를 임신한 몸이었다. 이 그림은 그렇게 버림받는 것이 일상이 된 시엔의 슬픔을 담고 있는데, 고흐가 여인의 몸을 이처럼 완전 누드로 그린 것은 이 그림이 처음이자 마지막이다.

자주 우울하고, 짜증이 치밀어 오르며, 격하게 자신에게 공감해줄 사람이 필요했던 고흐는 시엔을 만나면서, 그녀가 꾸려주는 가정이라는 울타리에 크게 만족했다. 그러나 알코올중독에 매독까지, 만신창이가 된 채 아이까지 있는 그녀와의 동거를 두고 고흐의 가족들은 모두 집안 망신을 시키는 일이라며 노발대발했다.

언제나 형의 편을 들던 테오까지 반대하는 바람에 결국 둘은 2년 간의 짧은 사랑을 끝으로 헤어지게 된다. 고흐는 그녀를 모델로 60여 점의 작품을 남겼다. 그림 아래에는 'Sorrow(슬픔)'라는 글자와 함께 "어찌하여 이 땅 위에 한 여인이 홀로 버려진 채 있는가?"라는 글이 적혀 있다. 시엔은 고흐와 헤어진 뒤, 재봉사 일을 하며 지냈지만, 1904년 강에 투신해 생을 마감한 것으로 알려져 있다.

098

Sunday

갈라테이아

라파엘로 산치오, 〈갈라테이아〉, 프레스코, 295×225cm,
1511년, 로마 빌라 파르네시나

외눈박이 거인 폴리페모스는 바다의 요정 갈라테이아를 사랑했지만, 그녀는 그를 거부했다. 그림은 폴리페모스를 피해 갈라테이아가 달아나는 장면이다. 바다의 요정답게 그녀는 두 마리의 돌고래가 이끄는 조개 배에 몸을 싣고 있다.

그림 왼쪽 상단 모퉁이에는 화살집을 든 에로스의 모습이 보인다. 하늘에는 에로스의 명을 받은 것으로 보이는 3명의 천사가 화살을 겨누고 있는데, 그 덕분에 감상자들의 시선이 자연스레 갈라테이아를 향한다. 양쪽 두 천사는 서로 몸의 방향을 반대로 한 채 대칭을 이루고 있다. 꼭대기의 천사 역시

그림 제일 하단의 천사와 몸의 방향이 반대이다. 그림 왼쪽, 뿔 나팔은 바다의 신 포세이돈과 인간 사이에서 태어난 트리톤을 상징하는 지물▶[305]이다. 바로 그 아래로 보이는 말은 포세이돈이 바다의 신이자, '말'의 신임을 상기시킨다.

아래로 상체는 사람이지만, 하체는 물고기인 트리톤이 바다의 요정 네레이데스를 힘차게 껴안고 있다. 오른쪽에도 반인반마인 켄타우로스를 비롯한 반인반수의 괴수들을 등장시켜 좌우가 서로 균형을 이루도록 하고 있다. 이 벽화 그림은 시에나 출신의 은행가 아고스티노 키지(1466~1520년)의 로마 저택, 파르네시나 빌라를 장식하기 위해 그린 것이다.

작품

초콜릿 소녀

장 에티엔 리오타르, 종이에 파스텔, 82.3×53cm,
1744~1745년, 드레스덴 게멜데 갤러리

하녀로 보이는 한 소녀가 쟁반에 물 한 잔과 초콜릿이 가득 담긴 잔을 받쳐 들고 있다. 당시 사람들은 초콜릿 차를 진하게 타서 한 잔 마신 뒤, 물로 입가심을 하곤 했다. 초콜릿 차는 귀족 등 사회 상류층이나 마실 수 있는 값비싼 음료로, 최음제 성분이 있다 하여 폭발적인 인기를 끌었다. 소녀는 몸을 완전히 옆으로 돌리고 서 있다. 환한 빛이 그림 전체를 감싸 안은 듯, 그림자가 거의 보이지 않는다. 이 고운 빛의 시작이 되는 창문은 하녀가 든 물컵에 반사되어 보인다. 하얀 앞치마의 구김은 청량한 아침 햇살이 부서지는 커튼을 연상하게 하고, 옅은 빛 무채색의 마룻바닥과 벽은 결코 화려하지도 눈을 자극하지도 않아 고요한 분위기를 이끌어 간다.

리오타르(1702~1789년)는 스위스 제네바 출신의 화가이자 화상으로 로마, 베네치아, 빈, 런던 등을 전전하며 귀족들의 초상화를 주로 파스텔로 그렸다. 그는 이스탄불에서도 오래 머물렀는데, 모델들을 터키풍으로 바꾸어 그려 명성을 얻었다.

○ 19세기에 창립된 네덜란드의 초콜릿 회사는 이 그림을 보고 간호사 옷차림의 여성이 초콜릿 통과 드로스테라고 적힌 컵에 코코아를 가득 담고 서 있는 모습의 상표로 만들어 사용하면서 세간의 주목을 끌어냈다.

100

Tuesday

전성기 르네상스 I

레오나르도 다빈치, 〈모나리자〉, 나무에 유화, 77×53cm,
1503년, 파리 루브르 박물관

〈모나리자〉는 '리자'라는 이름을 가진 여성을 그린 그림으로 알려져 있다. 이탈리아에서 '모나'는 귀부인을 부르는 호칭이다. 리자 마리아 게라르디니는 피렌체의 부유한 상인 프란체스코 델 조콘도의 아내로 추정되는데, '라 조콘도(조콘도 씨의 부인)'로도 불린다.

그러나 다빈치의 자화상이라거나, 그의 동성 애인이 모델이라는 주장도 있다. 완전 측면이 아니라, 몸을 약간 튼 자세, 머리 뒤쪽을 소실점으로 한 미묘한 원근법, 하단이 넓고 상단은 좁은 피라미드 구도 등은 당대로서는 놀라울 만큼 혁신적인 기법이었다.

무엇보다도 다빈치는 이 그림에 스푸마토 기법을 처음 구사했는데, '연기와 같은'이라는 의미의 이탈리아어로 인물이나 물체의 윤곽선을 자연스럽게 번지듯 흐릿하게 처리하여 사실감을 높였다. 스푸마토 기법은 당대 및 후대 화가들에게 큰 영향을 끼쳐 평면 위에 그리는 그림에 완벽에 가까운 입체감을 선사했다. 눈썹이 그려지지 않았는데 당시에는 이마가 넓을수록 미녀라는 생각으로 밀었다거나, 혹은 미완성이라 아직 그려지지 않은 거라는 말도 있으며, 더러는 복원 과정에서 지워졌다고도 추정한다.

○ 1911년에는 이 훌륭한 이탈리아의 유산이 프랑스에 있다는 사실에 분개한 한 이탈리아인이 그림을 훔친 소동도 있었다. 그러나 너무 유명한 작품이라 사겠다는 이가 없었던지, 팔리지 못한 〈모나리자〉는 2년 뒤 도둑의 집에서 발견, 회수되었다.

101

Wednesday

앙리 드 툴루즈 로트레크

〈거울 앞의 로트레크 자화상〉, 판지에 유화, 40×32㎝,
1883년, 알비 툴루즈 로트레크 미술관

로트레크는 프랑스 알비의 툴루즈 백작 가문 출신이다. 귀족 집안 근친혼의 재앙은 로트레크 가문에도 이어져서, 어릴 때부터 무척 허약 체질이었다. 10대 때 허벅지 뼈가 부러지는 사고를 겪은 뒤부터는 성장이 멈추어 152㎝ 정도의 작은 키에, 지팡이 없이는 걷기 힘든 몸으로 살아야 했다.

그런 그의 손에 부모는 붓을 쥐어 주었고, 다행히도 큰 재능이 있었다. 그의 아버지는 그가 파리에서 미술 공부를 이어갈 수 있도록 학비와 생활비는 물론, 작업실까지 얻어주었다.

파리의 밤은 카바레, 공연장, 사창가의 불빛이 가득했다. 로트레크는 그곳을 들락거리며 매춘여성들과 함께 밤을 보냈고, 자주 그들의 삶을 그렸다. 그는 또한 공연장과 무용수 등 출연진들을 광고하는 포스터를 석판화로 그려 큰 호응을 얻었는데, 이는 어찌 보면 상업미술의 시조라고도 볼 수 있다.

그는 매독과 알코올에 찌들어 살았고 문란한 생을 이어갔지만, 남루한 삶을 짙은 화장으로 감추고 살아가는 화류계 여성들의 따뜻한 벗이 되어주었다. 알코올중독으로 건강을 해쳐 생을 마감했는데, 그때 나이 겨우 서른일곱이었다.

102

Thursday

팜므 파탈

페르낭 크노프, 〈애무〉, 캔버스에 유화, 50.5×151㎝, 1896년, 벨기에 왕립 미술관

팜므 파탈Femme fatale은 악녀 이미지로, 여성이 남성을 '치명적인' 매력으로 유혹한 뒤 결국 파멸로 이끈다는 뜻의 프랑스어이다. 19세기 들면서 팜므 파탈이 자주 그려졌는데, 적장을 유혹해 그 목을 베는 성서의 유디트나, 배신한 남편에게 복수하기 위해 자식까지 죽이는 메데이아를 비롯, 심지어 이 그림처럼 스핑크스로도 등장하곤 했다. 스핑크스는 얼굴은 여자이고 몸은 사자로, 테베 성벽 꼭대기에서 행인에게 "아침에는 네발, 낮에는 두 발, 저녁에는 세 발로 걷는 동물이 무엇이냐?"라는 수수께끼를 내어 맞히지 못하면 잡아먹는 괴물이다. 이 질문을 유일하게 푼 자는 '사람'이라는 답을 낸 오이디푸스인데 아기일 때는 네발로 기고, 자라서는 두 발로 걷고, 나이 들면 지팡이에 의지하니 세 발로 걷기 되기 때문이다.

　벨기에의 화가, 페르낭 크노프(1858~1921년)는 표범의 몸을 한 스핑크스를 '적극적으로 남성을 유혹하는 모습'으로 그려냈다. 눈을 지그시 감은 채 오이디푸스에게 뺨을 비비면서 한 손으로 그의 옷을 풀어 헤칠 듯한 그녀는 곧 그를 집어삼킬 요부, 팜므 파탈인 셈이다. 〈애무〉는 〈스핑크스 또는 예술〉이라는 제목으로도 불린다. 크노프에겐 이 스핑크스의 애무가 예술과도 같았을 것이다. 없이 살 수는 없지만, 함께하는 한은 언제나 자신을 고통의 나락으로 끌어내렸을 테니 말이다.

○ 크노프는 스핑크스뿐만 아니라, 자신의 작품에 등장하는 여인 모두를 자신의 여동생을 모델로 하여 그렸다. 친남매임에도 불구하고 두 사람은 근친상간의 관계를 지속했다.

103

Friday

샤를마뉴, 신성 로마제국의 초대 황제

알브레히트 뒤러, 〈샤를마뉴 대제〉,
패널에 유화와 템페라, 215×115cm,
1511~1513년, 뉘른베르크 국립 게르만 미술관

흔히 가톨릭의 수장을 칭하는 '교황'은 초대 교회 시절부터 로마, 콘스탄티노플, 예루살렘, 안티오크, 알렉산드리아에 세운 5개 대교구의 주교를 칭하는 존칭이었다. 제국이 동서로 갈라지고, 급기야 서로마제국이 멸망하면서부터 로마 교구와 동로마제국 영토 안에 있는 교구는 서로 대립하는 상황에 부닥치게 된다. 로마 교구에서는 베드로가 주로 로마에서 활동하다 순교했으며 그의 시신이 안치된 곳 역시 로마라는 점을 들어, 특별히 로마 주교만 '교황'으로 불러야 한다고 주장했다.

교황 레오 3세는 서로마제국을 다시 통일한 샤를마뉴를 진정한 로마의 계승자라 인정하며 800년에 '신성 로마제국'의 초대 황제로 임명했다. 샤를마뉴는 교황으로부터 정통성을 부여받았고, 그 대신 로마 교구는 자신들을 위협했던 동로마제국의 권위에 도전할 든든한 지지 기반을 얻게 된 것이다. 이후 동로마, 콘스탄티노플의 총대주교와 로마의 교황이 사사건건 충돌하다 서로를 파문하면서 1054년 완전히 결별하게 된다. 그림 속 샤를마뉴의 손에 들린 칼과 구는 각각 권력과 세상을, 머리 위의 독수리와 백합 문장은 독일과 프랑스를 뜻한다.

○ 황제의 손에 들린 둥근 구는 세상, 혹은 우주의 상징으로 이 모든 것을 지배하는 자라는 의미를 가지는데, 특별히 십자가를 얹은 것은 신의 뜻으로 자신이 이런 권위를 가지게 되었음을 암시한다.

104

Saturday

터너, 자신의 작품을 사다

윌리엄 터너, 〈안개 속에서 떠오르는 태양: 생선을 손질해 파는 어부〉, 캔버스에 유화, 134×179.5cm, 1807년경, 런던 내셔널 갤러리

영국이 자랑하는 화가, 윌리엄 터너(1775~1851년)는 자신이 소장하던 모든 작품을 국가에 기증하는 유언장을 작성했다. 수천 점에 달하는 그의 작품 중에서 터너는 유독 이 그림과 〈카르타고를 건설하는 디도〉를 미술관에서 전시할 때 꼭 17세기 화가, 클로드 로랭(1600~1682년)의 작품과 나란히 둘 것을 유서로 남겼다. 이는 로랭에 대한 존경심과 동시에 이제는 자신도 그런 거장과 어깨를 나란히 할 수 있다는 일종의 과시에서 비롯된 것이었다.

사실 이 작품은 영국의 시인이자 예술 수집가, 드 타볼리 경이 1827년에 내놓은 경매품목 중 하나였다. 이 작품에 무한 애정을 품고 있던 터너는 경매에 직접 참여해 480기니, 당시 미화로 약 2,540달러에 낙찰받았다. 지금은 약 6만 5천 달러 정도의 가격으로 매겨져 어지간히 싸게 샀나 보다 하겠지만, 그 시절 시세로 보면 당대 터너 자신의 작품 중 최고의 낙찰가였다.

신화 · 종교

라오콘

엘 그레코, 〈라오콘〉, 캔버스에 유화, 142×193㎝, 1610~1614년, 워싱턴 국립 미술관

트로이전쟁 막바지, 트로이인들은 그리스군이 해안에 두고 간 목마의 처리를 두고 고민했는데, 수상쩍은 기미를 눈치챈 사제 라오콘은 이를 파괴할 것을 제안한다. 그러자 그리스군의 승리를 돕던 여신, 아테나의 신전에서 거대한 뱀 두 마리가 기어 나와 라오콘의 아들들을 덮쳤다. 라오콘은 뱀을 물리치려 필사의 노력을 기울였으나 자신도 휘감기고 만다. 이에 트로이인들은 목마를 성안으로 들였다가 그 속에 숨은 그리스 병사들에게 함락된다.

　그리스 출신이지만 베네치아와 로마를 거쳐, 스페인에서 활동하던 엘 그레코(1541~1614년)는 1506년에 발굴되어 바티칸에 전시된 라오콘상▶037에 큰 감명을 받고 이 작품을 제작했다. 그림 중앙 원경에 목마가 보인다. 그 앞으로 놓인 성문은 지금도 볼 수 있는 톨레도의 비사그라 성문으로, 자신이 살던 톨레도를 트로이로 묘사한 것이다. 묘한 빛의 하늘과 구름, 뒤틀린 사지와 길쭉한 몸, 불길한 분위기 등은 엘 그레코가 이탈리아 매너리즘 미술▶149에서 많은 영향을 받았음을 보여준다.

O 엘 그레코는 태양 빛을 싫어했는데, 그 이유를 환한 빛이 자신의 내면을 가리기 때문이라고 말했다. 그는 낮에도 작업실에 커튼을 치고, 촛불에 의지해 그림을 그렸다.

만종

장 프랑수아 밀레,
캔버스에 유화, 55.5×66cm,
1857~1859년,
파리 오르세 미술관

밀레는 당시로서는 드물게 가난하고 소외당한 계층, 특히 농민들을 주인공으로 내세운 그림을 그려 '농민화가'라고 불렸다. 파리의 복잡한 삶을 떠나 바르비종에서 대자연의 풍광을 그리던 화가 집단을 '바르비종파'라고 하는데, 이들은 보이는 그대로의 자연을 화폭에 담았다는 점에서 연출된 자연을 그리던 이전 시대의 화가들과 차이를 두었다. 밀레 역시 바르비종파 중 한 사람이었으나 그 자연 속에 언제나 사람, 특히 농부를 주인공으로 두었다는 점에서 또 다르다.

그림은 종일 감자를 캐던 부부가, 멀리 교회에서 울리는 저녁 종소리를 듣고 일과를 정리하며 기도하는 모습이다. 그는 이 그림에 대해 어린 시절, 할머니가 들에서 일하다가도 종이 울리면 손을 멈추고, 가엾게 죽은 이들을 위해 삼종기도 드리던 모습을 떠올리며 그렸다고 한 바 있다. 밀레는 가난한 농부들을 전면에 내세웠지만, 이 그림에서 보듯 농부들의 일상을 너무나 평온하고 거룩하게만 묘사해 미화했다는 비판도 받았다.

○ 밀레는 두 부부의 발치에 놓은 바구니 안에 죽은 아이를 그려 넣어, 가난으로 굶어 죽을 지경에 놓인 농부들의 삶을 묘사하려고 시도한 것으로 보인다. 밀레는 친구의 조언으로 아이를 지우고 감자로 대신했다.

107

Tuesday

전성기 르네상스 Ⅱ

라파엘로 산치오, 〈아테네 학당〉, 프레스코, 500×770cm, 1508~1511년, 바티칸 서명의 방

미켈란젤로가 율리오 2세의 부름을 받고 시스티나 예배당 천장에 그림을 그릴 때, 라파엘로 역시 바티칸 서명의 방 안의 벽면을 그림으로 가득 채우고 있었다. 이 그림은 그중 하나로, 고대의 철학자와 수학자, 천문학자 등을 포함해 54명의 인물들을 그려 넣었다. 당시 성 베드로 성당의 재건축 도면을 바탕으로 구성한 배경은 아치형의 통로를 중심으로 정확하게 양쪽이 대칭을 이룬다.

정중앙의 두 남자는 플라톤과 아리스토텔레스로, 긴 수염의 플라톤은 라파엘로가 존경하던 레오나르도 다빈치를 모델로 했다. 이 두 사람 양쪽으로 나열된 사람들도 적당히 좌우 균형을 이룬다. 건물 중상단 양쪽 벽에 그려진 왼쪽의 아폴론과 오른쪽의 메두사가 그려진 방패를 든 아테나 역시 서로 좌우가 맞다.

라파엘로는 같이 교황청에서 일하면서도 늘 자신에게 비난을 퍼붓던 미켈란젤로와 사이가 좋지 않았다. 그러나 미켈란젤로가 미완성 상태의 〈천지창조〉 일부를 공개하던 날 작품을 보고 감동한 나머지, 이미 완성된 이 작품을 급히 수정해 하단의 턱을 괴고 생각에 잠긴 철학자 헤라클레이토스를 그의 모습으로 그려 넣었다.

○ 그림 오른쪽 가장자리 하얀 옷을 입은 남자 바로 뒤에서 검은 베레모를 쓰고 화면 밖을 응시하는 자가 라파엘로 자신이다.

108

Wednesday

레오나르도 다빈치

〈자화상〉, 소묘, 33.3× 21.3cm,
1510~1513년 추정, 토리노 왕립 미술관

레오나르도 다빈치는 잘생긴 외모에, 뛰어난 패션 감각, 해박한 교양인으로 말과 행동이 무척 지적이었다고 한다. 아쉽게도 그는 자화상이라곤 이 작품 한 점만 남겼다.

그가 밀라노에서 로마로 떠나던 시기에 자화상을 그렸다는 기록을 근거로 추정하면, 이 그림은 1510~1513년의 예순 즈음에 그린 것으로 보인다. 그러나 예순이라 하기엔 너무 나이가 들어 보인다.

다빈치 연구가로 주로 그의 위작을 찾아내는 미술사가인 한스 오스트는 이 자화상이 사실은 19세기에 그려진 위작이라 주장했다. 우선 다른 화가가 다빈치를 보고 그린 초상화와 비교했을 때 그 외모가 전혀 다르고, 다빈치가 선을 그을 때 취하는 특정한 방식과 일치하지 않는다는 점, 또 1845년 이후 누구의 손을 거쳐 오늘날에 이르렀는지 자세한 내막이 공개되지 않았다는 점 등이 그 근거이다. 한스 오스트에 의하면 주로 다빈치의 모작을 그리던 어느 화가가 〈아테네 학당〉▶107에서 라파엘로가 다빈치를 모델로 그린 플라톤을 보고 제작해낸 뒤, 자화상이라고 속여 1845년에 사르데냐 왕국의 카를로 공작에게 10년 상환 할부로 판 것이라 한다.

109

Thursday

점묘법

폴 시냐크,
〈펠릭스 페네옹의 초상〉,
캔버스에 유화,
73.5×92.5㎝, 1890년,
뉴욕 현대 미술관

신인상주의는 19세기 후반, 인상주의 이후 전개된 미술 양식 중 하나로 볼 수 있다. 쇠라(1859~1891년)와 시냐크(1863~1935년)는 인상주의자들의 그림이 그렇듯, 가능한 한 팔레트에서 색을 섞지 않고 캔버스 위에서 색들을 나열하는 방법을 썼다. 그러나 그들은 인상파 화가들의 툭툭 끊어지는 듯한 다소 불규칙한 짧은 선 대신, 작은 점을 빼곡하게 찍는 방법을 택했다. 예를 들어 빨간색과 파란색 물감을 팔레트나 캔버스 위에서 서로 섞지 않고, 빨간 점과 파란 점을 가득 찍어 훨씬 채도가 높은, 즉 밝고 경쾌한 보라색으로 보이게 하는 식이다.

　결론적으로 점묘법으로 그린 그림들의 화면은 미세한 점으로 분할되고 색채도 순수한 원색으로 분할된다는 점을 들어 자신들의 그림을 분할주의, 즉 디비조니슴 Divisionnisme이라고 불렀다. 시냐크의 〈펠릭스 페네옹의 초상〉은 자신들의 그림을 인상주의와 구분하여 '신인상주의'라고 부른 평론가 펠릭스 페네옹(1861~1944년)을 모델로 한 그림이다. 신인상주의는 인상주의가 찰나의 시적인 감각을 표현하느라 미처 놓쳤던, 그 대상이 가진 형태의 중요성을 다시 강조했다.

○ 쇠라와 시냐크는 둘 다 점묘파 화가이지만, 쇠라가 빈틈을 찾기 힘들 정도로 빼곡히 점을 찍는 방식이었다면 시냐크는 점과 점 사이의 공간에 조금 더 여유를 줬다.

종교재판

페드로 베루게테, 〈종교재판을 주재하는 성 도미니코 데 구츠만〉,
패널에 유화, 154×92㎝, 1493~1499년, 마드리드 프라도 미술관

12세기 이후, 교황 루치오 3세(재위 1181~1185년)는 이단 종파들을 처단하기 위해 종교재판을 시작했다. 종교재판은 특히 스페인에서 극심했는데, 스페인을 1천여 년간 지배해온 이슬람인들을 내쫓기 위해 더욱 잔인하고 무모한 방식으로 진행되었다. 스페인의 국왕 펠리페 2세는 네덜란드 등의 국가를 지배하는 과정에서, 그들 사이에 확산된 불만을 억압하고 신교도를 응징하기 위한 수단으로 종교재판을 적극 활용했다.

이처럼 종교재판은 유럽 전역에서 정적을 없애기 위한 방편으로, 혹은 대중의 관심을 끔찍한 볼거리로 돌리면서 강렬한 두려움을 느끼게 하기 위해 악용되었다. 그림은 13세기, 도미니코 수도회의 창시자인 성 도미니코 데 구츠만이 이단으로 판명된 알비니파를 화형에 처하는 장면이다. 도미니코는 자신들 수도회의 전통 복장인 하얀 옷에 검은 망토를 두르고 있다. 그는 평생을 순결하게 살았다는 의미로 백합을 손에 들고 있다. 그림 왼쪽에는 역시 도미니코 수도사 복장을 한 남자가 이단자를 끌고 온다. 오른쪽은 화형식 장면이다. 스페인에서 종교재판은 1834년 이사벨 2세 시대에 이르러서야 공식적으로 금지된다.

111

Saturday

미라보 다리 아래
센강이 흐르듯

앙리 루소, 〈시인에게 영감을 주는 뮤즈〉, 캔버스에 유화,
146×97㎝, 1909년, 바젤 미술관

미술 교육을 받지 않았던 앙리 루소의 독특한 그림 세계를 이해해준 이는 시인 아폴리네르(1880~1918년)나 동료 피카소(1881~1973년) 정도였다. 이 그림은 아폴리네르와 화가 마리 로랑생(1883~1956년), 두 연인을 위해 그린 것이다. 아폴리네르는 화가의 어려운 처지를 조금이라도 돕기 위해 선뜻 이 그림을 구입해주었다.

그림 속 아폴리네르는 깃털 펜과 종이를 들고 있고, 마리 로랑생은 여신처럼 두 손가락을 들어 축복의 자세를 취하고 있다. 아폴리네르가 훗날 쓴 〈미라보 다리〉의 시구처럼, 영원할 것 같던 이들의 사랑은 강물이 흐르는 것처럼 지나가고 말았다.

이별 후 로랑생은 독일의 귀족과 결혼했는데, 1차 세계대전 와중에 독일인의 신분이 된 채 조국 프랑스로의 입국이 허락되지 않아 스페인 등을 떠돌며 살았다. 아폴리네르는 그 전쟁에 참전했다 부상을 입었고, 스페인독감에 걸려 사망했다. 그로부터 10년 후, 이혼한 그녀는 1929년이 되어서야 다시 파리로 돌아왔다. 그의 시가 노래한 대로 흐르는 시간과 떠난 사랑이 돌아오지 않는 미라보 다리 아래에서 로랑생은 청춘의 시대를 장식했던 그 아름다운 시간들을 추억했을 것이다.

제우스와 이오

코레조, 〈제우스와 이오〉, 캔버스에 유화,
163.5×70.5cm, 1531~1532년, 빈 미술사 박물관

강의 신 이나코스와 멜리아 사이에서 태어난 이오는 헤라를 모시는 여사제이기도 했다. 어느 날, 제우스는 아내가 보지 못하도록 먹구름으로 사방을 뒤덮은 뒤 이오를 덮쳤다. 그리곤 그녀를 암소로 만들어 버렸다. 아내 헤라의 의심을 피하기 위해서였다. 그러나 이미 제우스의 바람기를 잡는 데도가 텄던 헤라는 그 암소를 선물로 달라고 청했다. 제우스로서는 거절의 명분이 없었다.

헤라는 눈이 100개 달린 아르고스를 시켜, 혹시라도 남편이 암소를 찾지 않나 감시하게 했다. 그러나 제우스는 헤르메스를 보내 나른한 피리 소리로 아르고스를 잠들게 했고, 이윽고 이오를 탈출시켰다. 그때 이오가 건넌 바다가 바로, 그리스와 이탈리아 사이의 '이오니아해'이다.

헤라는 이후 아르고스의 눈알을 빼내 아끼던 공작의 깃털을 장식했고, 쇠파리를 보내 이오를 괴롭히는 둥 집요하게 복수했다. 코레조(1489년경~1534년)가 그린 먹구름은 손에 닿으면 젖어들 것 같이 생생한 질감을 자랑한다. 그 어둠 속에 슬쩍 얼굴을 드러낸 제우스가 이오에게 입을 맞춘다. 많은 남성 화가의 그림들이 그렇듯, 이오는 피해자인데도 오히려 상황을 즐기는 듯이 그려져 있다.

113

Monday

요람

베르트 모리조, 캔버스에 유화, 56×46㎝, 1872년,
파리 오르세 미술관

베르트 모리조는 인상주의 화가 대부분이 그러하듯, 자연의 풍광과 동시대 사람들의 모습을 관찰하여 그리곤 했다. 특히 그녀는 가족의 일상을 화면에 즐겨 담았는데, 외부 사람들을 자유롭게 만나 모델로 삼고 그리기에는 여성으로서의 제약이 상당한 시대였기 때문이다.

그림의 주인공은 베르트 모리조의 언니 에드마 모리조로, 요람 속에서 잠든 자신의 아이 블랑슈를 물끄러미 쳐다보고 있다. 자매가 함께 미술을 공부했고 살롱전에도 그림을 출품할 정도였지만, 1869년 마네의 친구인 해군장교 아돌프 퐁티용과 결혼하면서, 에드마 모리조는 당시 많은 여성이 그러했듯 예술가로서의 삶을 포기해야 했다.

그림 속 에드마 모리조의 표정은 여러 가지로 해석이 가능한데 사랑하는 아이를 위해 그 어떤 것도 포기할 수 있는 모성으로 볼 수도 있지만 화가의 꿈을 접은 뒤 쓸쓸함을 아이를 보며 위안받으려 하는 것으로도 읽을 수 있다. 사선으로 늘어진 커튼들 사이에 선명하게 그려진 에드마 모리조의 모습과 희미하게 그려진 아기가 묘하게 대비를 이룬다. 하얀 천 위를 수놓은 빛은 갖가지 색의 향연이지만, 결코 튀지 않는다. 이 작품은 베르트 모리조가 유일한 여성으로 참가한 제1회 인상주의 전시회 출품작 중 하나이다.

114

Tuesday

전성기 르네상스 Ⅲ

미켈란젤로 부오나로티, 〈천지창조〉, 프레스코, 1,341×4,023cm, 1508~1512년, 바티칸 시스티나 예배당 천장

미켈란젤로는 교황 율리오 2세의 명을 받고 가로세로 약 14m, 41m 크기의 천장화를 그렸다. 작업에 약 4년이라는 시간이 걸렸지만, 이 속도는 엄청난 것이었다. 경비 지급 문제로 14개월 동안이나 작업을 중단했고, 미켈란젤로에게는 프레스코화를 그려본 경험이 거의 없었으며, 라파엘로 같은 당시의 화가들과 달리 조수의 작업 참여를 가능한 한 최소화했다는 점까지 감안하면 신기에 가까운 능력이었다.

그는 직접 만든 18m 높이의 비계에 올라가 너른 천장 안에 총 343명의 인물을 그렸다. 멀리서 보면 건축물의 일부처럼 보이는 구획들도 모두 그가 그려 넣은 것이다. 중앙에는 〈창세기〉 장면 9개가, 양쪽 직사각형 공간에는 신화와 성서 속 인물들의 장면 10개가 그려졌고, 삼각형 모양의 스팬드럴과 그를 받치고 있는 반원 형태의 공간에도 예수의 조상들, 예언서의 내용이 담겼다. 스팬드럴 위쪽에는 청동 누드가, 또 중앙 〈창세기〉 장면에는 교황 율리오 2세 가문의 상징인 도토리나 무릎 든 청년 누드상이 그려져 있다.

○ 화면 위, 가장자리에 보이는 예언자는 예레미야로, 턱을 손으로 괴고 장화를 신고 있다. 라파엘로가 〈아테네 학당〉[107]에서 자신을 모델로 그린 헤라클레이토스를 보고 투덜거리긴 했지만 내심 만족했던 듯, 그대로 베껴 넣었다.

115

Wednesday

알브레히트 뒤러

〈아픈 자화상〉, 종이에 수채화, 펜, 잉크로 그린 소묘,
10.8×11.8cm, 1509~1511년, 브레멘 미술관

〈자화상〉, 패널에 유화, 67×49cm, 1500년,
뮌헨 알테 피나코테크 미술관

"여기 노란 점이 있는 곳, 내 손가락이 가리키고 있는 곳, 거기가 아프다"라는 글과 함께 그려진 뒤러(1471~1528년)의 자화상 소묘는 마치 예수가 부활하여, 자신의 옆구리에 난 상처를 가리키는 모습처럼 보인다. 물론 예수의 상처는 오른쪽 옆구리에 있었다.

28세의 뒤러가 1500년에 그린 자화상을 보면 실제로 자신을 '예수'와 동일시하는 다소간의 망상이 있었던 것으로 보인다. 중세 이콘화의 전통은 예수 혹은 하느님을 그릴 때만 완전 정면상을 취하곤 했기에 대부분의 화가는 이런 자세의 초상화를, 더군다나 자화상을 그리지 않았다. 옷깃을 잡은 그의 손동작 역시 축복을 내리는 예수를 연상케 한다. 그는 세계를 창조한 신처럼, 창조자로서의 예술가임을 자부하고 있다.

독일 뉘른베르크에서 태어난 그는, 이탈리아에서는 미술가가 인문학자급으로 존경받는 데 비해 그저 손재주 좋은 기술자 정도로만 치부하는 고향 마을의 후진성을 못마땅하게 여겼다. 마침내 그는 독일 화가로서는 최초로 이탈리아로 유학을 떠났고, 고향 마을로 돌아와 엄청난 명성을 누리게 된다.

○ 뒤러는 유화 작품보다 가격이 훨씬 싼 판화 작품을 대량으로 생산·판매해 막대한 부를 쌓았으며 뉘른베르크의 시의원으로까지 활동했다.

116

Thursday

매너리즘

르네상스 전성기가 끝난 16세기 초·중엽부터 17세기 바로크 시대가 되기까지를 후기 르네상스 시기라고 말한다. 이 시기는 그저 전대 거장들의 작업하는 방식, 즉 '매너^{Manner}'나 베끼는 것이 다였다는 부정적인 견해로 '매너리즘'의 시기라고 불렀다.

하지만 이 시기야말로 화가들이 자신만의 주관적이고 독창적인 방식, 곧 '매너'를 찾아낸 때였다. 그들은 레오나르도 다빈치, 미켈란젤로, 그리고 라파엘로 같은 거장들의 '방법'을 좇으면서도, 형태와 색채를 변형하고 왜곡·과장했고, 사선 혹은 복잡하고 파격적인 구도로 화면을 구성했으며 자극적인 색채에 모호한 표정의 인물들을 등장시키곤 했다.

파르미자니노, 〈긴 목의 성모〉, 패널에 유화, 315×219cm, 1534~1539년, 피렌체 우피치 미술관

이탈리아 매너리즘을 이끌어간 파르미자니노의 〈긴 목의 성모〉는 목도 그렇지만 몸 전체가 너무 길어 보인다. 화면 왼쪽은 알 수 없는 인물로 가득 차 있고, 성자 혼자 두루마리를 들고 서 있는 오른쪽은 텅 비었다시피 하다. 이 그림은 미완성으로, 오른쪽 기둥의 위아래 크기가 맞지 않고 배경 채색도 마무리가 덜 된 상태이다. 긴 몸의 성모는 젖꼭지의 윤곽까지 드러내고 있어 묘하게 관능적이다. 역시 아이치고는 너무 몸이 긴 예수는 마리아의 무릎에서 금방이라도 떨어질 듯 불안해 보인다.

세계사

십자군 전쟁

외젠 들라크루아, 〈십자군의 콘스탄티노플 함락〉, 1840년, 캔버스에 유화, 410×498㎝, 파리 루브르 박물관

기독교인들을 위협하던 이슬람 세력, 셀주크튀르크 민족은 기독교 최고의 성지인 예루살렘을 차지하고 있었다. 서로마의 교황 우르바노 2세(재위 1087~1099년)는 비잔틴제국의 황제에게 도움을 청해 함께 이들을 소탕하자고 제안, 십자군전쟁의 발발을 유도했다. 200년 동안 이어진 이 긴 전쟁의 역사에서 기독교인들은 딱 한 차례의 승리만 맛보았을 뿐이다. 이 전쟁은 종교적 명분으로 시작되었지만, 결국 지중해 무역권이나 영토 확보를 둘러싼 세속적인 욕망에 불과했다.

4차 십자군 전쟁을 치르기 위해 베네치아에 집결한 프랑스의 기사들은, 뜻밖에도 같은 기독교 국가인 비잔틴제국의 수도 콘스탄티노플을 침략했다. 비잔틴제국 알렉시우스 왕자의 요청으로 벌어진 일이었는데, 황제 자리를 찬탈한 숙부를 응징하고 왕권을 돌려놓으면 후한 사례를 치르겠다고 한 것이다. 십자군은 왕자의 바람을 이뤄줬으나 막상 약속 이행이 어려운 처지에 이르자 폭도로 돌변하여 도시를 초토화했고, 가능한 한 모든 것을 거침없이 약탈했다. 비이성과 광기가 난무하는 현장의 분위기를 들라크루아는 낮은 채도의 거친 색감으로 표현하고 있다.

118

Saturday

프란시스코 데 고야, 〈옷 벗은 마하〉, 캔버스에 유화, 97×190㎝, 1799~1800년, 마드리드 프라도 미술관

누드의 여성이 이토록 도발적인 포즈로 감상자를 빤히 바라보고 있는 그림은 고야(1746~1828년)의 〈옷 벗은 마하〉 이전에는 극히 드물었다. 게다가 그림의 주인공이 신화 속 8등신 미녀가 아닌, 주변에서 흔히 볼 수 있는 '마하'라는 점도 충격적이었다. 마하Maja는 마호Majo와 함께, 패션 감각이 뛰어난 멋쟁이 여성과 남성을 일컫는 말이다. 원래 스페인 남부 안달루시아 지방에 살던 집시들을 부르는 말이었지만, 점차 가진 것 없이 살아도 번지르르하게 차려입고 다니는 한량들을 의미하게 되었고, 이들의 옷차림이 귀족들 사이에서 유행하면서 '멋쟁이 옷차림의 사람들'로 그 뜻이 확장되었다.

대리석에다 피부색만 입힌 듯한 고전적인 아름다움의 누드화에 비해, 슬쩍 체모까지 그려져 당돌함을 더하는 이 누드화는 카를로스 3세 시절의 재상 마누엘 고도이(1767~1851년)의 누드화 컬렉션이 속해 있었다. 고도이는 왕을 대신해 실권을 장악하고 심지어 왕비의 마음까지도 차지한 재상으로도 알려져 있다. 〈옷 벗은 마하〉는 몇 년 후에 제작된 〈옷 입은 마하〉와 한 쌍을 이뤘는데, 19세기의 어느 문헌에 따르면 〈옷 벗은 마하〉 위에 〈옷 입은 마하〉가 포개져 걸려 있었다 한다.

이 그림은 그 주인공이 누구인가에 대한 이런저런 풍문과 추측으로도 유명하다. 우선은 고야와 한때 연인 관계였던 '알바 공작의 부인'이 물망에 오른다. 공작

도대체 누구를 그린 것인가

프란시스코 데 고야, 〈옷 입은 마하〉, 캔버스에 유화, 97×190㎝, 1800~1803년, 마드리드 프라도 미술관

부인은 수시로 화가의 집을 드나들면서 남편에게는 고야가 자기의 모습을 그리고 있다고 둘러댔다. 물론 고야는 그녀를 모델로 그림을 그리고는 있었다. 하지만 이 토록이나 적나라한 전신 누드화였다는 것을 남편이 알 리가 없었다. 그리하여 공작이 천진한 얼굴로 그간 그린 그림을 보여 달라고 요구하자, 당황한 고야가 급히 그린 그림이 〈옷 입은 마하〉라는 설도 있지만 신빙성이 떨어진다. 결정적으로 그림을 보여 달라고 요구했다는 알바 공작은 1796년, 그림이 그려지기도 전에 이미 사망했기 때문이다.

그림 속 모델에 대한 또 다른 추측은 재상 고도이의 숨겨진 연인 '페피타 투도'라는 것이다. 고도이는 왕비 마리아 루이사와 세상이 다 아는 내연 관계였지만, 왕비의 명령으로 부르봉 왕가의 마리아 테레사와 결혼했다가, 그녀가 죽자 페피타 투도와 재혼했다. 심지어 어떤 이들은 그림의 모델이 알바 공작부인이 확실하며 그녀가 고야뿐 아니라 고도이와도 내연 관계라는 추정까지 하는데, 정치권력 관계로 보자면 고도이와 알바 공작부인은 서로 죽이지 못해 안달인 정적 관계였다.

○ 이런저런 소문에 지친 알바 공작 가문의 후손들은 공작부인의 유해를 파헤치기까지 했는데, 유해 검시관들이 그림 모델이 알바 공작부인과 비슷하다는 의견을 내놓는 바람에 또 한 차례 폭풍이 휘몰아치기도 했다.

119

Sunday

제우스와 테티스

장 오귀스트 도미니크 앵그르, 〈제우스와 테티스〉, 캔버스에 유화, 327×260㎝, 1811년, 엑상프로방스 그라네 미술관

제우스와 포세이돈은 바다의 여신 테티스를 두고 사랑의 경쟁자가 되었다. 그러나 두 신은 "테티스에게서 태어나는 아들이 아버지보다 강할 것이다"라는 신탁을 듣고 그녀를 인간과 결혼하게 했다. 그 사이에서 태어난 아이가 바로, 트로이전쟁의 영웅 아킬레스이다.

그림은 테티스가 제우스를 찾아가서 트로이전쟁에 참전한 아들이 죽지 않게 해달라고 간청하는 모습을 담고 있다. 그림 왼쪽에서 홀을 든 채 삐죽이 고개를 내민 여인은 헤라이다. 제우스는 크고 당당하고 위엄 있는 모습으로 정면을 향하고 있다. 그의 왼편에는 자신을 상징하는 독수리가 '뭘 또 바라는 거냐'라는 듯 테티스를 노려보고 있다.

테티스는 원근법을 모르는 화가의 그림처럼, 터무니없이 작게 그려졌다. 아름답고 부드러운 몸매가 고혹적이긴 하나, 자세히 보면 등이 지나치게 길다. 앵그르 (1780~1867년)는 여성의 누드를 그리스 고전 조각처럼 사실적이면서도 이상적으로 미화하긴 했지만, 객관적 아름다움보다는 자신이 아름답다고 생각하는 주관적 관점에서 인체를 그리곤 했다.[179] 이 작품은 그가 파리 미술아카데미의 장학생으로 뽑혀 로마에서 유학한 뒤, 마지막 과제로 작업한 것이다.

120

Monday

올랭피아

에두아르 마네, 캔버스에 유화, 130.5×190㎝, 1863년, 파리 오르세 미술관

'올랭피아'는 당대 파리 사창가의 창부들 사이에서 유행하던 예명이었다. 흑인 하녀가 꽃을 전하는 것은 손님이 왔다는 뜻으로, 그녀 발치 아래 꼬리를 바짝 세운 고양이가 곧 이 침대에서 일어날 일들을 예언하는 듯하다. 사람들은 이제 살롱전에서 창부가 손님을 맞이하는 장면까지 봐야 한다는 사실에 격분했다. 아무리 마네가 티치아노의 〈우르비노의 아프로디테〉나 고야의 〈옷 벗은 마하〉 등의 명화를 참고해서 그렸다고 해명해도 논란은 사그라지지 않았다.

그림의 모델은 〈풀밭 위의 점심 식사〉[275] 속 인물과 같은 빅토린 뫼랑이었는데, 완벽하게 이상화된 몸매를 자랑하는 여신들과는 대조적으로 너무나 현실적인 몸이라는 점도 대중들을 당혹스럽게 했다. 게다가 빤히 상대를 노려보는 눈길은 보는 감상자들을 전혀 배려하지 않는 것이었다. 더러는 그녀의 몸이 윤곽선만 또렷할 뿐, 자연스럽고 부드러운 양감이 잘 표현되지 않았다며, 마네의 그림 솜씨를 깎아내리기도 했다. 그러나 마네는 밝은 빛이 대상에 닿으면, 그 빛 때문에 세부적인 것들이 오히려 눈에 잘 보이지 않는다는 사실을 직접 파악해 표현했을 뿐이다.

○ 관람객들은 지팡이 등으로 그림을 훼손하려 들었고, 할 수 없이 주최 측은 그림을 그들의 도구가 닿지 않는 높은 벽 쪽에 옮겨 걸어야 했다.

121

Tuesday

독일 지역의 르네상스

인간의 누드를 가장 적나라하게 그릴 수 있으면서도 종교적 교훈이라는 명분을 담을 수 있는 '아담과 이브'는 후원자도, 화가도 혹할 수밖에 없는 미술사의 인기 주제였다.

이탈리아 미술이 고대 그리스 미학을 반영해 인체를 최대한 자연스레 묘사하면서도 이상화해서 보여주려 했다면, 네덜란드나 독일 등 알프스 이북 지방의 화가들은 현실적이면서 평범하기까지 한 몸을 그렸다.

크라나흐(1472~1553년)가 그린 다소 마른 몸의 이브는 사과를 한 손에 받쳐 들고 있다. 사과에는 그녀가 베어 문 자국이 선명하다. 그녀는 한쪽 다리를

(대) 루카스 크라나흐, 〈아담과 이브〉, 패널에 유화, 각 172×63㎝, 167×61㎝, 1528년, 피렌체 우피치 미술관

앞으로 살짝 내밀어 곡선을 강조하는 콘트라포스토▶030 자세를 취하고 있다. 이브는 이상적으로 미화된 몸이 아니어서 오히려 더 노골적이며 관능적이다.

아담은 한 손으로 자신의 머리를 긁적이면서 두 다리 또한 어정쩡한 자세를 취하고 있다. 이는 죄를 짓기에는 너무 순진한 그의 모습을 강조하는 것으로, 인류의 원죄가 여성으로부터 시작되었다는 오래된 관념의 반복이다.

122

Wednesday

메리 빌

〈남편과 아들이 함께하는 자화상〉,
캔버스에 유화, 63.5×76.2㎝,
1663~1664년,
런던 제프리 박물관

메리 빌(1633~1699년)은 영국 서퍽 출신으로 아마추어 화가였던 아버지로부터 그림을 배웠다. 그녀는 의류 사업을 하는, 역시 아마추어 화가였던 찰스 빌을 만나 그의 열렬한 구애를 받고 18세에 결혼했다. 메리의 남편은 공무원이 되었지만 얼마 뒤 실직하게 되었고, 그때부터 재능 많은 아내가 화가로서의 생활에 몰두할 수 있도록 협력했다. 그는 아내가 누구의 방문을 받고, 무슨 대화를 나누었으며, 어떤 그림을 주문받고, 어느 정도의 대가로 어떻게 그렸는지까지의 모든 사항을 약 30여 권의 노트에 기록해둘 만큼 철저했다.

이 그림은 그녀의 가족초상화로, 아내의 순종적인 면이 강조되는 일반적인 가족초상화와는 다른 느낌이다. 그림 속 그녀는 손가락으로 자신을 가리키고 있는데, 자신이야말로 이런 그림을 그릴 수 있는 존재임을 과시하는 모습이다. 남편은 아이의 손을 잡고 아이 어깨를 감싸고 있는데, 육아가 그녀가 아닌 그의 몫이라는 이야기로 읽힌다. 아이는 메리와 찰스 사이의 두 번째 아이로, 첫 아이 바르톨로메오가 죽고 1년 뒤 태어나 형과 같은 이름을 물려받았다.

123

Thursday

목판화

알브레히트 뒤러, 〈묵시록의 네 기사〉, 목판화, 39.4×28.1㎝, 1498년, 런던 대영 박물관

목판화는 우선, 나무를 평평하게 깎고 다듬은 뒤 그 위에 밑그림을 그리는 것으로 시작한다. 이어 선으로 남길 부분을 제외한 나머지 여백들은 모두 조각칼 등으로 깎아내고 파낸 뒤, 물감을 묻혀서 종이에 찍어 낸다. 집에서 흔히 보는 나무 도장과 비슷한 개념으로 생각하면 된다. 주로 나뭇결을 따라 칼로 파내야 하기에 다소 굵은 직선이 자주 등장하고 묵직하고 투박한 느낌을 준다.

목판화는 15세기 초엽에 크게 유행했는데, 뒤러의 성공에 힘입은 바가 크다. 패널이나 캔버스에 유화나 템페라 등으로 그린 그림들은 어지간한 상류층이 아니면 감히 가질 수 없는

고가의 예술품이었지만 수십, 수백 장 찍어내는 것이 가능한 판화는 상대적으로 저렴한 가격이었기에 대중의 수요가 폭발적으로 늘어났다. 뒤러는 1400년대가 끝나는 1498년 즈음, 세기말의 단골 메뉴인 종말론으로 민심이 흉흉하던 때에 〈요한 묵시록〉의 내용을 15개의 목판화로 제작하여 책으로 만들었다. 이 그림은 그중 하나이다. 이들 네 기사는 〈요한 묵시록〉 6장 1절에서 8절에 소개된 자들로 각각 활, 큰 칼, 저울, 낫을 들고 나타나 역병과 전쟁, 기근과 죽음으로 세상을 멸한다.

○ 제일 왼쪽의 낫을 든 바싹 여윈 기사는 죽음을 상징한다. 그가 탄 말 아래로 교황이 용의 힘껏 벌린 입안으로 빨려드는 모습이 보인다. 뒤러 역시 교회의 부패에 비판적 시각을 갖고 있었다.

124

Friday

페스트의 대유행

흑사병, 소위 페스트라고 부르는 이 치명적인 전염병은 14세기 유럽 인구를 30%에서 60%까지 줄어들게 했다. 농업인구의 감소로 봉건제도의 붕괴가 가속화되었고, 유대인들이 병을 옮긴다는 식의 가짜 뉴스까지 등장해 인종차별이 극심해지기도 했다.

두려움에 사로잡힌 사람들은 교회로 몰려들었고, 기적에 대한 갈망이 극대화되면서 치유의 성자들을 기리는 성당 건축과 이미지 작업이 빠르게 퍼져나갔다.

그림은 15~16세기에 큰 타격을 입은 베네치아의 이솔라 산토 스피리토 성당이 페스트 퇴치를 기념해 주문한 것으로, 현재는 이곳 살루테 성당에 걸

티치아노 베첼리오, 〈권좌의 성 마르코〉, 캔버스에 유화,
230×149cm, 1510년, 베네치아 산타마리아 델라 살루테 성당

려 있다. 그림 중앙은 베네치아의 수호성인 마르코이다. 아래 왼쪽의 붉은색과 황금색 옷을 입은 이들은 성 고스마와 성 다미아노로, 둘 다 쌍둥이 외과 의사이다. 오른쪽, 반 누드의 성인은 성 세바스티아노로 화살에 맞는 고문을 당한 뒤 순교했다. 그의 몸에 난 흉터 탓인지, 흑사병의 반점을 상기시킨다. 그 뒤는 페스트와 기타 전염병을 퇴치하는 성 로코로, 티치아노가 자신의 얼굴을 모델로 하여 그렸다는 말이 있다.

요한인가,
마리아 막달레나인가

레오나르도 다빈치, 〈최후의 만찬〉, 프레스코, 460×880㎝, 1498년, 밀라노 산타마리아 델레 그라치에 성당

성서에서 가장 드라마틱한 장면인 '최후의 만찬' 모습은 주로 수도원 내부 식당 벽면에 그려지곤 했다. 다빈치의 이 유명한 그림도 밀라노의 한 성당 수도원 식당에 그려진 것으로, 형편없이 훼손되었다가 복원되었다. 조화와 질서, 균형을 사랑하는 르네상스 화가답게 다빈치는 중앙의 예수를 중심으로 양쪽에 3명씩 두 무리를 배치했고, 공간 역시 좌우 대칭을 엄격하게 적용했다. 예수 뒤에는 창을 두어, 후광을 그리지 않고도 그의 존재에 집중하게 했다. 예수의 오른편에 역삼각형의 공간을 만들며 애제자 요한이 앉아 있다. 그의 옆엔 베드로가 바싹 다가와 있다.

댄 브라운은 《다빈치 코드》에서 고운 외모의 요한을 마리아 막달레나로 설정, 그녀가 예수와의 사이에 아이까지 두었다는 가설로 소설을 전개했다. 실제로 많은 화가가 최후의 만찬 장면에서 요한을 예수의 품속에 파고드는 예쁜 얼굴로 그리는데 이는 요한이 〈요한복음〉에서 자신을 예수의 특별한 사랑을 받는 존재로 언급한 것에서 기인했다. 상상력이 뛰어난 화가들은 '사랑받는 요한'을 동성애 코드로 풀어, 여성적 이미지의 아름다운 요한으로 그리곤 했다.

O 소설은 마리아 막달레나의 존재를 안 베드로가 칼로 그녀를 위협하는 장면으로 이 그림을 설명하지만, 베드로는 그저 고기를 썰기 위해 칼을 들고 있었을 뿐일 수 있다. 또는 최후의 만찬을 끝내고 예수가 병사들에게 잡혔을 때, 베드로가 불같이 화를 내며 한 로마 병사의 귀를 잘라버렸는데, 그 일을 암시하는 장치로 볼 수도 있다.

126

Sunday

목욕을 마친 아르테미스

프랑수아 부셰,
〈목욕을 마친 아르테미스〉.
캔버스에 유화, 56×73㎝, 1742년,
파리 루브르 박물관

제우스는 헤라 몰래 레토와 사랑을 나누었다. 레토가 쌍둥이를 임신했다는 사실을
알게 된 헤라는 저주를 내려, 어디에서도 아이를 낳을 수 없게 했다. 그러자 포세
이돈이 바닷속 섬을 솟아오르게 하여 그곳에서 아이들을 낳게 했는데, 그들이 바
로 달의 여신 아르테미스와 태양의 신 아폴론이다. 아르테미스는 어린 나이에 일
찌감치 처녀로 남겠다고 결심했다. 그녀는 평생 남자를 멀리하고 외딴곳에서 사냥
하며 지냈기에 사냥의 여신이자 처녀의 여신이라 불렸다.

　루이 14세(재위 1643~1715년)가 서거한 이후, 귀족들의 힘이 다시 강해지면서 프
랑스에서는 관능적이고 향락적인 미술이 발달하기 시작했다. 이 그림 또한 신화의
한 장면이라며 거창하게 포장했지만, 결국엔 관음증적 욕망의 대상이 되어줄 목욕
후 몸을 말리는 두 여성을 담고 있을 뿐이다. 아르테미스는 자신을 추종하는 님프
들에게 남성과는 그 어떤 접촉도 하지 말 것을 명했는데 이는 그녀들 간에 동성애
가 존재했을 거라는 상상을 낳았다. 그림에서 묘한 분위기가 느껴지는 것도 그런
이유에서다. 아르테미스의 머리에 달린 초승달 모양의 장신구는 그녀가 달의 여신
임을, 그림 오른쪽에 갓 잡은 사냥물과 왼쪽의 화살집은 사냥의 여신임을 상기시
킨다. 왼쪽에는 그녀를 따르는 충실한 사냥개가 함께한다.

127

Monday

세례 요한

레오나르도 다빈치, 패널에 유화, 69×57cm, 1513~1516년,
파리 루브르 박물관

피렌체에 살던 레오나르도 다빈치는 주로 밀라노에서 활동했고, 생의 마지막 시기를 프랑스에서 보냈다. 그가 밀라노에 체류하던 시절, 공국의 지도자 루도비코 일 모로는 그에게 포도밭을 하사했다. 다빈치는 그 밭을 맡아 경작하던 소작농의 아들, 자코모 카프로티 (1480~1524년)에게 흠뻑 빠져들고 말았다.

곱고 나긋나긋하고, 부드러운 외모의 자코모 카포티는 찰랑거리는 황금빛 곱슬머리로 다빈치를 사로잡았다. 그는 10세 때부터 다빈치의 화실에서 그림을 배웠고, 마흔이 넘어 스승이 사망한 뒤에야 그의 곁을 떠났다. 도벽이 있었고, 난폭하게 굴기가 다반사라 스승이자 연인이었던 다빈치는 그를 '살라이(악마)'라는 별명으로 불렀다. 이 그림의 주인공은 살라이를 모델로 하여 그린 세례 요한이다. 그는 성서에서 기록한 대로 나무 십자가를 들고, 낙타털 옷을 입고 있다. 광야를 떠돌며 설교하는, 거칠고 힘겨운 삶을 살던 세례 요한이 어찌 저리도 예쁘고 곱상하며, 고혹적인 미소로 감상자를 유혹할 수 있는지에 대한 의문은 모델에 대한 화가의 깊은 사랑 덕분이라는 답으로 해결된다. 물론, 신플라톤주의 사상에 입각한 르네상스의 미술가들은 대체로 '훌륭하고 진실한 자는 그 모습도 아름답다'라는 생각을 작품으로 펼쳐 보이길 좋아했다.

O 다빈치는 프랑스로 떠날 때 이 작품과 〈모나리자〉[100], 〈성 안나와 성모자〉[196]를 함께 가지고 갔다. 이들 작품이 이탈리아가 아닌 프랑스 루브르 박물관에 소장된 이유이다.

128

Tuesday

베네치아 르네상스

티치아노 베첼리오, 〈우르비노의 아프로디테〉, 캔버스에 유화, 119×165㎝, 1538년, 피렌체 우피치 미술관

이탈리아 귀족 저택의 침실로 보이는 곳에서 한 여인이 화면 밖을 바라본다. 적어도 19세기까지, 흔히 아프로디테라는 이름을 핑계처럼 단 누드의 여성들은 고개를 살며시 돌리거나, 손으로 자신의 시선을 가리는 것이 일반적이었다. 그러나 티치아노의 그녀는 그림 앞에 선 감상자에게 도발적인 시선을 던지며, 감상자의 관음증적 시선을 불편하게 만든다. 티치아노는 베네치아 출신 화가들이 그러하듯, 빛과 그 빛에 따른 색채의 변화를 치밀하게 잡아내는 데 뛰어났으며, 그림에 손을 대보고 싶을 만큼 사실적인 질감 처리에 뛰어났다.

깔고 누운 시트나 베게 등은 그 천의 보드라움이 만져지는 듯 고스란히 전해진다. 그녀가 몸을 움직이면 시트가 구겨지면서 내는 소리까지 들릴 것 같아서 시각, 촉각, 청각 모두를 자극한다. 고혹적인 그녀의 살결 역시 미세한 톤으로 색을 변화시켜 그 부드러움이 손끝으로 그대로 느껴지는 듯하다. 그림은 이탈리아 우르비노의 공작인 귀두발도 델라 로베레의 결혼을 기념하여 제작한 것이다.

❍ 배경 오른쪽으로 한 하녀가 뒤적이는 궤짝은 당시 유행하던 혼수용 가구이다. 그 곁으로 은매화 나무 화분이 보인다. 이 나무는 아프로디테를 상징하는데, 곁에 선 또 다른 여인의 손에 들린 장미꽃 역시 아프로디테, 즉 사랑을 의미한다.

129

Wednesday

폴 고갱

〈황색 그리스도가 있는 자화상〉, 캔버스에 유화, 38×46cm, 1890~1891년, 파리 오르세 미술관

프랑스 혁명 이후, 공화파 신문 〈나쇼날〉의 주필로 일하던 고갱의 아버지는 정세가 불리해지자 가족을 이끌고 남미로 망명을 결심, 페루로 떠났다. 그러나 아버지가 배 안에서 사망하는 바람에 가족 모두 혹독한 타지 생활을 하다가, 5년 만에 다시 프랑스로 돌아왔다. 고갱은 파리 주식중개소에서 일했고, 덴마크 출신의 아내와 결혼해 5명의 아이를 낳으며 평범한 회사원의 삶을 사는 듯했다. 그러나 34세 되던 해, 그는 취미로 배우던 그림을 직업으로 삼기로 한다. 재정위기로 실직한 탓도 있었지만, 미술에의 욕망을 버릴 수 없었기 때문이다. 이후 그는 무책임하다 싶을 정도로 가정을 내팽개쳤다. 아내가 아이들을 데리고 친정이 있는 고국으로 떠나버린 뒤부터 고갱은 퐁타벤에서 동료들과 일종의 예술가 공동체를 이루며 지냈다. 또한 서인도 제도의 마르티니크섬으로 떠나 머물기도 했으며 고흐가 있던 아를 등을 거쳐 남태평양의 타히티까지 다양한 곳을 거치다 타히티에서 죽었다.

자화상을 군이 황색 그리스도를 배경으로 그린 것은 자신을 구원자와 동일시하는 예술적 자부심에서 비롯되었다고 볼 수 있다. 오른쪽, 그로테스크한 형상의 항아리는 욕망과 감정에 충실한 인간으로서의 자신을 그린 것이라 해석된다.

130

Thursday

숭고미

카스파르 다비드 프리드리히, 〈바닷가의 수도승〉, 캔버스에 유화, 110×172㎝, 1809~1810년, 베를린 국립 미술관

그림의 4분의 3 이상을 채운 것은 하늘과 바다이다. 그 너른 자연을 한 수도승이 마주하고 있다. 그림을 보는 이들은 이 수도승과 마찬가지로 압도적인 자연 앞에서 두려움과 동시에 그 속으로 빨려들고 싶은 충동을 느끼게 된다. 거대한 대자연의 형언할 수 없을 정도의 큰 힘 앞에서 더 무력해지고, 왜소해진 우리가 느끼는 감정은 슬픔과 고독으로까지 이어진다. 유한한 인간의 존재는 이 무한한 자연의 한 점에 불과하다. 두렵지만 그저 두려움 안에서만 머무는 것이 아닌, 묘한 동경이 함께하는 복잡한 감정은 미술작품에서 '숭고미Sublime'라는 이름으로 표현된다.

프리드리히(1774~1840년)는 발트해 연안의 작은 항구 도시, 그라이프스발트에서 태어났다. 그는 어린 나이에 어머니와 누이를 병으로 잃었고, 뒤이어 형까지 익사 사고로 잃었다. 이런 일련의 사건들은 그를 우울한 성향으로 성장하게 했다. 코펜하겐에서 미술을 공부한 뒤엔 줄곧 독일 드레스덴에 머물면서 작품 활동을 했다. 풍경화가이지만, 자연 그 자체를 보이는 대로 묘사하기보다는 이 그림과 같이 벅차오르는 어떤 '감정'을 묘사하는 데 더욱 치중했다.

백년전쟁

장 푸케, 〈샤를 7세의 초상화〉, 패널에 유화, 86×72cm,
1444~1451년, 파리 루브르 박물관

백년전쟁은 1337년에서 1453년 사이, 프랑스의 왕위 계승문제를 두고 영국과 프랑스 간에 일어난 100여 년간의 전쟁을 일컫는 말이다. 영국과 프랑스는 왕가의 정략결혼으로 엄밀히 말하자면 한 가족에 가까웠기에, 왕위 계승문제는 더욱 복잡한 양상을 띨 수밖에 없었다.

　백년전쟁의 시작은 프랑스의 샤를 4세 사후, 왕의 사촌인 필리프 6세가 영국 국왕 에드워드 3세를 물리치고 왕위를 계승한 일로 시작되는데, 전쟁 막바지에도 비슷한 문제가 반복된다. 미치광이로 정신이 오락가락하던 프랑스의 샤를 6세가 죽고 난 뒤, 그의 아들 '샤를 7세'(1403~1461년)와 샤를 6세의 사위이자 영국의 왕인 '헨리 5세'(1387~1422년)가 왕위계승 후보자로 대립하게 된 것이다.

　이사보 왕비는 사위 헨리 5세의 계승을 주장하며 샤를 7세의 아버지가 실은 샤를 6세가 아니라고까지 말했다. 프랑스 동부의 부르고뉴 공국 역시 이번엔 영국 편을 들면서 샤를 7세는 사면초가 상태에 놓이지만, 혜성처럼 나타난 잔 다르크가 전쟁을 승리로 이끌면서 결국 왕위에 오르게 된다. 그러나 그는 자신의 안위를 위해 그녀가 화형에 처하도록 내버려 두었다. 그 뒤 샤를 7세가 부르고뉴와 다시 동맹을 맺고 파리, 루앙 등을 회복한 1453년, 백년전쟁은 비로소 막을 내렸다.

전화 한 통이 바꾼
무하의 인생

알폰스 무하,
사라 베르나르 출연의 〈지스몽다 포스터〉,
석판화, 216×74.2cm, 1894년, 개인 소장

사라 베르나르(1844~1923년)는 부유층을 상대하는 매춘여성의 사생아로 태어났다. 아버지는 끝까지 자신의 존재를 비밀리에 부쳤지만, 학비나 생활비 등을 보내주었다. 집안에서는 그녀를 수녀로 키우려 했으나, 노래 실력이 워낙 뛰어나 파리 음악학교에 입학하게 되었고, 이어 파리 코미디 프랑세즈에서 연기 지도를 받았다. 벨기에에서 짧은 기간 활동하다 한 귀족의 정부가 되어 아들을 낳았으나, 집안의 반대로 결혼에 이르지 못하고 파리로 돌아왔다. 잠시 방황의 길을 걸었으나, 곧 연극 무대에서 크게 성공, 단박에 유명 인사가 되었다.

1894년 크리스마스 연휴 저녁, 동료들이 퇴근하고 아무도 없는 사무실에 걸려온 한 통의 전화를 받으면서 무하는 인생 역전의 신화를 쓰게 된다. 전화를 건 베르나르는 무하에게 자신이 출연하는 연극 〈지스몽다〉의 극장 포스터 제작을 의뢰했다. 무하의 이국적이면서도 세련된 세부묘사와 화려함이 돋보이는 아르누보풍의 포스터는 베르나르의 유명세와 맞물리며 폭발적인 반응을 불러일으켰다.

무하는 그녀가 공연하는 극장의 무대장치와 의상까지 담당했다. 한편, 성공만을 향해 달리던 베르나르에게 어느 날 갑작스레 불운이 닥쳤다. 남미 공연 중 당한 다리 부상이 점차 악화되어, 다리를 절단하기에 이른 것이다. 그럼에도 그녀는 한쪽 다리로 서서 연기 생활을 이어가는 열정을 보였다.

133

Sunday

또 다른 바벨탑의 시대

(대) 피터르 브뤼헐, 〈바벨탑〉, 패널에 유화, 114×155cm, 1563년경, 빈 미술사 박물관

노아의 후손들은 높은 탑을 쌓아 신에게 닿으려 했다. 이런 인간들의 도를 넘는 교만에 분노한 신은 저주를 내려 그들의 언어를 모두 다르게 만들어버렸다. 결국 인간들은 서로 말이 통하지 않아 탑을 짓다 말고 뿔뿔이 흩어지게 되었다. 성서에 소개된 이 '바벨탑'은 메소포타미아의 수메르인들, 이어 바빌로니아인들이 만든 '지구라트'를 언급한 것으로 추정한다. '산봉우리', 즉 '가장 높은 곳'을 의미하는 지구라트는 이집트 피라미드와 비슷한 탑 모양의 건축물로 신이 항상 머무는 장소, 따라서 인간이 신을 만날 수 있는 성스러운 공간이었다.

한 번도 지구라트를 본 적이 없던 16세기의 브뤼헐은 10여 년 전 미술 공부를 위해 잠시 머물렀던 로마에서 보았던 원형 경기장, 콜로세움에 자신의 상상을 덧붙였다. 교만한 인간 자신에 대한 각성과 반성이 주제이긴 하지만, 브뤼헐은 인쇄 · 활자술의 발전을 타고 각국에서 자국어로 번역된 성서를 읽게 된 희망과 기쁨의 시대를 살고 있었다. 결국 브뤼헐은 '다른 언어'라는 형벌을 '번역'으로 이겨내어 신의 말씀에 이르는, 또 다른 바벨탑의 시대를 그린 셈이다.

작품

절규

19세기가 끝나갈 무렵, 화가들의 관심은 서서히 내 '눈'에 비친 세계를 충실하게 그리는 일에서 내 '마음'이 읽는 세계를 담아내는 쪽으로 옮겨갔다. 즉 화가 자신의 주관적인 정서 상태, 감정 등이 닿은 세상을 그린 것이다. 뭉크(1863~1944년)는 이 작품을 스케치와 유화로 여러 점 그렸는데, 그중 하나에는 '미친 사람만이 그릴 수 있는 것'이라는 글이 적혀 있었다.

에드바르 뭉크, 마분지에 유화 물감, 템페라, 파스텔, 91×73.5cm, 1893년, 오슬로 국립 미술관

5세 나이에 엄마를 잃은 그는, 이어 폐병을 앓던 누나와 정신분열 증상을 보이던 여동생을 차례로 여의었다. 죽음과 광기는 그의 의식 깊은 곳에 자리해서 수시로 그를 괴롭혔고, 이로 인해 우울증, 공황장애, 불면증 등에 시달렸으며 신체적으로도 건강하지 않아 류머티즘으로 고생했다. 평범하지 못한 뭉크의 삶은 그림마저 평범하지 않게 했다. 내면의 고통이 덧대어진 그림은 그의 고독과 광기 그 자체이다. 어느 날 산책을 하다 그는 해 질 녘 하늘 속에서 '피 같은 구름'을 목격했고, 이어 '자연을 뚫고 나오는 절규'를 들었다고 한다. 그는 재빨리 그것을 그림으로 옮겼다. 따라서 〈절규〉는 공포와 고독에 휩싸인 '화가 자신의 절규'일 수도 있지만, 그보다는 그가 실제로 들었다고 주장하는 '자연의 절규', 즉 '자연의 비명'이기도 하다.

○ 그는 몇 번의 연애를 실패로 끝낸 뒤 80세 평생 독신으로 살았으며, 2만 5천 점이 넘는 작품을 제작했다. 그림의 대부분은 불안정한 선, 숨이 막히는 듯한 강렬한 색채로 죽음의 공포와 광기를 그려내고 있다.

135

Tuesday

프랑스에 이식된 르네상스

티치아노 베첼리오, 〈프랑수아 1세의 초상〉, 캔버스에 유화,
109×89cm, 1539년, 파리 루브르 박물관

프랑수아 1세는 16세기에 이탈리아를 두고 신성 로마제국의 카를 5세 황제와 경쟁하던 호전적인 왕이자, 이탈리아 르네상스 예술을 받아들여 프랑스의 인문주의 부흥에 큰 공을 세운 왕이었다.

특히 그는 앙부아즈와 퐁텐블로 등에 새 왕궁을 지으면서 이탈리아의 건축가와 화가, 조각가 등을 불러들여 선진 이탈리아 예술을 프랑스에 이식했고, 레오나르도 다빈치가 말년을 앙부아즈에서 지낼 수 있게 했다.

결론적으로 〈모나리자〉를 이탈리아가 아닌, 프랑스와 루브르 박물관을 대표하는 그림으로 만든 데에는 그의 역할이 컸다. 티치아노는 베네치아가 낳은 거장으로, 워낙 실력이 뛰어나 당대 군주나 귀족들로부터 그림 주문이 끊이지 않았는데, 그의 초상화 소유 여부로 권력의 서열을 가늠할 정도였다. 이 그림은 베네치아의 문인, 피에트로 아레티노(1492~1556년)가 주문한 것으로 그는, 프랑수아 1세와 친밀한 관계였다.

○ 티치아노는 이 작품을 그릴 때 모델을 직접 보지 않은 상태로, 왕의 얼굴이 새겨진 메달을 두고 그림을 그렸다. 고대 로마 시절부터 메달이나 동전 등에는 군주나 장수의 옆얼굴을 새기는 것이 전통이었다.

Wednesday

앙리 루소

〈자화상〉, 캔버스에 유화, 146×113cm, 1890년,
프라하 국립 미술관

앙리 루소(1844~1910년)는 가난한 배관공의 아들로 태어났다. 파리 세관에서 일하던 그는 마흔이 넘은 나이에 그림을 그리기 시작했다. 주중엔 직장에서 일하고 일요일이나 시간이 날 때만 그림을 그렸다는 의미에서 '일요화가'라 불리기도 한다.

다른 누구에게 배우지 않고 순전히 혼자 취미로 그렸기에, 그는 오히려 판에 박힌 듯한 그림을 피할 수 있었다. 그러나 마치 아이들의 눈에 비친 세상을 그린 것처럼 동화적인 분위기에, 잡지를 오려 붙인 것처럼 어색한 듯 특이한 형태묘사와 색채 감각은 미술계 사람들의 조롱거리가 되었다.

루소는 25살에 결혼하여 아이를 여섯 두었으나 그중 다섯 아이와 아내를 먼저 떠나보내는 슬픔을 겪었고, 10년 후 재혼한 부인마저 앞서 보내야 했다. 그 뒤로 자신도 발에 생긴 상처를 수술받은 후 얼마 못 가 생을 마감했다. 시인 아폴리네르, 그리고 동료 피카소가 그의 그림 세계를 인정해주었지만, 대체로 루소의 그림은 그의 사후에 더 많이 알려졌다. 만국기가 휘날리지만 어쩐지 외로워 보이는 자신을 그린 자화상 속 팔레트에는, 먼저 생을 마감한 아내 클레망소와 재혼한 아내 조세핀의 이름이 나란히 적혀 있다.

137

Thursday

모자이크

〈갈라 플라치디아의 묘당〉, 모자이크, 425년경,
라벤나 산 비탈레 성당 북측

서로마제국의 황제 콘스탄티우스 3세(재위 421년)의 왕비로 남편이 사망하자 겨우 5살짜리 아들의 섭정을 해오던 갈라 플라치디아는, 당시 제국의 수도로 삼았던 라벤나에 많은 교회를 세웠다.

이 그림은 그런 그녀의 영묘를 장식하는 모자이크화이다. 이미 고대 그리스 · 로마에서도 크게 발전했던 모자이크화는 벽이나 바닥 등 원하는 곳에 회칠하고 밑그림을 그린 뒤 준비해둔 작은 색돌을 이어붙이는 방식으로, 고도의 인내심과 숙련을 필요로 하는 작업이었다. 천장, 별이 가득한 푸른 배경 한가운데에는 십자가가 빛난다. 그 귀퉁이에는 왼쪽 상단부터 시계 방향으로 4대 복음사가인 마태오, 루카, 마르코, 요한을 각각 상징하는 날개 달린 사람, 황소, 사자, 독수리가 그려져 있다.

아래 그림은 천장 바깥쪽, 4개의 반원형 루네트 중 하나이다. 오른쪽에 선 이는 불에 달궈져 죽는 형벌에 처했던 성 빈첸시오이다. 중앙의 노란 창문은 마치 실제 창문처럼 보이지만, 노란색 대리석을 구해 얇게 깎아 붙인 것이다.

○ 라벤나는 서로마제국의 마지막 수도였다. 게르만족의 침입에 몸살을 앓다가 수도를 로마에서 이곳으로까지 옮겼지만 결국 제국은 오래 버티지 못하고 멸망했다. 라벤나는 비잔틴제국이 확장되던 8세기, 동쪽의 콘스탄티노플과 더불어 제국의 가장 주요한 도시로 성장했다. 피렌체에서 추방된 단테는 1318년, 이곳에서 《신곡》의 마침표를 찍고 몇 년 뒤 사망한다.

138

Friday

피렌체 공의회와 르네상스

피에로 델라 프란체스카, 〈예수 세례〉, 패널에 템페라,
167×116cm, 1448~1450년, 런던 내셔널 갤러리

피에로 델라 프란체스카가 활동하던 시기는 서쪽의 로마를 중심으로 한 가톨릭과 동로마제국의 정교회가 서로 반목하던 때이다. 이들의 화합을 위해 피렌체의 메디치 가문이 발 벗고 나섰다. 그들은 동·서 교회의 화합을 논의할 공의회를 피렌체에서 개최하기로 하고, 동로마제국에서 오는 인원 모두의 체류 비용을 부담하기까지 했다. 공의회는 1439년부터 1442년까지 진행되었지만, 결과는 보잘것없었다.

그러나 이 공의회 덕분에 과거 그리스 땅을 차지하고 있던 동로마제국의 출중한 고전과 인문 지식이 자연스레 피렌체로 유입되면서 이탈리아반도에 르네상스라는 꽃이 피게 되었다.

예수 세례의 배경은 요르단 강가이지만, 화가는 이를 15세기 토스카나 지방으로 설정했다. 세례를 받는 예수의 머리 위로 성령의 비둘기가 날아드는데, 얼핏 그 주변에 떠 있는 구름과 모양이 흡사하다. 예수의 몸은 대리석이나 석고로 만든 그리스 조각상을 방불케 한다. 그림 왼쪽, 고대 그리스인들의 옷차림을 한 세 천사는 동네 구경거리를 보러온 듯 모여 잡담을 하고 있다. 막 옷을 벗고 있는 사람 뒤로 비잔티움제국, 즉 동로마제국 옷차림을 한 사람들이 보인다.

○ 1453년 동로마제국이 오스만튀르크에 의해 멸망하자, 제국의 지식인들은 죄다 자신들을 열렬히 환영해 준 메디치 가문이 있던 피렌체로 몰려들었다.

139

Saturday

조콘도 씨의 부인 찾기

레오나르도 다빈치, 〈아일워스의 모나리자〉, 캔버스에 유화,
84.5×64.5㎝, 1505년경, 개인 소장

영국의 화상 휴 블레이크가 1914년, 어느 귀족의 대저택에서 발견한 이 작품은 그의 사무실이 있던 런던 서부 아일워스 지역의 이름을 따서 〈아일워스의 모나리자〉라고 불린다.

루브르의 〈모나리자〉가 언제, 누구를 그린 것인지에 대해서는 대체로 《예술가 열전》의 저자 조르조 바사리의 기록에 의존한다. 그에 의하면 레오나르도 다빈치는 1505년, 피렌체의 상인 조콘도로부터 아내 '리자 부인', 즉 모나 리자^{Mona Lisa}를 그려달라는 주문을 받고 작업에 착수했다.

당시 리자가 겨우 20대 초반이었다는 점, 또 그 시절 화가의 작업실을 방문했던 라파엘로가 남긴 스케치에 모나 리자 뒤로 그리스식 기둥이 2개 있다는 점은 바사리가 언급한 그 작품이, 우리가 아는 루브르 박물관의 그것▶100이 아니라 이 〈아일워스의 모나리자〉라는 심증을 굳게 한다. 다빈치는 그림을 그릴 때 손가락으로 문지르는 습관이 있었는데, 연구에 의하면 〈아일워스의 모나리자〉에도 루브르 그림에서 발견된 지문이 있다고 한다.

140

Sunday

마리아의 결혼식

마리아와 요셉의 결혼 이야기는 〈야고보 서간〉에 상세히 기록되어 있다. 유대 제사장은 자신에게 홀연히 나타난 천사의 말을 따라, 아내가 없는 동네 남자들에게 총각이건 홀아비건 각자 지팡이를 하나씩 들고 모이라고 명령한다. 천사가 주님의 징표를 받는 사람이 마리아의 남편이 될 것이라고 말했기 때문이다. 소식을 들은 요셉은 '오라니 가지, 뭐' 하는 심정으로 제사장이 불러 모은 사람들 틈에 나가 섰다.

그런데 뜻밖에도 이 가난한 목수 요셉이 지팡이를 휘두르자 갑자기 비둘기가 튀어나오는 기적이 일어났다. 이에 요셉이 마리아의 신랑감임을 알아차린 유대 제사장은 둘의 결혼식을 주선했다.

라파엘로 산치오, 〈마리아의 결혼식〉, 캔버스에 유화,
174×121cm, 1504년, 밀라노 브레라 미술관

요셉 스스로 생각하기에 자신은 이미 나이가 너무 많고, 심지어 전처소생의 장성한 아이까지 있는 몸이었다. 그럼에도 불구하고 요셉은 마리아와 결혼하게 된다. 르네상스의 거장, 라파엘로는 노란 망토를 걸친 요셉을 그리면서 그가 신랑이라는 사실을 감안, 지나치게 늙은 모습으로 그리는 것은 살짝 피했다. 그의 앞으로 한 남자가 자신의 지팡이를 있는 힘껏 꺾어버리고 있다. '저이는 되는데, 대체 내가 왜?'라는 생각에 짜증이 난 모양이다.

141

Monday

키스

구스타프 클림트, 캔버스에 유화,
180×180㎝, 1907~1908년,
빈 벨베데레 미술관

벼랑 끝의 남녀가 외투 혹은 이불을 몸에 두르고, 열정적인 키스를 나눈다. 남녀의 얼굴은 사실적으로 묘사되어 있지만, 나머지 부분은 마치 비잔틴 시대의 모자이크 작품처럼 화려하고 장식적일 뿐, 원근감이나 양감이 전혀 느껴지지 않아 평면적이다. 검은색, 회색 등 무채색의 사각 형태 문양은 남자 쪽을, 빨강과 초록, 파랑, 보라 등의 다채로운 색을 입은 둥근 문양은 여자 쪽을 장식한다. 둘의 달콤한 키스에 황금 향이 꿀처럼 뚝뚝 떨어질 듯하다.

이 그림 역시 모델이 누구인가에 대해 여러 가지 의견들이 분분하다. 혹자는 아델레 블로흐로 추정하는데, 클림트(1862~1918년) 후원자의 아내로 자주 모델이 되어 주었으며 깊은 관계를 맺던 사이였다. 또 다른 후보는 에밀리 플뢰게이다. 그녀가 클림트 사후, 둘이 주고받은 편지를 모두 태워버려 자세한 내막을 알 수는 없지만, 정신적인 사랑을 나누던 사이로 알려져 있다. 클림트가 죽을 때 마지막으로 이름을 부른 사람 또한 에밀리 플뢰게였다. 작품은 원래 〈연인〉이라는 제목으로 태어났지만, 〈키스〉로도 불린다. 몇 걸음 떼고 멀리서 보면 하나로 밀착된 그들의 몸이 남근의 형태를 띠고 있음을 알 수 있다.

142
Tuesday

플랑드르 르네상스, 장르화

(대) 피터르 브뤼헐, 〈농부의 결혼식〉, 패널에 유화, 114×164cm, 1568년, 빈 미술사 박물관

서구 미술계는 전통적으로 주제에 따라 회화의 장르를 구분하는 경향이 있는데, 신화나 종교, 영웅을 그린 그림을 역사화라 불렀고, 그 이외는 모두 장르화라고 불렀다. 그러다 초상화, 풍경화, 정물화 등은 그 이름을 가지게 되었지만, 이 그림처럼 평범한 일상의 장면을 담은 그림은 딱히 이름이 없이 장르화라고 계속 부르게 되었다. 피터르 브뤼헐은 농민들의 모습을 즐겨 그리는 화가였다.

그림은 한 농가의 결혼식 장면이다. 그들은 헛간에 모여 긴 식탁을 놓고 결혼식 연회를 즐기고 있다. 벽에 서로 교차하여 걸린 보리 다발은 혼인을 상징한다. 신부는 초록 휘장을 배경으로 앉아 있다. 그러나 신랑은 정확히 알아내기 힘들다. 두 남자가 신고 온 음식 접시를 식탁으로 옮기는 붉은 모자의 남자, 혹은 왼쪽의 술을 따르는 청년 정도로 추측할 수 있고, 신부의 시선이 향하는 곳이 화면 바깥인 걸로 보아, 그림을 보는 우리 중 누군가가 그녀의 신랑감일 수도 있다.

오른쪽 하단 식탁 한구석에는 수도사와 이야기를 나누는 검은 옷에 칼을 찬 남자가 앉아 있는데, 브뤼헐과 닮아, 자신을 슬쩍 그려 넣은 자화상이라 추정한다.

143

Wednesday

소포니스바 앙귀솔라

〈베르나르디노 캄피가 함께하는
자화상〉, 캔버스에 유화,
111×109.5㎝, 1559년,
시에나 국립 회화관

몰락한 귀족 집안에서 태어난 앙귀솔라(1532년경~1625년)는 지성이 충만한 아버지 덕분에 어렸을 때부터 미술을 비롯한 여러 교육을 받을 수 있었다. 특히 그림 실력이 뛰어났던 그녀는 로마로 초대되어 미켈란젤로 앞에서 실력을 뽐낼 기회가 있었는데, 무뚝뚝하기로는 곰도 이길 그가 그녀를 크게 칭찬했다는 이야기가 전해진다. 앙귀솔라는 스페인 왕비 엘리자베스 발루아의 미술 선생으로 일하면서, 국왕 펠리페 2세의 궁정화가로도 활동했다. 그녀를 총애한 왕은 시칠리아 귀족과의 결혼을 주선하기도 했다.

그녀는 자신의 모습을 특별한 상황으로 연출하여 그리곤 했는데, 이 그림이 그 한 예다. 그림을 그리는 남자는 그녀의 스승 베르나르디노 캄피로, 앙귀솔라를 그리고 있다. 화가가 모델을 그린다는 관점에서 보면 스승이 그녀보다 위계가 높은 셈이지만, 그 장면 자체를 앙귀솔라가 그리고 있다는 점에서 보면 결국은 27세의 그녀가 스승에 대한 자신감을 내비치고 있음을 알 수 있다.

○ 달리 보면 이런 초상화의 경우 모델이 후원자이고, 화가는 그의 명에 따라 그림을 그리는 관계이다. 이 경우에도 그녀는 스승인 남성 화가를 내려다보는 존재인 셈이다. 그도 그럴 것이 그녀는 스승보다 더 크게 그려져 있고, 옷과 장식도 훨씬 더 지체 높아 보인다. 그녀는 93세까지 장수했고, 부유했고, 아마도 행복했다.

144

Thursday

여성 누드 조각상

프락시텔레스, 〈크니도스의 아프로디테〉,
대리석으로 만든 로마시대 복제품, 높이 205cm,
기원전 350년경, 바티칸 미술관

그리스인들은 인간의 신체에서 아름다운 비율을 찾아냈다. 그러나 그 인간에서 '여성'은 제외되었다. 전쟁이 잦은 그리스의 폴리스에서는 건장한 남성을 예찬하는 일이 당연시되었다. 그리스의 민주제에 참여할 수 있는 '시민'은 외국인, 노예, 여자를 제외한 '남성'이었다. 남성들은 벌거벗은 채로 체육관에 모여 신체를 단련했고, 올림픽 역시 남성만이, 누드라는 특권의 옷을 입고 참가했다. 미술작품 속에서도 누드는 오로지 그들만의 몫이었다.

고대 그리스 사회에서 여성의 누드가 예술 작품에 등장한 것은 기원전 4세기에 이르러서였다. 로마의 저술가 플리니우스에 따르면 프락시텔레스라는 당대 최고의 조각가가 아프로디테상을 2개 제작했는데, 하나는 옷을 입은 모습으로 하나는 누드로 제작했다.

우선권을 가진 도시국가, 코스 사람들은 당연히 옷을 입은 아프로디테를, 크니도스는 하나 남은 누드 여신상을 선택했다. 그러나 막상 코스가 거부했던 그 아프로디테가 폭발적인 인기를 끌었고, 그녀를 보기 위해 크니도스로 몰려드는 방문객 수가 폭증했다. 보통 그리스는 신전을 만든 뒤, 그 신전 안에 들어갈 신상을 만들었다. 그러나 이번에는 누드의 아프로디테를 모시기 위해 부랴부랴 개방형의 둥근 신전을 만들어야 할 정도였다.

○ 로마의 한 저술가가 남긴 말에 의하면 아프로디테 조각상이 있는 신전 기둥에는 정액 흔적이 마를 날이 없었고, 그 자체가 또한 볼거리였다 한다.

145

Friday

앙기아리 전투와 마키아벨리

페테르 파울 루벤스, 〈앙기아리 전투-레오나르도 다빈치의 스케치 모작〉, 종이에 펜, 붓, 흑석, 물감 등,
45.3×63.6㎝, 1603년, 파리 루브르 박물관

이 그림은 레오나르도 다빈치가 1504~1505년경에 그리다 중단한 베키오궁의 벽
화 밑그림을 보고, 100여 년 뒤에 루벤스가 모사한 그림이다. 다빈치가 미완성으
로 남긴 그림은 1560년, 바사리가 다른 그림으로 덮은 탓에 사라져버렸다. 그가
그리던 그림은 피렌체 공화국 주도의 동맹군과 밀라노 공국군 사이에 벌어진 앙
기아리 전투(1440년) 장면이었다. 당시 다빈치는 약속한 기한 내에 완성하지 못한
작품[015] 때문에 법정 분쟁이 일어나 황급히 밀라노로 떠나야 했다.

전투는 피렌체의 승리로 끝났지만, 60여 년이 지난 뒤 마키아벨리는《피렌체의
역사》에서 국가가 시민군을 양성하지 않고 돈으로 산 군사, 즉 용병들로 전쟁을
치르는 일이 얼마나 어리석은지를 앙기아리 전투의 예를 들며 토로했다. 그에 의
하면 이 전투는 시간만 질질 끌다가 겨우 전사자 1명만 냈을 뿐이며 그것도 실수
로 말에서 떨어져 밟혀 죽은 것이었다. '용병들은 그저 고용주의 돈이 떨어질 때까
지 싸우는 시늉이나 하는 게 다'라고 생각한 마키아벨리는 실제로 군대를 만들어
평일에는 생업에 종사하게 하고, 휴일에는 훈련을 받게 한 뒤 전쟁에 동원됐을 때
는 용병 수준의 봉급을 주는 방법으로 시민군을 양성하고자 했다.

146

Saturday

라파엘로의 숨겨놓은 연인

라파엘로 산치오, 〈젊은 여인의 초상(라 포르나리나)〉,
패널에 유화, 85×60㎝, 1518~1519년,
로마 국립 고대 미술관

르네상스 최고의 화가로, 37세의 젊은 나이에 요절한 이유가 여성과의 과도한 애정행각으로 기록되어 있는 라파엘로에게도 순정의 연인은 있었다. 마르게리타 루티, '제빵사의 딸'이라는 뜻의 '라 포르나리나La Fornarina'라는 별명으로 주로 불렸는데, 아마 로마 시내 어딘가의 빵집 딸내미였던 모양이다. 그녀는 라파엘로의 모델 일을 하면서 무려 12년 동안 그의 비공식적 애인 노릇을 했다.

승승장구하며 로마 사교계를 주름잡던 라파엘로는 교황의 총애에 힘입어 추기경 자리에 오를 수도 있다는 가능성 때문인지, 아니면 괜히 족쇄가 되는 결혼보다 자유로운 연애를 꿈꿨던 건지, 오랫동안 독신을 고수했지만 저 좋다는 여자를 삼간 적은 없다. 그러나 라 포르나리나는 자기 좋다는 남자가 아무리 많아도 거절하고, 오직 라파엘로의 곁을 지켰다. 그가 그림으로 붙들어 매어 놓은 그녀의 팔찌에는 '라파엘로'라는 이름이 새겨져 있다. "이 그림을 그린 사람은 바로 나, 라파엘로야"라는 화가로서의 서명임과 동시에 "이 여자 내 꺼야"라는 낙인인 셈이다.

○ 왼손 넷째 손가락에 끝까지 끼워지지 못한 채 걸쳐져 있는 반지는, 아내로 취하지도 버려지지도 않는 여인의 신세를 닮았다. 라파엘로는 죽기 전 그녀가 평생 먹고사는 데 지장이 없을 정도의 돈을 유산으로 남겼다. 그래도 미안은 했던 모양이다.

수태고지 I

프라 필리포 리피, 〈수태고지〉, 패널에 템페라, 175×183㎝, 1440년경, 피렌체 산 로렌초 성당

프라 필리포 리피(1406년경~1469년)는 그림을 마치 창을 통해 내다본 밖의 풍경처럼 사실적으로 그리기 시작한 르네상스 화가답게, 수태고지라는 어마어마한 사건이 일어나는 공간을 원근법을 이용해 실제 현장처럼 묘사했다.

기둥으로 나뉜 화면 오른쪽에는 천사와 마리아가 함께한다. 천사는 마리아에게 무릎을 꿇어 예를 다하고, 소식을 들은 마리아는 당황한 듯, 한 손을 치켜들고 움직여 옷자락이 출렁인다. 천사의 손에 백합이 들려 있는데, 이 꽃은 순결을 의미한다. 발치에 놓인 투명한 물병 역시 같은 의미로, 성모의 '흠 없음'을 뜻한다.

왼쪽에는 가브리엘과 함께 온 두 천사가 서성이고 있다. 따분한 표정을 지으며 시선을 화면 밖으로 향하고 있어, 감상자에게 현장감을 선사한다. 그들 위로 비둘기 한 마리가 날아들고 있는데, 곧 마리아와 함께하게 될 '성령'을 의미한다. 비둘기는 기독교 종교화에서 수태고지나 예수의 세례 장면에 자주 등장한다.

○ 이 작품은 산 로렌초 성당의 재건축 때 아낌없이 통 큰 기부를 한 니콜로 마르텔리의 이름을 따 '마르텔리 수태고지'로 소개되곤 한다.

다이아몬드 에이스가 있는 속임수

조르주 드 라투르, 캔버스에 유화, 106×146㎝, 1635~1638년경, 파리 루브르 박물관

17세기 프랑스의 바로크 회화는 아카데미풍의 장엄한 양식을 주도한 푸생(1594~1665년)과 서민적이고 현실감 넘치는 작품 세계를 펼친 조르주 드 라투르(1593~1652년) 등으로 대표된다. 프랑스 궁정이 아카데미풍의 취향 일색일 때, 라투르는 당대 유럽 전역에 유행했던 카라바조식의 테네브리즘▶²⁴²으로 장르화나 고요하고 소박한 느낌의 종교화를 그려 큰 인기를 얻었다.

이 그림에는 도박하는 사람들의 긴박한 상황이 담겨 있다. 오른쪽, 옷차림으로 보아 잘나가는 집안의 자제는 자기 패에 몰두하고 있다. 정중앙의 여인은 혹시 자신의 눈 돌아가는 소리가 들릴까 봐 숨도 안 쉬는 것 같다. 술을 따르며 곁눈질하는 여인은 아마도 세 사람의 패를 보고, 정해놓은 신호로 협잡꾼들에게 전해주는 역할을 하는 듯하다. 왼쪽, 등지고 앉은 남자는 왼손으로 검은색 허리끈 뒤에 꽂아두었던 다이아몬드 에이스를 슬며시 꺼내고 있다. 그리고 보니, 중앙 여인이 내미는 손이 좀 이상해 보인다. '이제 당신이 낼 차례예요'라는 신호이긴 한데, 왠지 미리 정해둔 손가락 표시인 듯하다. 짜고 치는 도박판에서 곧 왕창 잃게 될 금화가 젊은이 앞에 가지런하다.

149

Tuesday

매너리즘 미술

엘 그레코, 〈오르가스 백작의 매장〉, 캔버스에 유화, 480×360㎝, 1586년, 톨레도 산토 토메 성당

엘 그레코는 베네치아의 속국이었던 그리스 크레타 출신이다. 이탈리아로 건너와 베네치아에서 티치아노 등의 그림에 큰 영향을 받았다. 이윽고 로마를 거쳐 스페인에 진출했는데, 도메니코스 테오토코폴로스라는 긴 본명보다 간단히 '그리스 사람'이라는 뜻의 '엘 그레코티 Greco'로 불렸다.

그는 이탈리아에서 전수한 르네상스 후기의 매너리즘 화풍을 스페인에 전달하는 역할을 했다. 길쭉하게 늘어난 신체, 모호한 빛, 비현실적인 배경 등이 특징인 그의 그림은 워낙 개성이 강해 한번 보면 잊을 수 없을 정도이다. 이 작품은 신앙심이 무척 깊어 성당에 엄청난 기부를 했던 오르가스 백작이 1312년에 죽자, 성 스테파노와 성 아우구스티노가 천상에서 내려와 직접 매장했다는 전설을 바탕으로 그린 것이다.

상단은 성모 마리아와 세례 요한이 예수에게 그를 천국으로 인도할 것을 간청하는 모습이, 하단은 죽은 오르가스 백작의 시신을 든 성 스테파노와 성 아우구스티노, 그리고 그의 죽음을 애도하기 위해 모여든 사람들이 그려져 있다. 이 조문객들은 모두 엘 그레코가 살던 시기, 톨레도의 실세들이다.

○ 왼쪽 하단, 수도사 앞에 서 있는 작은 아이는 화가의 아들 호르헤 마뉴엘로이다. 주머니에 있는 손수건에 출생연도인 1578년이 기록되어 있다. 오르가스 백작의 다리를 받치고 선 성 스테파노의 머리 뒤로 화가 자신의 모습도 그려져 있다.

150

Wednesday

요하네스 페르메이르

〈뚜쟁이〉, 캔버스에 유화, 143×130cm, 1656년, 드레스덴 게멜데 갤러리

〈회화 예술〉, 캔버스에 유화, 120×100cm, 1666~1668년, 빈 미술사 박물관

델프트에서 태어나 그곳에서 평생 활동한 페르메이르는 신교 집안이었으나, 결혼과 동시에 가톨릭으로 개종했다. 17세기의 네덜란드는 신교국가라 해도, 종교적 자유가 보장되어 있었다. 그는 장모가 운영하는 식당 겸 여인숙의 제일 넓은 곳에 작업실을 차려놓고, 주로 네덜란드 중산층의 소박한 실내풍경을 그렸다. 페르메이르의 그림은 대체로 너무나도 고요해서 음 소거된 영상을 보는 듯한데, 위의 작품은 그가 그린 것으로 알려진 37개 작품 중 그나마 가장 시끌벅적한 분위기이다.

붉은색 옷의 기병 장교는 노란색 옷을 입은 창녀를 희롱하며 동전을 내민다. 선명한 두 색의 대비가 자연스레 관객의 시선을 그 둘에게 집중하도록 만든다. 그들을 쳐다보며 아마도 자신에게 할당될 몫을 계산하는 늙은 뚜쟁이의 표정은 제대로 캐스팅된 배우의 완벽한 연기를 보는 것 같다. 왼쪽, 술잔을 든 채 화면 밖을 쳐다보는 남자는 아마도 화가 자신으로 추정되는데, 그가 그린 〈회화 예술〉이라는 작품에서 화가인 자신이 입었던 옷과 동일하다는 데서 나온 가설이다.

풍경화

푸생, 〈사계 중 가을: 약속된 땅에서 가져온 포도송이〉, 캔버스에 유화, 118×160㎝, 1660~1664년, 파리 루브르 박물관

푸생은 풍경화를 그릴 때 자연을 있는 그대로 그리지 않았다. 그는 나무와 바위 등을 모형으로 제작해서 임의로 배치하여 흡족한 구도로 만든 뒤에 그리는 방식을 썼다. 그리고 그림 속에 신화나 성경의 내용처럼 읽어낼 수 있는 이야깃거리를 담았다. 이 작품은 리슐리외 공작의 주문을 받고 1660년부터 약 4년간, 중풍으로 떨리는 손을 진정시켜가며 그린 '사계절' 연작 중 하나로, 〈가을〉에 해당한다.

'약속된 땅에서 가져온 포도송이'라는 제목은 〈민수기〉 13장 23절의 "거기서 포도송이가 달린 가지를 베어 둘이 막대기에 꿰어 메고 석류와 무화과를 따니라"라는 구절에서 나왔다. 하느님의 명을 받은 모세가 가나안으로 떠나기 전, 앞으로 살게 될 곳이 어떤지를 정탐하기 위해 그곳에서 수확되는 과실들을 가져오게 한 것이다. 중앙의 두 남자는 모세가 시킨 대로 과일, 특히 여름 내내 익은 포도를 따서 나무 막대기에 매달아 부지런히 발걸음을 옮긴다. 수확한 포도로 만들 포도주는 예수의 피를 떠올리게 한다. 그들 뒤로 사다리에 올라 무화과 열매를 따는 이와, 또 오른쪽 멀리 바구니 한가득 석류를 따 머리에 이고 가는 이가 보인다.

❍ 푸생은 사계 연작을 아침 · 점심 · 저녁 · 밤으로 시간대를 나눠 묘사했다. 이 그림은 저녁 시간대로 하늘빛이 짙어지고, 그림자가 길게 드리워진 것이 보인다.

152

Friday

15세기, 부르고뉴의 롤랭 수상

얀 반 에이크, 〈롤랭 수상과 성모자〉, 패널에 유화, 66×62㎝,
1435년, 파리 루브르 박물관

15세기 영국과 프랑스의 백년 전쟁이 한창이던 때, 현재 프랑스 동부 지역에 해당하는 부르고뉴 공국에서는 그 용맹함으로 인해 '용맹공'이라고 불리던 '장'이 프랑스 왕족의 손에 살해당하는 일이 발생한다.

명분상 이 일을 계기로 부르고뉴는 프랑스가 아닌 영국과 동맹을 맺었다. 두 나라의 동맹을 적극적으로 주도한 이가 바로, 그림 왼편에 앉아 있는 니콜라 롤랭 수상(1376~1462년)이다. 날 때부터 혈통 귀족은 아니었지만 용의주도한 사업 수완으로 엄청난 부를 거머쥐었고, 뛰어난 처세술로 부르고뉴의 새 지도자 필리프 3세(재위 1419~1467년)의 최측근으로 등극, 수상의 지위에까지 올랐다.

그는 영국과의 동맹을 견고히 유지하기 위해 당시 프랑스를 위해 활약하던 잔 다르크를 생포하여 영국군에 팔아넘기고 어마어마한 액수의 보상을 받아 챙겼다. 얀 반 에이크가 그린 롤랭 수상은 세상의 권세를 다 가져, 거의 하느님과도 맞설 기세로 성모자를 대면하고 있다. 얀 반 에이크도 그가 돈이라면 제 목숨도 팔아먹을 성정임을 알았던 듯, 수상의 손에 큰 지갑을 그려 넣었던 것이 훗날 엑스레이 분석에 의해 밝혀졌다. 그 이후 롤랭 수상은 아라스 조약을 주도, 180도 정치적 노선을 바꿔 영국이 아닌 프랑스와 동맹한다.

153

Saturday

영국 정부가 반출을 막은 보물

윌리엄 터너, 〈푸른 리기산〉, 종이 위에 펜과 갈색 잉크, 수채, 무채색 안료, 흰 분필 등, 29.5×45cm, 1842년, 런던 테이트 갤러리

터너가 스위스를 여행하는 동안 그린 작품으로, 루체른 호수에서 바라본 리기산의 모습을 담았다. 인상파 화가들을 예언하듯, 그는 태양 빛에 따른 대기와 색의 미묘한 변화를 포착하여 그림으로 옮겼다. 리기산 시리즈 중 가장 대표적인 3점으로는, 동트기 전의 어두운 풍광을 그린 〈어두운 리기산〉과 해 질 녘 모습을 담은 〈붉은 리기산〉, 그리고 〈푸른 리기산〉이 꼽힌다.

이 중 〈푸른 리기산〉은 이른 아침 여명의 순간을 잡은 것이다. 〈푸른 리기산〉은 1863년부터 2006년까지, 크리스티 경매 시장에 4차례나 등장했는데, 마지막 경매에서 6백만 파운드, 한화로 약 150억 원에 낙찰되어 해외로 팔려 갈 처지에 놓이게 되었다. 그러나 영국 정부는 일시적으로 작품의 수출을 금지한 뒤, 작품을 영국 내에 영구 보존할 수 있도록 기금 모집에 들어갔다. 영국인들의 터너에 대한 사랑은 가히 폭발적이어서 단 5주 만에 그림 낙찰가에 육박했다. 이후 작품은 영국 정부의 소유가 되어 현재 런던의 테이트 갤러리에서 소장, 전시하고 있다.

154

Sunday

수태고지 Ⅱ

프라 안젤리코, 〈수태고지〉, 프레스코, 176×148㎝,
1440~1442년, 피렌체 산마르코 수도원

정혼은 했지만, 아직 혼인하지 않았던 마리아에게 어느 날 천사 가브리엘이 나타나 소식을 전한다. 하느님의 은총으로 아이를 가질 것이며 그 이름을 예수로 하라는 이 소식을 받는 장면을 서양미술에서는 '수태고지'라는 이름으로 그린다.

〈수태고지〉를 그린 프라 안젤리코(1387년경~1455년), '축복받은 천사 수도사'라는 뜻의 이름을 가진 이 화가는 성직자이기도 했는데 훗날 수도원장의 자리에까지 올랐다.

그림 왼쪽의 천사 가브리엘이 하느님의 뜻을 전하자, 오른쪽 마리아는 천사보다 자세를 낮춘 뒤 가슴에 두 손을 포개어 복종의 예를 다하고 있다. 마리아의 손에는 기도서가 들려 있는데, 이는 그녀의 신앙심이 깊음과 동시에 평소에 책을 가까이하는 지적인 인물임을 강조한다.

흥미롭게도 그림 왼쪽 귀퉁이에는 이마에 피를 흘리는 남자가 보인다. 그는 예수의 열두 제자 중 하나였던 '사도 베드로'와 이름이 같은, 13세기 이단자들에 맞서다 낫에 맞아 순교한 '순교자 베드로'이다. 그는 이 그림이 걸린 산마르코 수도원이 속한 도미니코 교단에서 배출한 첫 번째 순교자이다.

155

Monday

튈프 박사의 해부학 교실

렘브란트 판 레인, 캔버스에 유화, 169.5×216.5cm, 1632년, 헤이그 마우리츠호이스 미술관

네덜란드의 레이든 대학에서는 1555년부터 해마다 겨울이면 입장료를 낸 관객들 앞에서 시신을 해부하는 장면을 시연했다. 그리고 행사 사진을 찍듯, 화가에게 단체 초상화를 의뢰하는 것이 관례였다. 튈프 박사 주도의 '해부 쇼'는 렘브란트가 그리기로 했다. 렘브란트의 그림은 까만 교복 위에 하얀 얼굴들을 동동 띄운 듯한, 뻔한 졸업 사진의 엄숙함에서 벗어나 있다. 화면 밖을 적당히 의식하는 사람과 해부에 몰두하는 사람, 설명에 몰두하는 사람들을 자연스레 뒤섞어놓아, 스냅사진 같은 자유로움이 느껴진다. 이 그림 이후 렘브란트는 신인 화가의 탈을 벗고, 인기 절정의 스타급 화가로 도약할 수 있었다.

그림 속 시신은 납치와 강도죄를 저지른 뒤 수감되었다가 탈옥까지 저지른 범죄자로 교수형에 처했는데, 이 해부 쇼는 형 집행으로 그가 막 숨을 거둔 날 시행된 것이다. 자세히 보면 시신의 배꼽이 R자 형태를 그리고 있다. 렘브란트가 자신의 이름 첫 글자로 슬쩍 흔적을 남긴 것이다. 박사는 외과 의사에게 가장 중요한 것은 손이라는 듯, 시신의 손을 해부하고 있다.

O 당시 네덜란드에서는 해부학이 큰 인기를 끌어서 해부 쇼가 있다는 소식이 들리면, 수많은 사람이 참관하기 위해 모여들었다. 당시 네덜란드인들은 인간의 몸 구조를 알아야 교양인이 될 수 있다고 여겼다.

156

Tuesday

바로크 미술

카라바조, 〈성 예로니모〉,
캔버스에 유화,
112×157cm,
1605~1606년,
로마 보르게세 미술관

성 베드로 성당 재건축을 위한 엄청난 경비 조달을 위해 가톨릭교회는 면죄부까지 팔았다. 그런 행태를 비난하는 종교개혁 이후에도 교회는 위축되기는커녕, 멀어져가는 신도들의 마음을 더 강렬하게 사로잡기 위한 '반종교개혁' 미술을 주도했다. 성당 건축은 더욱 화려해졌고, 조각은 역동적으로 바뀌었으며, 그림에서는 시선을 한순간에 낚아채는 주제와 기법이 발전했다. 이러한 분위기 속에서 전개된 17세기 미술을 후대 사가들은 '바로크'라고 불렀다.

바로크는 '일그러진 진주^{Pérola Barroca}'라는 뜻의 포르투갈어로 르네상스를 진주로, 바로크를 흠결 있는 진주로 보는 다분히 편향적인 용어이다. 르네상스 미술이 조화의 균형감과 정적이고 우아한 채색을 자랑한다면 바로크 미술은 역동적이고, 자극적이며, 폭력적이기까지 하다. 이탈리아 바로크의 거장, 카라바조의 작품은 빛과 어둠을 극단적으로 대비하고, 표정과 자세를 과장해 마치 연극 무대에 선 배우들의 열연을 보는 듯한 느낌을 준다. 그림은 라틴어로 성서를 번역한 학자이자, 은수자인 성 예로니모를 그린 것으로 주인공과 주요한 기물들에만 빛이 떨어지고 배경은 칠흑처럼 어둡게 마감하는 테네브리즘▶242 기법을 구사하고 있다. 테네브리즘은 17세기 바로크 미술의 가장 큰 특징이 되었다.

○ 그림 속에 등장하는 해골은 메멘토 모리, 즉 죽음을 기억하라는 교훈을 떠올리게 한다.

157

Wednesday

렘브란트 판 레인

〈63세의 자화상〉, 캔버스에 유화, 86×70.5cm, 1669년,
런던 내셔널 갤러리

렘브란트는 상업과 무역으로 부를 축적한 부유층의 그림 수집이 급증하던 시기에 활동했다. 방앗간 집 아들로 태어나 레이든 대학에서 법을 전공했으나 그만두고, 화가로서의 삶을 시작한 그는 특히 〈튈프 박사의 해부학 교실〉▶155로 명성을 얻으면서 당대 최고의 인기 화가 반열에 올랐다. 게다가 엄청난 지참금을 가지고 온 아내, 사스키아 덕분에 부와 명성 모두를 거머쥘 수 있었다.

그러나 곧 고가 주택을 빛내어 사는 등, 과소비로 빚에 허덕이게 되었다. 영국과의 전쟁에서 패한 네덜란드의 경제 사정은 극도로 위축되었고, 덩달아 그의 사정도 딱해지기만 했다. 어머니, 아이, 그리고 아내까지 차례로 잃는 고통을 겪으며 쓰린 마음을 하녀 헨드리케 스토펠스에게 쏟았고, 이윽고 아이까지 낳았지만 정식 결혼은 미루었다. 그가 재혼하게 될 경우, 유산을 한 푼도 줄 수 없다는 사스키아의 유언 때문이었다. 엄격한 칼뱅파의 나라에서 그의 사생활은 그림 주문에까지 영향을 미쳤다. 노년의 그는 그 누구의 도움도 받지 못하는 곳에서 쓸쓸히 숨을 거두었다. 이 그림은 그가 세상을 떠난 그해에 그린 자화상이다.

○ 렘브란트는 원래 헤르트헤 디르크스라는 유모와 4년여간 내연 관계였는데, 새로 들인 가정부인 스토펠스와 사랑에 빠졌다. 디르크스는 혼인빙자 간음으로 그를 고발했지만, 렘브란트는 그녀를 정신병자로 몰아세웠다. 당시 네덜란드 법정은 렘브란트 편이었는데, 그가 이미 그녀의 오빠를 매수하여 헤르트헤에게 불리한 증언을 시킨 탓이었다.

158

Thursday

카메라오브스쿠라

요하네스 페르메이르, 〈우유를 따르는 여인〉, 캔버스에 유화,
46×41㎝, 1658~1660년, 암스테르담 국립 미술관

너무나 고요해서 우유가 또르르 떨어지는 소리만 들릴 듯한 이 그림은 시끌벅적하게 소란스럽고, 때론 잔인하기까지 하여 감정을 들었다 놓았다 하는 알프스 남쪽, 이탈리아 등의 바로크 미술과는 차이를 보인다.

그야말로 평온하고, 따사롭고, 고요한 마음과 고운 눈길을 유도하는 페르메이르의 그림들은 주로 왼쪽의 창을 통해 들어오는 빛과 빨강, 파랑, 노랑 정도의 단순한 색상, 손에 잡힐 듯한 질감 묘사 등을 특징으로 한다.

무엇보다 페르메이르의 그림은 과장 없이 차분하게 목격한 그대로 찍어낸 듯한 사진 같은 사실주의가 압권인데, 이는 그가 '카메라오브스쿠라Camera Obscura' 기법을 사용한 덕분이다. 카메라오브스쿠라는 '어두운 방' 즉 '암실'을 의미한다. 암실에 구멍을 뚫어, 빛이 들어오게 하면 암실 밖의 풍경, 혹은 그곳에 있던 모델 등의 대상이 암실 내 벽면에 거꾸로 상을 맺는다. 이때 화가는 그 상이 맺히는 그대로 윤곽선을 따라 밑그림을 그리는 것이다. 시간이 지나면서 암실은 하나의 작은 상자로 변하고, 그 상자는 곧 카메라의 전신으로 이어졌다.

○ 페르메이르는 집이 파산하면서 그 충격에서 헤어나지 못해 43살의 비교적 젊은 나이에 11명의 아이를 아내에게 남긴 채 사망한다. 그가 남긴 그림이 몇 점인지 정확히 알 수는 없지만, 현재까지 밝혀진 것은 약 37점 정도이다. 인기는 많지만 남겨진 그림이 적어 위작이 많은 화가이기도 하다.

159

Friday

장미전쟁과 슬픈 왕자들

폴 들라로슈,
〈에드워드 4세의 아이들〉,
캔버스에 유화, 181×215cm,
1831년, 파리 루브르 박물관

영국 왕 헨리 6세는 정신병을 앓았고, 국정을 운영할 능력을 갖추지 못해 결국 에드워드 4세(재위 1461~1470년, 1474~1483년)에게 왕권을 빼앗기고 런던탑에 갇혔다가 살해당했다. 에드워드 4세는 '흰 장미' 문장을 쓰는 요크 가문이었고, 헨리 6세는 '붉은 장미' 문장을 쓰는 랭커스터 가문이었다. 이 두 가문은 사병들을 동원해 왕의 자리를 두고 긴 전쟁을 일으켰는데, 장미 문장을 쓰는 가문들의 싸움이라 하여 장미전쟁이라 일컫는다. 에드워드 4세가 세상을 떠나자 에드워드 5세가 13살의 어린 나이에 왕위에 올랐다. 하지만 이 불운한 왕은 왕위에 오른 지 겨우 두 달 만에 숙부인 리처드에게 폐위당하고, 동생 요크 공과 함께 런던탑에 갇혔다가 누군가가 보낸 자객에 의해 이불에 질식당한 채 사망한다.

폴 들라로슈(1797~1856년)는 13살, 10살짜리 어린아이들이 왕권에 눈먼 어른들에 의해 감금되어 공포에 떨고 있는 장면을 그리고 있다. 작은 강아지 한 마리가 문 쪽을 향해 서 있는 것으로 보아, 누군가가 그들을 암살하기 위해 접근하고 있음을 알 수 있다. 아이의 뒤를 이어 숙부 리처드는 리처드 3세(재위 1483~1485년)라는 이름으로 왕위에 올랐지만 결국 그도 헨리 7세의 칼에 쓰러진다. 헨리 7세는 어머니 쪽이 랭커스터 가였으나, 요크 가의 공주와 혼인하면서 두 가문의 전쟁을 종식, 튜더 가문 시대를 열었다. 장미전쟁은 이쯤에서야 끝이 났다.

160

Saturday

아그네스 소렐의 죽음

장 푸케, 〈천사들에 둘러싸인 성모자〉, 패널에 유화,
93×85cm, 1452~1458년, 안트베르펜 왕립 미술관

한쪽 가슴을 드러낸 채 아기 예수를 안은 성모 마리아는 마네킹을 보고 그린 것처럼 어색하다. 그럼에도 불구하고 묘하게 관능미가 발산된다. 배경의 아기 천사들 역시 빨강과 파랑으로 그려져 장식적인 느낌을 더해준다. 이들은 각각 낮과 밤을 의미하는 듯하다.

그녀가 쓴 왕관이나 의자의 장식은 매우 꼼꼼하게 그려져 있어 진주나 눈동자 등에 반영된 것들까지 알아볼 수 있을 정도이다. 그림 속 성모 마리아는 샤를 7세의 정부, 아그네스 소렐(1422~1450년)이다. 샤를 7세는 백년전쟁을 승리로 이끌며 자신의 왕위 계승을 도와준 잔 다르크를 적군의 손에 죽게 내버려 둔 비정한 인물이지만, 아그네스 소렐에 대한 애정은 못 말릴 정도였다.

왕은 그녀에게 로슈 성을 지어 주고, 작위와 영토까지 하사했다. 왕들이 아무리 정부와 놀아나도 이렇게 그 존재를 공개적으로 인정하고 드러내는 일은 당시로서는 드물었다. 소렐은 샤를 7세와의 사이에서 네 번째 딸을 낳은 지 얼마되지 않아 이질로 사망했다. 항간에는 그녀와 나이 차이가 그리 크지 않았던 샤를 7세의 아들 루이 11세가 그녀를 독살했다는 소문도 있다. 그림은 그녀가 죽고 난 뒤 2년 후, 재무장관 에티엔 슈발리에가 주문하여 여전히 그녀를 잊지 못하는 왕에게 선물한 것이다.

안나와 요아킴의 입맞춤

조토 디본도네, 〈안나와 요아킴의 입맞춤〉, 프레스코, 200×185cm, 1304~1306년, 파도바 스크로베니 예배당

기독교 종교화에는 흥미로운 입맞춤 그림이 두 점 있는데 하나는 유다의 입맞춤▶273이다. 유다는 예수를 팔아넘기기로 하고, 병사들에게 자신이 입을 맞추는 자가 예수라고 미리 알려줘 쉽게 체포할 수 있게 했다. 다른 유명한 입맞춤이 바로 요아킴과 안나의 그것이다. 〈야고보 서간〉에 따르면 성모 마리아의 부모인 그들은 깊은 신앙심을 가졌음에도, 오랫동안 불임이었다. 유대인들은 아이를 생산하지 못하는 사람을 하느님의 축복을 받지 못하는 사람으로 취급했기에 이들이 성소에 제물을 바치는 것마저 거부했다. 절망에 빠진 요아킴은 아내에게 알리지도 않은 채 광야로 떠나 피 끓는 기도를 올렸고, 안나는 울면서 탄식의 기도를 올렸다. 그러던 중 천사가 나타나 예루살렘의 황금 문으로 가서 남편을 맞이하라 이른다.

그림은 소식을 들은 안나가 황금 문으로 달려가 남편이 무사한 것을 알고 기쁨에 겨워 입맞춤하는 장면이다. 마리아에 대한 공경 사상이 있는 가톨릭에서는 안나가 원죄 없이 마리아를 잉태했다고 본다. 따라서 마리아의 탄생은 그저 이 입맞춤의 결과라는 주장도 있다. 그렇다면, 이보다 더 강렬한 입맞춤은 없다.

밤의 카페 테라스

빈센트 반 고흐, 캔버스에 유화, 80.7×65.3cm, 1888년,
오텔로 크뢸러 뮐러 미술관

빈센트 반 고흐는 동생 테오와 함께 살던 파리를 떠나 아를로 온 뒤부터 남프랑스의 햇빛을 닮은 노란색에 더욱 애정을 가졌다. 노란색은 태양이 사라진 밤 카페의 가스등이나, 별빛을 그릴 때도 하얀색과 함께 사용되었다.

그는 이 그림을 두고 "검은색을 전혀 사용하지 않고 아름다운 파란색과 보라색, 초록색만을 사용했다"라면서, 그렇게 색을 입힌 밤하늘에 "별을 찍어 넣는 순간이" 정말 즐거웠다고 기록하고 있다.

노랑, 그리고 그와 강렬하게 대비되는 짙은 파랑, 눈송이처럼 굵게 떨어질 것 같은 별들이 가득한 이 그림은 알고 보면 밤 풍경화에 그치는 것이 아니라, 종교화라고 주장하는 이들도 있다.

그들은 테라스 중앙에 서 있는 하얀 옷차림의 남자를 예수로, 카페에 앉은 이들을 제자로, 그중 왼쪽의 문밖으로 나가는 이가 그를 배신한 유다라고 본다. 그러고 보면 서 있는 예수의 배경에 그려진 창틀이 십자가라는 점도 우연이라고만 볼 수는 없게 된다. 고흐의 아버지가 목사였으며, 그 자신도 신학 대학에 진학하려다 실패한 경험이 있고, 탄광촌에 들어가 전도 활동을 한 이력이 있다는 점도 그 주장에 힘을 실어주지만, 어디까지나 추정일 뿐이다.

163

Tuesday

스페인 바로크, 성자숭배 사상

프란시스코 데 수르바란, 〈성 베드로 놀라스코에게 나타난 성 베드로〉, 캔버스에 유화,
179×223㎝, 1629년, 마드리드 프라도 미술관

바로크 시대에 가톨릭 국가에서는 반종교개혁의 기치 아래 신앙을 견고히 할 수
있는 미술작품이 장려되었다. 전통적인 가톨릭 국가였던 스페인에서는 신앙의 신
비로움을 강조하기 위해 성모 마리아와 성자숭배 사상이 그 어느 나라보다 독려
되었다. 따라서 미술에서도 유난히 성모 마리아나 여러 성인의 삶을 조망하는 그
림이 많이 그려졌다. 프란시스코 데 수르바란(1598~1664년)은 스페인의 세비아에서
주로 활동했다. 어두운 배경에 스포트라이트를 주듯 강렬한 빛을 구사하는 테네브
리즘▶242은 17세기 스페인 화가들 사이에서도 인기가 있었다. 십자가에 거꾸로 매
달린 이는 예수의 열두 제자 중 하나로 가톨릭 초대 교황에 올랐지만, 네로 황제
시절 십자가에 거꾸로 매달린 채 순교한 성 베드로이다. 아마도 그의 이름을 따 자
신의 이름을 지었을 베드로 놀라스코는 어느 날 성 베드로가 순교하는 장면을 환
시 체험했다고 한다. 지금은 아무도 믿지 못할 이런 이적들은 과거에는 흔했고, 또
그만큼 의심받지 않았으며 그와 관련한 일들이 그림으로 그려지곤 했다.

○ 수르바란은 '스페인의 카라바조'라는 별명을 얻을 만큼 그의 화풍을 완벽히 소화해냈다.

164

Wednesday

(대) 피터르 브뤼헐

〈화가와 고객〉, 펜과 잉크, 25×21.6cm, 1565년, 빈 알베르티나 미술관

(대) 피터르 브뤼헐은 브뤼헐에서 태어났다. 안트베르펜에서 화가조합에 등록했고, 이탈리아나 프랑스 등에서 공부했지만, 굳이 그곳의 그림에 영향받지 않은 독창적인 그림을 그렸다. 특히 그는 소시민들의 소소한 일상을 담은 장르화에 능했다. 역사화, 종교화에도 뛰어났지만, 농민들의 삶을 애정 어린 눈으로 관찰하고, 그를 직설적으로 묘사하곤 해서 '농민, 브뤼헐'이라는 별명으로도 불렸다. 같은 이름을 가진 그의 아들 (소) 피터르 브뤼헐과 작은아들 (대) 얀 브뤼헐도 화가이다.

이 작품은 피터르 브뤼헐 자신으로 추정되는 화가가 뒤에서 서성이는 구매자를 의식하며 그림을 그리고 있는 장면이다. 성당 제단화나 큰 저택의 벽화를 주문받아 장식하는 구교권의 화가와 달리, 신교국가에서 활동하는 브뤼헐과 같은 화가들은 자신이 내키는 그림을 그린 뒤, 그것을 화상에게 팔거나 직접 시장에 나가 파는 형식으로 생계를 유지했다.

따라서 서로 간의 합의로 계약한 주제 안에서 최선을 다하는 구교권 화가보다, 누가 사줄지 모르는 그림을 그리는 신교권의 화가들은 훨씬 불안한 상태에서 주제를 선정하고, 또 작업해야 했다.

단축법

안드레아 만테냐, 〈죽은 예수〉, 캔버스에 템페라, 68×81㎝, 1475~1478년, 밀라노 브레라 미술관

안드레아 만테냐는 이 그림을 '원근법으로 그린 예수'라고 소개하고 있다. 발에서 머리까지의 공간감을 사실적으로 표현하기 위해 그는 몸의 길이를 짧게 단축해 그렸다. 이와 같은 기법을 단축법이라고 하는데, 원근법의 일종으로 볼 수 있다. 사진에 익숙한 현대인들의 눈에는 이런 표현이 낯설지 않지만, 그림 앞에 선 당시 사람들에게는 자신이 죽은 예수의 발치에 서성이고 있는 듯한 착각이 들 정도였을 것이다. 딱딱한 대리석 판 위에 누운 예수의 몸은 비교적 사실적으로 재현되어 있어, 화가가 몸의 구조를 해부학적으로도 이해하고 있었음을 알 수 있다.

손과 발에 생생한 못 자국이 가슴을 짓누른다. 그의 몸을 덮은 천은 대리석 바닥에서 파도처럼 물결친다. 왼쪽 귀퉁이에는 그의 죽음을 슬퍼하는 성모 마리아와 요한이 보인다. 보통의 화가들이 그린 것 같은 완벽한 미남 미녀가 아니라 주름이 자글자글한, 옆집 사람들 같은 사실감 덕분에 더욱 감정이 이입된다.

❍ 완벽해 보이는 이 그림도 화가의 의도에 따라 왜곡된 부분이 있다. 바로 발의 크기이다. 비율상 예수의 발은 훨씬 더 커야 정상이다. 만테냐는 그 큰 발에 가려질 몸의 일부를 완전히 드러내 보이기 위해 그의 발을 아이의 발 크기로 줄여놓았다.

166

Friday

스페인의 국토회복운동과
신대륙 발견

외젠 들라크루아, 〈콜롬버스의 귀환〉, 캔버스에 유화, 90.4×118.3cm, 1839년, 오하이오 톨레도 미술관

이베리아반도는 711년부터 북아프리카에서 침입한 이슬람교도가 지배하고 있었다. 이슬람의 세력이 약해졌을 때 반도 중북부 지역에 세워진 레온, 카스티야, 나바라, 아라곤, 카탈루냐 등의 기독교 왕국들은 연합하여 레콩키스타[Reconquista], 즉 국토회복운동을 벌인다. 카스티야의 공주였던 이사벨 1세(재위 1474~1504년)는 고된 시련을 겪은 인물이다. 아버지 사후, 왕위에 오른 이복 오빠 엔리케 4세는 그녀와 그녀의 어머니를 궁 밖으로 내쫓아버렸다. 그녀의 어머니는 이 일로 실성했고, 이사벨은 공주로서 감당하기 어려운 억척을 떨며 살아야 했다. 그래도 처신을 잘한 덕분에 여러 사람에게 신임을 얻어 이복 오빠 사후에 왕위를 계승했다.

아라곤의 왕자 페르난도 2세와 정략 결혼한 그녀는 1492년, 이베리아반도에서 이슬람 세력들을 완전히 몰아냈다. 또한 모든 반대를 무릅쓰고, 자신의 사재까지 털어가며 콜럼버스를 지원해 그가 신대륙을 발견하는 데 큰 역할을 했다. 물론 그는 미국을 인도라고 굳게 믿었고, 아메리칸 원주민들을 인도 사람, 즉 인디언이라고 믿었지만 그로 인해 대항해시대가 본격적으로 막을 올린 것은 사실이다.

〇 이사벨 1세와 페르난도 2세 사이에서 태어난 후아나는 신성 로마제국의 합스부르크 왕가 출신의 '잘생긴 펠리페'와 결혼하게 되는데, 그 사이에서 낳은 아들이 바로 그 유명한 카를 5세[201]이다. 그는 신성 로마제국과 스페인을 겸임 통치하게 된다.

167

Saturday

발코니에 숨겨진 아이

에두아르 마네, 〈발코니〉, 캔버스에 유화, 170×124.5cm, 1868~1869년, 파리 오르세 미술관

마네는 자신의 피아노 선생이었던 수잔 린호프(1829~1906년)와 결혼했다. 그녀에게는 이미 아들이 하나 있었는데, 이상하게도 늘 동생으로 소개하곤 했다. 또한 마네와 수잔 두 사람은 결혼하기 오래전부터 동거하던 사이였으나, 이 사실을 경제적으로 의존해야 했던 아버지를 비롯해 아무도 모르도록 비밀로 했다. 마네는 그녀와 정식으로 결혼하면서도 수잔이 데리고 온 아이를 자신의 호적에 올리지 않았다.

이 때문에 사람들은 수잔이 마네 아버지의 정부였으며, 아이는 결론적으로 마네의 의붓동생이라는 주장을 하기도 했다. 마네와 수잔 사이에는 자식이 없었는데, 마네가 매독으로 인해 아이를 가질 수 없었기 때문이다. 기록상, 아이의 이름은 레옹 코엘라 린호프이며, 어머니는 수잔 린호프로 되어 있지만, '코엘라'는 마네 부부가 만든 가짜 성이다. 마네는 그를 모델로 그림을 몇 점 그렸는데, 이 그림에서도 발견할 수 있다. 우선, 발코니 바로 앞에 몸을 살짝 기댄 여인은 화가 베르트 모리조로 마네 동생의 아내이자, 더러 마네와 몰래 사랑을 나눈 사이로 알려져 있다. 오른쪽, 우산을 든 여인은 아내의 친구이며, 뒤에 서 있는 남자는 마네의 친구인 풍경화가 앙트완 기예메이다. 레옹 코엘라는 화면 왼쪽, 멀리서 희미하게, 자신의 존재를 드러내기보다는 감추고 있다.

마리아의 방문

야코포 다 폰토르모, 〈방문〉, 패널에 유화, 202×156㎝,
1528~1529년, 카르미냐노 산 미켈레 성당

천사가 나타나 마리아에게 황당하기 짝이 없는 수태 사실을 알렸을 때, 마리아는 크게 놀라며 그게 가능한 일이냐 반문했다.

이 당연한 의문에 천사는 "네 친척 엘리사벳을 보아라. 아기를 낳지 못하는 여자라고들 했지만, 늙은 나이에도 아기를 가진 지가 벌써 여섯 달이나 되었다. 하느님께서 하시는 일은 안 되는 것이 없다"라고 대답한다.

소식을 듣고 마리아는 한걸음에 사촌 언니 엘리사벳을 찾아가는데, 화가들은 이를 '방문'이라는 이름과 함께 그리곤 했다. 우아하고, 고상한 색과 선, 그리고 조화로운 질서와 비례를 으뜸으로 치던 전성기 르네상스와 달리 16세기 중후반을 지나면서부터는 색을 과감하게 사용하고, 신체를 길게 잡아당긴 듯 왜곡해 그리는 화가들이 많이 등장했다. 이들을 매너리즘 화가라고 하는데, 폰토르모 역시 그들 중의 하나이다.

마리아와 엘리사벳은 서로를 바라보며 인사를 건네지만, 뒤에 선 여인들과 마찬가지로 무표정하다. 신체는 왜곡되어 머리에 비해 몸의 길이가 길고, 색채 또한 일반적인 분위기가 아니다. 그 때문에 반가운 방문이 아니라 공포 영화의 전조를 보는 듯한 느낌이 든다.

169

Monday

그랑자트섬의 일요일 오후

조르주 피에르 쇠라, 캔버스에 유화, 207.5×308cm, 1884~1886년, 시카고 미술관

물감을 팔레트에서 섞으면 색이 탁해진다는 점을 감안, 미세하게 작은 점들을 찍어서 그림을 보는 사람의 눈에서 섞이도록 하는 점묘법*[109]의 대가, 쇠라는 이 작품을 1886년에 8번째이자 마지막이 된 인상주의 전시회에 출품했다. '그랑자트'는 '큰 접시'라는 뜻으로, 파리 북서쪽에 있는 섬의 모습이 접시 같다고 해서 붙여진 이름이다. 이곳은 주말이면 파리의 중산층부터 노동자까지, 휴식을 취하기 위해 모여든 인파로 발 디딜 틈 없이 북적댔다.

그림 왼쪽 하단, 비스듬히 누워 강을 쳐다보는 자는 옷차림으로 보아 노동자이며, 그 곁에 앉은 중절모를 쓴 남자와 모자를 쓴 여자는 중산층으로 보인다. 그림 오른쪽에는 엉덩이가 툭 튀어나온 여인이 서 있는데, 보정 속옷을 입어 엉덩이가 부풀어 오른 것처럼 보이게 하는 것이 당시 유행이었다. 그녀는 애완용 원숭이를 묶은 줄을 잡고 있는데, 원숭이는 그림에서 주로, 음란함을 상징한다는 점에서 그녀가 매춘부라는 추측을 가능하게 한다. 단순화된 형태는 마치 블록 조각과도 같아서 붐비는 일요일 오후 유원지임에도 불구하고, 정적인 느낌이 앞선다.

○ 중앙에 양산을 든 여인과 아이가 보인다. 아이 뒤쪽으로 뒷모습을 보이는, 마치 장난감 병정 같은 두 남자는 경찰이다. 그랑자트는 가족들도 많이 오는 곳이었지만, 매춘부가 들끓는 곳이었기에 혹시 있을지 모르는 불미스러운 일을 처리하기 위해 경찰이 순찰을 돌곤 했다.

170

Tuesday

네덜란드 바로크, 빛으로 말하다

렘브란트 판 레인, 〈야간 순찰〉, 캔버스에 유화, 379.5×453.5cm, 1642년, 암스테르담 국립 미술관

이 작품은 암스테르담의 도시 민병대 건물에 기념으로 걸어둘 단체 초상화로 프란스 반닝 코크 대장과 그 대원들이 주문했다. 그들은 완성본을 받아본 뒤 그림이 생각보다 크자, 미련 없이 왼쪽을 자르는 만행을 저질렀고, 그 결과 현재 전해지는 그림은 원본과는 다르다.

이 그림은 세월이 지나면서 점점 어둡게 변색되었는데, 그나마 훼손을 막아보겠노라 칠한 니스가 시커멓게 변질되면서 화면 전체가 더욱 검게 바뀌었다. 이 때문에 그림을 어두운 밤 풍경으로 착각한 18세기 사람들은 이들 민병대원을 '야간 순찰대' 즉 '야경'으로 생각, 그림 제목도 그렇게 불렀다. 렘브란트는 같은 옷을 입고 나란히 앉아 흐트러짐 없이 정면을 바라보는 기존의 단체 초상화와는 달리, 막 현장에 도착한 사람들의 어수선한 분위기를 마치 스냅사진 찍듯이 연출해 그렸다.

그림 속에는 원래 그리기로 약속한 18명의 민병대원뿐 아니라, 어린아이나 북치는 사람 등 16명의 가상 인물까지 더해져 더욱 활력을 주었다. 네덜란드 바로크의 거장답게 렘브란트는 햇빛, 횃불 등 여러 빛을 화면에 들이치게 했다. 따라서 어떤 인물은 왼쪽에서, 어떤 인물은 오른쪽에서, 더러는 위에서 오는 빛을 받고 있는 모습이다. 전체적으로는 무대 세트장 위에 모인 연극배우들 같은 분위기이다.

○ 경직되지 않은 모습의 단체 초상화는 호평받았지만, 정작 그림을 주문한 민병대는 자신들의 모습이 가려지거나, 존재감 없어 보이는 것이 불만이었던 듯하다. 꼭 이 이유 때문은 아니겠지만, 이 그림 이후 렘브란트는 단체 초상화 주문을 거의 받지 못했다.

171

Wednesday

안토니 반 다이크

〈해바라기가 있는 자화상〉, 캔버스에 유화, 60×73cm, 1633년, 개인 소장

안트베르펜 출신의 안토니 반 다이크(1599~1641년)는 페테르 파울 루벤스의 수제자로, 실력 면에서는 거의 동업자에 가까웠다. 그는 특히 초상화에 뛰어났는데, 1620년과 1621년에 잠시 영국 국왕 제임스 1세를 위해 일한 뒤 제노바로 떠나 그곳에서 귀족들의 초상화를 그리며 살았다. 이후 고향 마을로 돌아와 활동하던 그는 1632년 영국 국왕 찰스 1세(재위 1625~1649년)의 궁정화가로 일하게 된다.

안토니 반 다이크는 인물의 손과 얼굴만 스케치한 뒤, 그들을 사치스럽고 화려한 장신구와 옷으로 두른 모습으로 연출해 그리곤 했는데, 과시욕이 심한 의뢰인들은 그에 크게 감동받곤 했다. 주황색 옷을 입은 화가는 해바라기 앞에 서서 고개를 살짝 돌려 화면 밖 누군가를 응시한다. 그의 이마는 땀에 젖은 듯한데, 훗날 그의 사망 원인이 왜 과로사였는지를 짐작게 한다. 그는 한 손으로 왕실에서 선사한 황금 체인을 들고 있다. 그가 이 황금 체인을 받을 수 있었던 이유는 아마도 이 그림에서처럼 반짝이는 '황금색'을 그 누구보다도 더 잘 묘사할 수 있었기 때문일 것이다. 그가 다른 한 손으로 가리키는 해바라기는 왕관 같은 꽃 모양으로 인해, 자신이 받는 왕의 총애를 의미할 수도 있다.

172

Thursday

아르누보 양식

오브리 빈센트 비어즐리, 《살로메》 삽화, 종이에 펜,
34.7×27.2㎝, 1893년, 뉴욕 메트로폴리탄 미술관

1890년경부터 제1차 세계대전이 일어나기 전까지 서구에서 유행했던 아르누보Art Nouveau는 단어 그대로, '새로운 미술'을 뜻한다.

프랑스와 벨기에 등에서는 아르누보, 영국과 미국, 러시아에서는 모던 스타일Modern Style, 독일에서는 유겐트슈틸Jugendstil, 오스트리아에서는 제체시온슈틸Secessionstil, 즉 분리파라고 부르는데, 모든 것이 산업화·기계화·표준화되어가는 상황에 대한 반동이자 더 새롭고 혁명적인 미술에 대한 갈망이 더해진 예술 경향이다.

영국의 미술비평가 존 러스킨은 《베니스의 돌》에서 "모든 아름다운 미술작품은 의도적이든 우연적이든 자연의 형태를 닮아야 한다"라고 주장했다. 기계적 대량생산을 거부하고, 수공예를 부활시키고, 자연에서 찾은 디자인을 응용해 건축, 실내장식, 가구, 옷감, 책의 삽화 등을 아름답고 실용적으로 만들어 궁극적으로 모든 사람이 향유할 수 있게 해야 한다는 것이다.

이에 큰 영향을 받은 아르누보 스타일은 대체로 넝쿨 같은 구불구불한 선, 복잡한 식물 문양 등 장식적인 성향의 디자인이 대세를 이룬다. 비어즐리가 그린 오스카 와일드의 《살로메》 삽화를 보면 잘린 목에서 흐른 피가 식물 줄기처럼 이어져 나오는 것을 볼 수 있다.

○ 이탈리아에서는 아르누보를 런던의 상점 리버티에서 이름을 따 스틸레 리베르티Stile Liberty라고 불렸다.

173

Friday

캉브레 동맹과 율리오 2세

라파엘로 산치오, 〈교황 율리오 2세의 초상〉, 패널에 유화,
108×80.7cm, 1511~1512년, 런던 내셔널 갤러리

교황 율리오 2세는 고대 로마의 율리우스 카이사르 1세를 따라 자신의 이름을 지을 만큼 호전적이어서 종교 지도자라기보다는 세속의 군주에 가까웠다.

르네상스 시절 여러 도시국가로 나누어져 있던 이탈리아는 수시로 알력 관계에 놓였고, 프랑스나 신성 로마제국, 스페인 등 외세와 전략적 동맹을 맺거나, 견제하면서 치열한 세 다툼을 했다.

교황령의 수장인 교황 역시 다른 세속 지도자와 다를 바가 없었다. 율리오 2세는 1508년 이탈리아 내 교황령의 영토 확대를 위해 프랑스, 교황령, 스페인, 신성 로마제국 등과 캉브레 동맹을 맺고 베네치아를 공격했다. 그러나 이들 동맹은 각국의 이해관계에 따라 얼마든지 협력 대상이 바뀌곤 했다.

1510년, 프랑스는 오히려 베네치아와 동맹을 맺기도 했고, 교황은 프랑스의 이탈리아 내 세력 확산을 막기 위해 다시 베네치아와 동맹하기도 했다. 교황은 베네치아령이었던 볼로냐를 차지하기 위해 벌인 전투에서 많은 병사를 잃은 뒤, 그들을 애도하기 위해 다시 싸워 이길 때까지, 그리하여 복수가 끝날 때까지 수염을 기르겠노라는 공언과 함께, 1511년 6월부터 이듬해 3월까지 수염을 길렀다. 13세기부터 교회는 성직자가 수염을 기르는 것을 금지하고 있었다.

174
Saturday

베아트리체의 진실

귀도 레니가 그린 것을 엘리사베타 시라니가 모사,
〈베아트리체 첸치의 초상〉, 캔버스에 유화, 64.5×49cm, 1650년,
로마 국립 미술관

아직 소녀티가 남아 있는 아름다운 여인, 베아트리체 첸치(1577~1599년)는 곧 도끼로 목이 베일 예정이다. 그녀는 친오빠, 새엄마, 의붓남동생과 함께 아버지 프란체스코 첸치로부터 무자비한 폭행에 시달렸다. 특히 베아트리체는 14세 때부터 지속적인 성폭행을 당하기까지 했다.

도저히 견딜 수 없었던 베아트리체와 가족들은 1598년 9월 9일, 두 명의 하인과 함께 프란체스코 첸치를 죽인 다음 실족사로 위장했다. 그러나 살인 사건임을 알게 된 교황청이 이들을 무자비하게 고문해 전모가 밝혀졌고, 가담자 전원이 사형 선고를 받았다.

이를 두고 알 만한 로마인들은 모두 그들의 살인이 정당방위였음을 주장했지만, 교황 클레멘스 8세(재위 1592~1605년)는 그들 가문의 모든 재산이 교회로 귀속되는 것에 혹한 탓인지, 1599년 9월 11일 어린 동생을 제외한 모두를 공개 처형했다. 몰려든 군중들도 그녀의 석방을 주장했지만 교황은 요지부동이었다. 이 그림은 마침 현장에 있던 화가 귀도 레니(1575~1642년)가 죄수복을 입은 채 형장에 끌려가면서 마지막으로 군중들을 향해 고개를 돌리는 베아트리체의 모습을 포착해 그린 그림을, 여제자 엘리자베타 시라니가 다시 모사한 것으로 알려져 있다.

175

Sunday

예수 탄생 I

조토 디본도네, 〈예수 탄생〉, 프레스코,
200×185cm, 1304~1306년,
파도바 스크로베니 예배당

이탈리아 파도바의 스크로베니 예배당 벽에 그려진 조토 디본도네의 작품이다. 오른쪽에서는 목동들이 경배하고 있고, 하늘에서는 천사가 그의 탄생을 축복하고 있다. 아버지인 요셉은 성모와 산파가 마구간에서 낳은 아이를 돌보는 동안 수심 가득한 얼굴로 그들에게 등을 지고 돌아앉았다. 이 슬픔은 태어난 아이가 장차 겪게 될 운명을 짐작한 까닭이다. 보통 종교화에서 요셉은 마리아에 비해 훨씬 나이가 많은 모습으로 그려지는데, 마리아가 요셉과 인간적인 방법으로 임신할 수 없음을 강조하는 장치이기도 하다.

그림에서 유난히 눈길을 끄는 것은 아기 예수의 모습이다. 제 손으로 몸에 상처를 내지 않도록 하거나, 체온 유지를 위해서 아기를 옷이나 천으로 꽁꽁 싸는 것은 일반적이나, 그림 속 아기는 마치 압박붕대로 꽁꽁 감아놓은 듯이 보인다. 이는 죽은 자를 염할 때 입히는 수의를 떠올리게 한다. 그가 태어났으나, 곧 세상의 죄를 대신해 죽게 될 것이라는 사실을 암시한다.

176

Monday

니베르네의 경작

로사 보뇌르, 캔버스에 유화, 134×260㎝, 1849년, 파리 오르세 미술관

로사 보뇌르의 아버지는 그녀와 형제들이 마음껏 동물을 그릴 수 있도록 집 안에 동물을 들여놓을 정도로 아이들의 미술 활동에 협조적이었다. 어머니 또한 형제들에게 알파벳을 가르치며 해당 철자와 관련한 동물 그림을 그리게 했다. 그 덕분에 로사 보뇌르는 일찌감치 동물 그림에 익숙해졌고, 자신에게 소질이 있다는 사실도 깨달을 수 있었다. 그녀에게 살롱전 대상의 영광을 안겨준 이 그림은 너른 들판에서 소 떼가 줄지어 밭을 가는 모습을 담고 있는데, 당시로서는 무척이나 독특한 주제였다. 청명한 가을 햇살을 받은 소의 지극히 사실적인 형태는 그녀가 얼마나 많이 그 몸의 구조를 연구하고, 연습했는지 충분히 짐작게 한다.

　프랑스 정부는 원래 이 그림을 리옹 미술관으로 보낼 생각이었으나, 대중의 호감이 커지자 수도인 파리에 두기로 했다. 실내가 아닌 실외로 직접 나가 카메라로 찍은 듯이 현장감 넘치는 풍경은, 이후 인상파 화가들에게 큰 영향을 미쳤다. 그녀의 그림은 프랑스뿐 아니라 특히 영국과 미국에서 큰 인기를 끌었는데, 그녀 사후 35년 즈음 미국 메릴랜드주에는 세계 최초로, 인간과 동물이 함께 묻힐 수 있는 '로사 보뇌르 추모공원'이 조성되기도 했다.

177

Tuesday

신교국가의 미술

피터르 산레담, 〈아센델프에 있는 성 오돌포 교회의 내부〉, 패널에 유화, 49.6×75cm, 1649년, 암스테르담 국립 미술관

현재의 벨기에와 네덜란드 지역이던 플랑드르는, 독일·오스트리아 등지의 신성 로마제국과 스페인을 통치하는 합스부르크 왕가의 지배하에 놓여 있었다. 플랑드르 사람들은 가톨릭을 고수하는 합스부르크가의 폭정에 독립전쟁을 일으켰는데, 남부 네덜란드와 벨기에 지역에 이르는 10개 주는 1579년 스페인에 굴복했고, 홀란트 등의 주를 중심으로 한 북부 네덜란드의 7개 주는 80여 년 동안 전쟁을 펼쳐 1648년 결국 독립에 이르게 된다.

독립한 북부의 신교도들은 화려하게 교회를 짓고, 그 안에 값비싼 그림과 성상으로 장식하는 일을 거부했다. 루터의 종교개혁이 촉발된 가장 큰 계기가 교회의 면죄부 판매였고, 면죄부 판매가 성 베드로 대성당의 재건축 비용을 충당하기 위한 것이었음을 생각해보면 자연스러운 현상이기도 했다. 피터르 산레담(1597~1665년)은 주로 건축물 내부를 그렸다. 정확한 원근법과 충실한 묘사로 거의 사진을 찍어 놓은 것 같은 이 그림을 보면, 이탈리아 등지의 가톨릭 성당에 비해, 장식이라곤 없이 내부가 거의 텅 비다시피 한 것을 느낄 수 있다.

178

Wednesday

(대) 루카스 크라나흐

(소) 루카스 크라나흐, 《(대) 루카스 크라나흐의 초상》,
패널에 유화와 템페라, 64×49cm, 1550년, 피렌체 우피치 미술관

화가 크라나흐는 그 자신보다 종교개혁가인 마르틴 루터의 초상화로 더 유명하다. 루터가 독일어로 성경을 번역했다면, 크라나흐는 그 성경에 117개나 되는 삽화를 그려 넣어 독일어조차도 읽기 힘들어하는 대중을 계몽해준 이라 할 수 있다.

또한 그는 직접 운영하는 인쇄소에서 그 성경을 찍어 낸 장본인이기도 하다. 루터가 비텐베르크 신학대학의 교수이자 성직자로 일하는 동안 크라나흐는 같은 도시의 선제후 프리드리히의 궁정에서 그림을 그렸다.

무명 화가였던 아버지로부터 그림을 배웠고, 1508년 선제후의 눈에 띄어 비텐베르크에 입성한 뒤 부동산과 약국 경영에 타고난 수완을 발휘, 몇 년 안 가서 시에서 가장 부유한 사람 중 하나가 되었다. 심지어 그는 비텐베르크 시의원을 10년, 시장을 3년이나 역임했다.

루터와의 친분으로 짐작할 수 있듯 종교개혁 지지자이긴 했지만, 열렬한 가톨릭 신자들로부터도 그림 주문을 받을 정도로 사교적인 사람이었다. 그는 루터의 말 많은 결혼식▶181에 기꺼이 증인이 되어줄 정도였고, 반대로 루터는 크라나흐가 아이를 낳으면 망설임 없이 대부가 되어주었다. 그림은 같은 이름을 쓰는 아들이 77세의 아버지를 그린 모습이다.

179

Thursday

오달리스크

장 오귀스트 도미니크 앵그르, 〈대 오달리스크〉, 캔버스에 유화, 91×162㎝, 1814년, 파리 루브르 박물관

오달리스크는 오스만 제국, 곧 터키 황실에서 술탄의 시중을 들던 여자 노예로 주로 성적 만족을 위해 대기한다. 이국적인 것에 대한 관심과 더불어 동방의 성문화를 다소 비하하고 왜곡하여 부풀린 상상을 얹던 서구인들의 취향에 오달리스크는 딱 맞아떨어지는 그림 소재였다. 그림 속 여인은 등을 보인 채 비스듬하게 기대어 감상자들에게 살짝 비켜나간 무심한 시선을 던진다.

　피부는 더할 나위 없이 매끈하고 늘씬하게 뻗은 몸은 시선을 한눈에 사로잡는다. 그러나 자세히 보면 얼굴은 고대 그리스 조각상을 베껴온 것처럼 부자연스럽고, 얼굴과 목의 연결이 어색한 데다가, 가슴 표현 역시 인공적인 느낌이 든다. 허리에서 엉덩이까지의 연결도 엉성할뿐더러 결정적으로 두 다리의 위치도 어색하다. 긴 목, 가는 허리를 강조하기 위해 화가가 임의로 그녀의 몸을 왜곡한 탓이다. 그럴싸한 명분이 있는 신화 속 여신을 그린 것도 아니며, 도덕적 · 영웅적 교훈을 더한 것도 아닌 이 그림은 그저 이국적인 여성의 에로티시즘만 강조하고 있을 뿐이다.

○ 그림은 1819년 살롱전에 출품되었지만, 해부학적으로 엉망이라는 비난을 받았다. 그러나 화가는 해부학의 아름다움을 위해 그림을 그린 것이 아니라는 식으로 대꾸했다.

보름스 국회와 마르틴 루터

안톤 폰 베르너, 〈보름스 국회에서의 마르틴 루터〉, 캔버스에 유화, 66×125cm, 1877년, 슈투트가르트 시립 미술관

역사적 사실을 정밀하게 그리던 제정 프로이센 시절, 안톤 폰 베르너(1843~1915년)는 16세기, 종교개혁을 주장하던 마르틴 루터가 보름스 국회에 참석한 장면을 벽화로 그렸다. 신성 로마제국의 황제인 카를 5세는 즉위 이래 처음 연 제국 회의에 마르틴 루터를 소환했다. 황제는 회의에서 자기 가문의 영토 계승 문제부터 다양한 사안을 논의했으나, 가장 큰 의제는 종교개혁으로 논란을 일으킨 루터에 대한 것이었다.

황제는 루터에게 그의 사상이 잘못되었음을 밝히고 주장을 거둬들일 것을 요구했으나 루터는 거부했다. 결국 보름스 칙령이 발표되었고, 루터와 그를 추종하는 자들은 파문을 선고받았다. 그림 중앙은 아우구스티누스 수도회 옷차림의 루터가 오른손을 가슴에 얹은 채 열변을 토하는 모습으로, 자신의 변호를 앞두고 몰려오는 긴장을 풀기 위해 맥주를 1리터 이상을 마신 상태였다고 한다. 그림 왼쪽 캐노피 아래 앉아 그의 항변을 경청하는 자가 신성 로마제국의 황제, 카를 5세이다.

○ 맥주 1리터의 위력이 얼마나 대단했던지, 그의 거침없는 연설에 많은 제후가 크게 감동했다는 말이 전해진다.

181

Saturday

신부와 수녀의 결혼

(대) 루카스 크라나흐,
〈루터와 아내〉, 패널에 유화,
36.5×23㎝, 37×23㎝, 1529년,
아우크스부르크 성 안나 성당

수녀 카타리나 보라(1499~1552년)는 루터의 사상에 크게 감동받고, 11명의 다른 수녀들과 같이 수녀원에서의 탈출을 모의했다. 그녀는 루터에게 도움을 청했다. 루터는 생선 마차를 이용, 비린내 나는 청어 상자 아래 수녀들을 숨겨 비텐베르크까지 이동했다. 탈출 성공 후 루터는 수녀 3명을 원하는 대로 고향으로 보냈고, 나머지 8명을 중매로 결혼시켰다. 보라 역시 루터가 중매한 남자와 결혼을 약속했으나, 지참금 문제로 남자 측 집안이 반대해 어쩔 수 없이 루터가 머물던 수도원으로 돌아왔다. 그곳에서 살림을 도맡아 하던 보라는, 이제 자신을 책임져줄 사람은 당신밖에 없다며 루터에게 청혼했다. 루터는 종교개혁을 부르짖었으나 당시 관습상, 성직자와 수녀의 공개적인 결혼은 여러모로 비난받았다. 화가 크라나흐는 이들의 결혼에 증인이 되어주었고, 그들 부부의 초상을 그려주었다. 루터는 슬하에 아들 셋, 딸 셋 총 6명의 자녀를 두었다. 보라는 농사를 짓고, 물고기에 가축까지 키우며, 하숙집을 운영해 벌이가 시원찮은 루터를 뒷바라지했다.

○ 루터가 여행 중에 아내에게 쓴 글로 두 부부의 관계가 어떤 식이었는지 짐작할 수 있다. "지금 난 좋은 포도주와 맥주가 있는 집 생각이 계속 난다오. 물론 어여쁜 나의 아내와 함께이지요. 아니군, 나의 상전이라고 하는 게 맞겠구려."

예수 탄생 II

로베르 캉팽, 〈예수 탄생〉, 패널에 유화, 87×70㎝, 1425년, 디종 미술관

〈야고보 서간〉에 따르면 산파는 마리아가 예수를 낳은 뒤에 도착, 이내 그녀가 처녀의 몸이었다는 사실을 알아차렸다고 한다.

산파는 이 사실을 친구 살로메에게 말했으나 자신의 손가락으로 확인하지 않고는 믿을 수 없다고 말했다. 급기야 그녀는 마리아의 몸에 손가락을 댔는데, 순간 마비가 왔다고 기록되어 있다.

그림 속 성모 마리아는 황금빛 긴 머리카락을 늘어뜨린 채 무릎을 꿇고 기도하는 자세를 취하고 있다. 거의 할아버지처럼 그려진 요셉은 작은 촛불을 들고 있다. 그 뒤로 예수의 탄생을 축하하기 위해 몰려온 목동들의 모습이 보인다. 화면 오른쪽 구석, 등을 돌린 산파는 "처녀가 아들을 낳았다"라는 글자가 적힌 두루마리를 오른손에 들고 있다. 그녀와 마주하고 있는 푸른 망토의 여인은 살로메로 "나는 만져본 후에 믿을 것이다"라는 글자가 적힌 두루마리와 함께 있다. 그에 대한 대답은 요셉의 머리 위 천사가 든 띠에 적혀 있다.

"아기에게 손을 대고 아기를 안아라. 그러면 너에게 평화와 기쁨이 함께하리라."

아를의 밤의 카페

폴 고갱, 캔버스에 유화,
73×92cm, 1888년,
모스크바 푸시킨 미술관

고흐는 아를로 거처를 옮기면서 '화가 공동체'를 구상했다. 파리에 머물던 시절 알게 된 고갱이 퐁타벤 등에서 여러 화가와 생활하는 모습을 보고 구상한 것이다. 고흐는 함께할 이로 우선 고갱을 지목했다. 인상주의로 파리 화단에는 지각 변동이 일었지만, 어느새 그 화풍은 진부하게 여겨졌고, 고흐의 눈에 고갱은 이후 시대를 이끌어갈 신선한 화풍의 선두주자였다.

하지만 고갱은 아를행이 별로 내키지 않았던 것 같다. 화상이었던 고흐의 동생 테오가 고갱의 그림을 사주고, 고객에게 팔기도 전에 미리 돈을 지불해주었으며, 아를행 경비를 포함해 체류에 필요한 생활비를 보장하면서까지 고갱의 환심을 사야 했다. 후한 조건에 마음이 움직인 고갱은 아를행을 택했지만, 차갑고 냉랭한 성격의 고갱은 애초에 급하고 불같은 고흐와 어울려선 안 되는 존재였다.

그림은 고흐와 고갱이 자주 드나들던 단골 카페의 내부 모습이다. 카페를 운영하는 지누 부인 뒤로 몇몇이 모여 술을 마시며 웃고 떠들고 있다. 수염이 덥수룩한 남자는 고흐와 친한 우체부 룰랭이다. 그림 왼쪽, 테이블에 엎드린 남자가 보인다. 고갱의 모습으로 자신은 고흐의 친구들과 격의 없이 어울리기엔 너무나 고상하고 다른 존재임을 과시하려는 의도로 보인다.

184

Tuesday

로코코 미술 I

프랑수아 부셰,
〈아프로디테의 승리〉,
캔버스에 유화, 130×162cm,
1740년,
스톡홀름 국립 미술관

'짐이 곧 국가'임을 천명했던 절대 왕권의 루이 14세 시대가 저물고, 루이 15세의 시대에 이르면서 귀족들의 권력이 강화되었다. 루이 14세의 요청으로 베르사유에 머물렀던 귀족들은 파리로 돌아왔고, 자신들의 부와 권력을 과시하기 위해 저택을 치장했으며, 향락적이고, 다소 퇴폐적인 문화를 이어가기 시작했다.

이 시기 유행한 미술 양식을 '로코코Rococo'라고 부른다. 로코코는 분수나 장식용 동굴 등을 꾸미는 데 사용하던 조약돌이나 조개껍데기 등을 의미하는 '로카이유Rocaille'에서 유래된 말이다. 꽃무늬나 조가비 등의 장식물들로 가득한 실내에 함께 걸리던 로코코풍의 그림들은 대개 화사한 파스텔 색감으로, 연애사나 신화에서 따온 관능적이고 퇴폐적인 주제가 주를 이루었다.

마치 침실의 푸른 이불처럼 펼쳐진 바다 위로 어여쁜 아프로디테가 자신의 존재를 환영하는 트리톤과 아기 천사들에 둘러싸여 행복한 미소를 짓는다. 아프로디테의 모델은 화가의 아내, 마리 부셰이다. 당시 프랑스에 와 있던 스웨덴 대사 칼 구스타프 테신이 굳이 모델을 화가의 아내로 청한 것이 이유였고, 화가 역시 아무렇지 않게 그 청을 받아들였다.

O 남의 아내의 벗은 몸을 궁금해하는 고객의 요구를 부셰가 군말 없이 수용한 것은 특별히 예술혼에 불타서라거나, 돈이 궁해서는 아니었다. 로코코 시대의 퇴폐적인 궁정 분위기는 굳이 정절을 강요하지 않았다.

(소) 한스 홀바인

〈자화상〉, 종이에 파스텔, 32×18cm, 1542~1543년,
피렌체 우피치 미술관

아우크스부르크에서 활동하던 아버지, (대) 한스 홀바인으로부터 그림을 배운 (소) 한스 홀바인(1497~1543년)은 스위스 바젤에서 활동했다. 그곳에서 에라스무스의 《우신예찬》에 삽화를 그린 인연으로 추천서를 받아 런던으로 이주했다.

종교개혁 이후 신교국가에서는 교회를 화려하게 장식하는 일에 반감이 있었다. 한편으로 이는 화가들의 생계를 위협하는 일이기도 했다. 홀바인은 잠시 바젤로 돌아왔지만, 헨리 8세(재위 1509~1547년)의 부름을 받고 다시 런던으로 건너가 궁정 수석화가로 일하게 된다.

그는 왕가 사람들과 귀족, 상인들의 모습을 섬세하면서도 아름답게 담아내는 초상화에 뛰어났다. 정치적 계산도 있었겠지만, 포악한 성정으로 왕비를 6번이나 갈아치웠고, 그중 몇은 사형시킨 헨리 8세 아래에서, 화가는 때로 왕비 후보자의 초상화를 그리는 일도 했다. 그는 헨리 8세의 명을 받아, 네 번째 왕비 후보가 된 클레페 공국의 공주 앤[188]을 그렸다. 왕은 그림 속 그녀에게 홀딱 반해 결혼을 추진했으나, 막상 그녀가 영국에 도착했을 때 화가가 지나치게 미화해서 그렸음을 깨닫고, 당장 그의 목을 베어버리려고 했을 정도로 격분했다고 한다. 이 자화상은 생의 마지막 즈음에 그린 것으로, 흑사병으로 그가 죽고 난 뒤 후대 화가가 황금색 배경을 덧칠한 것이다.

186

Thursday

메르츠

1916년, 제1차 세계대전 중 전쟁을 피해 중립국 스위스 취리히로 피난 온 예술가들이 모여 만든 그룹 '다다'는 그 작명부터 뜻밖이다. 두꺼운 사전을 펼쳐 내키는 대로 아무 데나 책 나이프를 끼웠는데, 거기에서 '어린아이들의 흔들 목마'를 뜻하는 '다다'라는 글자를 우연히 보고 정한 것이다. 일반적인 관습과 전통 모두를 거부하는 그들은 기존의 사고, 그 한계를 훌쩍 뛰어넘는 행보로 유명하다.

슈비터스(1887~1948년)는 독일 출신의 다다이스트로 거리에서 성냥개비, 차표, 종잇조각, 신문지 등을 모은 뒤, 그것을 준비한 화판에 붙이는 작업을 했다.

쿠르트 슈비터스, 〈메르츠 30, 42〉, 종이에 콜라주,
25.4×17.2cm, 1930년, 개인 소장

가장 비예술적으로 보이는 잡동사니들을 모아 붙이고, 미술가의 손으로 직접 깎고 다듬고 그리는 등의 노동을 최소화했다는 점에서, 또 그것이 뜻하는 바에 대한 어떤 서술도 없다는 점에서 그의 작품은 보편적으로 생각하는 '미술'의 정의를 모두 부정하는 행위였다. 특별한 구도를 생각하고 붙였다기보다는 거의 무의식적으로 모아 붙여 우연히 만들어진 형상을 결과물로 제시했다는 점에서도 일반적인 상식을 뛰어넘는다 할 수 있다. 그는 자신의 작업을 '메르츠'라고 불렀는데, '다다'가 그랬던 것처럼 어느 날 길에서 본 'Kommerz-und Privatbank(상업은행)'라는 글자가 적힌 인쇄물에서 'Merz'만 따와서 붙인, 그야말로 의미 없는 명칭이다.

187

Friday

영국 국교회 창시

(소) 한스 홀바인, 〈헨리 8세의 초상〉, 패널에 템페라,
89×75cm, 1539~1540년, 로마 국립 고대 미술관

영국의 헨리 8세는 스페인의 공주 캐서린과 결혼했지만 아들을 얻지 못했고, 그 뒤로 궁녀 앤 불린과 사랑에 빠져 이혼을 결심했다. 하지만 스페인 왕실과 밀월 관계를 유지하던 교황청에서 이혼을 반대하자, 그러잖아도 사사건건 영국 왕실이 결정한 일에 종교를 빌미로 간섭하던 가톨릭의 감독권을 폐지해버렸다. 그는 국왕의 명이 그 나라에서 가장 높다는, 국왕 지상법을 발표했으며 대주교 크랜머의 도움을 받아 1534년, 영국국교 즉 성공회를 창시했다.

작게는 개인의 사랑을 위한 반란으로 보이지만, 타락한 교회에 반기를 든 프로테스탄트 정신이 영국에 확산된 결과로도 이해할 수 있다. 헨리 8세는 그 난리를 치며 결혼한 앤 불린을 아들을 낳지 못한다는 이유로 내치면서 이런저런 구실을 붙여 처형했고, 제인 시모어와 결혼해 에드워드 6세를 낳았다. 헨리 8세는 총 6번 결혼했고, 그중 2명의 왕비를 처형한 무시무시한 전권을 행사했다. 한스 홀바인의 그림 속 헨리 8세는 150kg이 넘는 거구로, 상대를 단숨에 제압하는 카리스마가 넘친다.

188

Saturday

6개월간의 왕비

(소) 한스 홀바인, 〈클레페의 앤〉, 캔버스에 유화와 템페라,
60×40cm, 1539년경, 파리 루브르 박물관

오늘날 독일과 네덜란드 국경 인근에 있던 클레페 공국의 공주로 태어난 앤(1515~1557년)은 프랑스·스페인·교황청의 가톨릭 연합에 대항하기 위한 개신교 세력의 연합이라는 정치적 필요에 따라 헨리 8세와 결혼하게 된다. 헨리 8세는 이미 첫 부인 캐서린과 이혼했고, 두 번째 부인인 앤 불린을 처형했으며, 제인 시모어와 결혼해 아들을 두었지만, 그녀가 일찍 병으로 죽자 마땅한 혼처를 찾던 중이었다.

토머스 크롬웰의 추천으로 앤과의 결혼을 추진하게 된 헨리 8세는 궁정화가 한스 홀바인을 클레페에 보내, 공주의 초상화를 있는 그대로의 모습으로 그려 보내라고 했다. 그러나 1540년 1월 궁에 도착한 신부의 얼굴을 처음 본 순간, 왕은 분노에 휩싸였다. 초상화를 통해 상상하던 모습과 너무도 다르다고 생각했기 때문이다.

왕은 이혼까지의 6개월 동안 그녀와의 잠자리를 거부했고, 아예 그녀의 여종인 10대 소녀 캐서린 하워드와 열애에 빠졌다. 한스 홀바인에 대한 왕의 신뢰도 많이 무너졌으며, 가뜩이나 이런저런 이유로 그 능력을 의심받던 토머스 크롬웰은 왕이 이혼하면서 처형되었다.

○ 185일간의 왕비였지만, 영리했던 앤은 헨리 8세의 다른 여인들처럼 처형당하지도, 유폐되지도 않았고, 이혼을 통해 오히려 자유를 얻었다. 왕은 그녀를 동생처럼 여기며, 켄트 지방의 드넓은 영지와 후한 연금을 주어 어려움 없이 살게 해주었다.

189

Sunday

동방박사의 경배

알브레히트 뒤러, 〈동방박사의 경배〉, 패널에 유화, 100×114cm, 1504년, 피렌체 우피치 미술관

성서에는 멀리 동방에서 별을 읽을 줄 아는 3명의 박사 혹은 왕들이, 큰 별의 인도로 예루살렘을 거쳐 베들레헴에 이르러 예수의 탄생을 축하했다고 기록되어 있다. 그들은 황금과 유황과 몰약을 선물로 바치며 경배했다고 한다. 낙후된 독일 미술의 수준을 몇 단계 올려놓은 자타공인 천재 화가 뒤러는 이들을 유럽인, 아시아인, 아프리카인들로 그리면서 그들을 노인, 장년, 청년의 연령대로 연출했다. 이는 전 세대, 전 인류가 그를 구세주로 맞이해야 한다는 사실을 강조하기 위한 것이다.

유럽을 대표하는 백인이자, 가장 나이가 많은 왕 가스파르가 무릎을 꿇고 앉아 황금을 선물하는 동안 아시아의 왕 멜키오르와 아프리카의 발타사르는 순서를 기다리고 있다. 이탈리아 유학파였던 뒤러는 아시아의 왕 멜키오르를 자신의 모습으로 그려서, 서명을 대신했다. 머리가 치렁치렁한 멜키오르는 어쩐지 장년이 된 예수의 모습을 닮았는데, 화가로서의 자신에 대한 자부심이 남달랐기 때문이다.

O 세 왕의 선물 중 황금은 예수의 왕권, 유향은 신앙, 몰약은 시신 부패 방지용으로 사용한다는 점에서 부활을 상징한다고 볼 수 있다. 아프리카 왕 발타사르의 손에는 몰약을 담은 지구본 모양의 용기가 있는데 뚜껑에 타락을 상징하는 뱀의 형상이 보인다.

바느질하는 어부의 부인

아나 앙케르, 캔버스에 유화, 59×48cm, 1890년, 란데스 뮤지엄

19세기 후반, 덴마크 작은 어촌 마을인 스카겐에는 해마다 여름이 되면 화가들이 모여 그곳 어민들의 모습을 그리곤 했다. 이들을 스카겐파라고 부르는데, 아나 앙케르(1859~1935년)는 그 화가들이 주로 지내던 호텔을 운영하는 아버지 덕분에 그들의 작업에 자연스레 관심을 가지게 되었다.

당시 덴마크 왕립 미술관은 여학생의 수업을 금지했기에 코펜하겐 빌헬름 퀸 미술대학에서 공부했고, 파리로 건너가 학업을 이어나갔다. 그녀는 스카겐파의 일원이었던 미카엘 앙케르와 결혼해서, 딸 하나를 낳았다.

아나 앙케르는 결혼하고 출산까지 한 여자가 활동하기에 쉽지 않았던 보수적인 시기였음에도 불구하고, 가정과 자신의 일 중 어느 것도 포기하지 않고 해낸 당찬 여성이었다. 바느질하는 여인의 모습을 담은 이 그림에서 가장 주제가 되는 것은 어쩌면 노란 벽에 슬며시 나타나 잠시 머무는 두 폭짜리, 따스한 북구의 빛인지도 모른다. 아나 앙케르는 주로 실내의 가정, 그리고 그 가정에서 일어나는 소소한 일상의 장면들을 따뜻한 빛과 명료한 색으로 그리곤 했다.

○ 덴마크 정부는 앙케르 부부가 살던 집을 박물관으로 개조해서 공개했고, 1997년에는 덴마크의 1천 크로네짜리 지폐에 부부의 초상화를 새겨 넣었다.

191

Tuesday

그랜드투어와 베두타

카날레토, 〈베네치아 두칼레 궁전〉, 캔버스에 유화, 51×83cm, 1755년경, 피렌체 우피치 미술관

18세기에 들어서면서 폼페이와 헤르쿨라네움 등 고대도시의 발굴과 더불어, 대륙에 비해 문화적으로 고립되었던 영국을 중심으로 상류층 자제의 대륙여행, 즉 그랜드투어가 유행했다. 바다 위에 세워진 도시, 베네치아는 가장 인기 있는 방문지 중 하나였다. 당시에는 자신이 돌아본 도시, 혹은 가게 될 도시를 그린 풍경화가 유행했다. 오늘날의 관광 엽서를 대신하는 이런 그림들을 '베두타Veduta 양식'이라고 하는데, 실제의 건축물이나 자연을 지형학적으로도 가능한 한 정확하게 묘사하는 것이 특징이다. 베두타는 이탈리아어로 풍경, 전망 등을 뜻한다.

카날레토는 베네치아 최고의 베두타 화가로, 훗날 자신의 주 고객이었던 영국인들을 따라 런던으로까지 진출하여 그곳의 풍광도 다수 제작했다. 그림 오른쪽으로 베네치아 총독의 관저이자 공화국 청사인 두칼레궁이, 왼쪽으로는 마르시아나 도서관과 뒤로 높이 캄파닐레Campanile, 즉 '종탑'이 보인다. 원경에는 곤돌라들이 떠다니는데 사람들의 복장만 제외한다면, 오늘날의 모습과 거의 다를 게 없다.

192

Wednesday

에곤 실레

〈자화상〉, 종이에 연필과 구아슈 등, 55.8×36.7㎝,
1910년, 빈 알베르티나 미술관

오스트리아 남부 툴른에서 시골마을 역장의 아들로 태어난 에곤 실레는 친구들과 어울리기보다는 여동생 게르티에게 과하게 집착하는 내성적인 소년으로 성장했다. 그림에 뛰어나 16세에 빈 미술아카데미에 입학했지만 보수적인 분위기를 견디지 못하고 뛰쳐나왔고, 그 뒤로 구스타프 클림트의 영향을 크게 받았다.

자신의 그림과 서로 교환하자는 실레의 말에 클림트는, "자네 그림이 더 나은데 왜 교환하자는 거냐?"라고 농담을 던질 만큼 그의 그림을 높이 평가했다. 그는 클림트와 함께 전위적인 예술가들의 모임인 빈 분리파에 합류했다. 어둡고 암울하기까지 한 성적 욕망을 적나라하게 표현했고, 더러는 어린 소녀들을 모델로 포르노에 가까운 그림을 그리다 미성년자 유괴 혐의까지 받았다. 그는 자신의 자화상을 욕망의 노예가 된 슬픈 짐승처럼 자기 파괴적으로 묘사했다. 약 100여 점 남긴 자화상들은 한결같이 그의 어둡고 병적인 내면의 세계를 그리고 있다. 화가로서의 명성이 막 드높아지던 시기, 임신 6개월의 아내가 스페인독감에 걸려 사망했고, 그 역시 전염되어 사흘 후 생을 마감한다. 그의 나이 28세였다.

193

Thursday

로마의 초상 조각

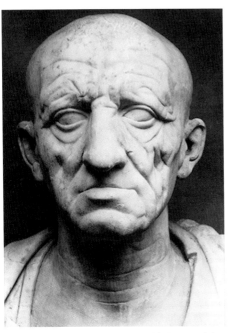

〈로마 귀족의 초상〉, 대리석, 높이 약 35cm, 기원전 75~50년경,
로마 토를로니아 박물관

그리스는 전쟁에서 승리한 장수나 훌륭한 기량을 뽐낸 운동선수 등의 인물을 조각상으로 남겨 그들을 칭송하고, 귀감으로 삼고자 했다. 그러나 그러한 초상 조각은 개개인의 개성 있는 얼굴을 담아내기보다는 '훌륭한 사람'들이 마땅히 가질 법한, 가장 이상적인 인물상으로 미화되어 제작되곤 했다. 따라서 그리스인들의 초상 조각은 이름만 달리할 뿐, 대부분 비슷하고, 어지간한 결점은 다 감추어진 엄숙하고 진지한 모습이 대부분이었다.

그에 비해 현세적인 로마인들의 초상 조각은 개인의 개성을 드러내는 데 적극적이었다. 직설적인 로마인들은 인물을 미화하지 않았고, 그저 생긴 그대로, 나아가 성품 그대로를 표현했다. 〈로마 귀족의 초상〉은 따라서 우리가 생각하는 '전형적인' 귀족이 아니라, 얼굴과 목엔 주름이 가득하고 뺨은 움푹 파였으며 치아마저 빠져버린, 꼬장꼬장하고 버럭 소리를 지를 듯한 신경질적인 한 노인의 모습으로 조각되었다. 로마인들이 초상 조각을 이상적인 인물상으로 바꾼 것은 로마제국 말기, 신격화된 황제를 표현하기 시작하면서부터이다.

토스카나 대 공국

아뇰로 브론치노, 〈갑옷을 입은 코시모 1세 데 메디치의 초상화〉,
패널에 유화, 74×58cm, 1545년, 피렌체 우피치 미술관

약재상으로 시작해 은행업에 진출하여 막대한 부를 쌓은 메디치 가문은 명목상 '공화국'이었던 피렌체의 실질적인 지배자로 군림했다. 1537년 메디치 가문의 권력을 이어받은 코시모 1세(1519~1574년)는 프랑스까지 끌어들여 가문을 압박하는 반대파를 물리쳤고, 적극적으로 용병들을 모아 막강한 군사력을 갖춘 뒤 토스카나 지역의 인근 도시를 함락해 영토를 확장했다. 1569년에는 외교력을 발휘해 로마 교황에게서 대공의 작위를 받고 토스카나를 대공이 다스리는 나라, 즉 공국으로 만들었다. 메디치 가문은 마지막 대공이었던 지안 가스토네 데 메디치 때까지 토스카나 공국을 지배했다.

코시모 1세는 군사력을 키운다며 과도한 세금을 거두었고, 반대파 숙청에는 그 누구보다 잔혹했으며, 다수의 의견을 수렴하는 공화정을 없앤 자였다. 반면에, 오늘날 우피치 미술관으로 사용되는 건물을 지어 집무실로 사용하면서도 그 안을 예술가들이 작업하고 전시할 수 있는 공간으로 활용케 하는 등 문화 예술 후원 사업에 적극적이었던 인물이기도 했다. 그의 시절에 피렌체는 많은 자유를 구속당했으나, 역설적이게도 가장 강력하고 부강했던 시절이기도 했다.

○ 피렌체의 메디치 가문은 약 300여 년간 막강한 권세를 누리며, 교황 3명과 프랑스 왕비 2명을 배출해냈다.

195

Saturday

세상의 기원

귀스타브 쿠르베, 〈세계의 기원〉, 캔버스에 유화, 46×55cm,
1866년, 파리 오르세 미술관

이 그림은 파리에서 근무하던 터키 외교관 카릴 베이가 주문한 것으로, 그는 소위 말하는 '야한 그림' 수집광이었다.

신화 속 여신을 이상적인 몸매로 그리던 기존 화가들과 달리, 평범한 여성의 몸을 적나라한 인체묘사로 그리던 귀스타브 쿠르베[227]는 카릴 베이의 요구를 충실히 반영해 외설 잡지의 사진 같은 이 그림을 제작했다.

얼굴과 사지가 없이, 체모가 그려진 생식기와 가슴, 그리고 유두만 등장하는 이런 구도는, 여성을 성적 대상으로 바라보는 남성들의 관음증적 욕구에만 충실할 뿐이다. 그림은 동료 화가 제임스 애벗 맥닐 휘슬러[213]가 여행을 떠나 있는 동안 그의 연인, 조애나 히퍼넌을 모델로 하여 그린 그림 중 하나라는 소문이 있었다.

그러나 그녀는 빨간 머리여서 체모의 색깔이 다르다. 그럼에도 불구하고 그림이 원래 이 부분만 그린 게 아니라, 조애나 히퍼넌의 전체 모습을 그린 것이었다는 주장과 함께 그 잘려 나간 윗부분이라는 그림이 등장하기도 해서 진위 공방이 벌어지기도 했다. 캔버스 이음새 등의 요소에서, 그 그림은 〈세계의 기원〉과 상관없다는 결론이 나온 상태이다. 최근에는 이 그림의 모델이 파리 오페라극장 발레단의 댄서였던 콩스탕스 케니오라는 주장도 나왔다.

○ 카릴 베이는 도박으로 전 재산을 탕진, 이 그림을 골동품상에 넘겼고, 이후 여러 사람의 손을 거치다 1955년에는 정신분석학자 자크 라캉의 소유가 되기도 했다.

196

Sunday

성 안나와 성모자

레오나르도 다빈치, 〈성 안나와 성모자〉, 패널에 유화, 168×130cm, 1510년경, 파리 루브르 박물관

성모 마리아의 어머니, 안나가 마리아를 무릎에 앉혀놓고 있다. 마리아는 아기 예수를 향해 팔을 뻗고 있고 아기 예수는 어린 양을 두 손으로 잡고 있다. 양은 유대 제사에 희생 제물로 바쳐지곤 했다. 따라서 양의 모습은 곧, 인류를 위해 희생양이 될 운명을 타고난 예수 자신을 상징한다. 마리아를 낳을 때 안나의 나이는 이미 마흔이 넘었다[161]고 한다.

그러나 이 그림을 사전지식 없이, 혹은 제목 없이 본다면 두 여인의 관계를 엄마와 딸로 읽는 것은 거의 불가능하다. 또한 성모의 몸을 감싼 푸른 옷자락을 보면 아직 스케치 수준에 머물러 있어 미완성임을 알 수 있다. 따라서 안나의 이마와 얼굴에 주름을 넣기 전이라고 생각할 수도 있겠지만, 그보다는 마리아에 대한 공경 사상이 높았던 만큼, 마리아를 낳은 어머니도 아름답고 우아하길 바라는 심정이 들어간 것으로 볼 수 있다. 나이 든 남성은 학식과 세상 경험이 많은 완성된 인격체로 보지만, 나이 든 여자는 추하고 쓸모없는 존재로 생각하던 시대의 한계가 다빈치의 그림에서도 드러난다고 볼 수 있다.

197

Monday

대사들

(소) 한스 홀바인, 패널에 유화, 207×209cm, 1533년, 런던 내셔널 갤러리

이 작품은 독일 태생으로 스위스에서 활동하다 헨리 8세의 궁정화가로 일하던 한스 홀바인이 그린 것으로, 프랑스에서 온 대주교가 런던에 파견 나와 있던 오랜 외교관 친구와 만난 장면을 담고 있다. 일종의 연출 초상화인 〈대사들〉에는, 여러 가지 상징과 은유가 가득 차 있다.

왼쪽, 장 드 댕트빌 외교관과 오른쪽의 조르주 드 셀브 대주교 사이에는 2단짜리 선반이 놓여 있다. 양탄자를 깐 상단에는 별자리를 읽는 천구의나 천체 관측기, 시간을 측량하는 해시계 등 당대 최신의 과학 기구들이 있다. 하단에는 손잡이가 달린 지구본과 류트, 찬송가책과 산술책 등이 보인다. 이들은 '학문', '지식'을 상징한다.

무엇보다 이 그림에서 시선을 사로잡는 것은 바닥을 비스듬하게 가르는 몽둥이이다. 대체 정체를 알 수 없는 듯하지만, 오른쪽으로 고개를 돌린 뒤 비스듬하게 쳐다보면 궁금증이 의외로 쉽게 풀린다. 바로 해골을 변형한 것이다. 해골은 '바니타스▶095' 즉 모든 것이 결국 죽음에 이른다는 허무를 의미한다. 따라서 이 그림은 초상화이자, 신의 뜻, 죽음을 벗어날 수 없다는 이야기이기도 하다. 그러니 기도하라는 의미였을까. 화면 상단 왼쪽 귀퉁이에 숨은그림찾기처럼 십자가가 보인다.

○ 선반 하단, 줄이 끊어진 류트가 보인다. 이는 균열을 의미해, 결국 구교와 신교의 불화를 암시하며 류트 옆의 찬송가는 신·구교 양측이 다 사용하는 곡으로, '화해'를 기원하는 것으로 볼 수 있다.

198

Tuesday

로코코 미술 Ⅱ

장 오노레 프라고나르, 〈그네〉, 캔버스에 유화, 81×64㎝, 1767년, 런던 월리스 컬렉션

파스텔 색조의 화사한 옷에 모자를 쓴 한 여인이 햇살을 가로지르며 신나게 그네를 타고 있다. 그네의 속도에 신고 있던 신발이 날아간다.

그림 오른쪽에서 나이가 지긋한 한 남자가 그네를 밀어주는 동안, 왼쪽에선 젊은 남자가 그녀의 치마 속을 훔쳐보고 있다. 젊은 남자의 머리 위로 손가락을 입술에 가져다 댄 모습의 조각상이 보인다. '조용히 하라!'는 뜻으로 이 남자의 존재를 그녀를 미는 늙은 남자가 모르고 있다는 뜻이다.

프라고나르(1732~1806년)는 자신과 자신의 정부, 그리고 교회 주교의 모습을 한 화면에 넣어 달라는 남작의 주문을 받고 이 작품을 그렸다. 추정만 난무할 뿐, 아직 정확히 이름이 밝혀지지 않은 주문자는 '주교가 그네를 밀고, 그네를 탄 여인의 치마 속과 내 눈높이를 거의 같은 높이로 그릴 것'을 요구했으며, 심지어 여인의 더 은밀한 부분을 그려도 좋다고까지 말했다. 프라고나르는 로코코 시대, 귀족들이 좋아하던 연애의 달콤함을 그림으로 표현하곤 했다. 그가 그린 연애의 장면은 이 작품에서 보듯 가끔 도를 지나치기도 했는데, 바로 이러한 지나침 때문에 당대 최고의 인기를 누릴 수 있었다.

○ 그러나 귀족들의 화려한 생활과 자유로운 연애를 담은 로코코 미술은 오래가지 못했다. 왕실과 귀족의 사치를 견디다 못한 민중들이 1789년 프랑스 대혁명을 일으켰고, 로코코풍의 야한 그림을 그리던 화가들은 서서히 그 명성을 잃어갔다.

199

Wednesday

페테르 파울 루벤스

〈이사벨라 브란트와 함께하는 자화상〉, 패널에 유화,
178×136.5cm, 1609~1610년, 뮌헨 알테 피나코테크 미술관

스페인 치하의 플랑드르에서 활동한 루벤스는 17세기 유럽 왕실에서 가장 인기 있는 화가로, 바로크 회화의 최고 반열에 올랐다. 주로 안트베르펜에서 일했지만, 잘생긴 외모, 화려한 언변, 사교적인 성격에, 5개 국어에도 능통해 궁정을 돌아다니며, 각국 군주들의 이해관계를 조율하는 일종의 외교관으로도 활약했다.

이탈리아, 스페인 등지에서 머물다 다시 안트베르펜으로 돌아간 그는 오스트리아의 알베르트 7세 대공의 왕실 화가가 되었지만, 특별히 안트베르펜에서 작업해도 된다는 허락을 받았다. 그의 안트베르펜 체류 결심은 아내, 이사벨라 브란트▶055와의 달콤한 신혼생활로 인해 더욱 확고해졌다. 루벤스는 특히 아내와의 사이가 돈독했다고 한다. 그림은 그녀와의 결혼을 기념하기 위해 그린 것이다. 그의 아내는 1626년, 20여 년간의 결혼생활을 끝으로 페스트에 걸려 사망했다.

아내가 떠난 지 4년 후, 53세였던 그는 겨우 16세의 소녀 엘렌 푸르망과 결혼한다. 그는 1540년에 62세의 나이로 생을 마감했는데, 그때 푸르망의 나이는 겨우 25세였다.

장르 · 기법

퇴폐 미술

에밀 놀데, 〈예언자〉, 목판화, 32.1×22.2cm, 1912년,
뉴욕 현대 미술관

히틀러는 소위 '전위'라고 번역하는 '아방가르드Avant-garde'한 예술을 용인하지 않았다. 아방가르드는 군사 용어로 전쟁 시, 본부대 공격에 앞서 나가 적의 동향을 살피고 파악하는 이들을 뜻한다. 아방가르드한 예술가들은 이제껏 진행되어온 예술과 완전 다른 판을 구상하여 실천하는 이들이다.

1937년 히틀러는 자신의 심복, 괴벨스에게 독일에 사는 미술가들의 작품을 압수한 뒤 아방가르드한 작가들의 작품들만 따로 모아 '퇴폐 미술전'을 개최하도록 지시했다. 기존의 틀을 깨고 나오려는 미술가들은 당연히 맹목적 충성을 전제로 하는 국수주의 · 민족주의를 중시하는 나치 이데올로기와 맞지 않았다.

히틀러의 충복들은 퇴폐 미술전에 출품된 작품의 유해성을 강조하느라 미성년자들의 출입을 제한했고, 심지어 배우들을 기용, 작품 앞에서 온갖 야유와 조롱을 하도록 했다. 그들이 퇴폐적이라고 외쳤던 그림 속에는 피카소, 마티스, 샤갈 외에 에밀 놀데(1867~1956년), 파울 클레, 프란츠 마르크, 막스 베크만, 키르히너 등을 비롯, 반전을 외치던 케테 콜비츠도 포함되어 있었는데 에밀 놀데는 독일의 미술관에 걸려 있던 무려 1천 점 이상의 작품이 철거되는 수모를 겪어야 했다.

○ '퇴폐 미술전' 전시는 2백만 명이 넘는 관람객을 기록했는데, 나치가 정상적인 미술 전시라고 열었던 '대독일 미술전'은 60만 명에 그쳤다. 당시 압수된 미술은 1만 6천 점이며, 경매로 팔린 그림들은 그나마 운이 좋았던 것이고 5천여 점은 소각되었다.

201
Friday

합스부르크 왕가와 카를 5세

티치아노 베첼리오, 〈카를 5세의 기마상〉, 캔버스에 유화,
335×283㎝, 1548년, 마드리드 프라도 미술관

카를 5세는 스페인의 후아나와 합스부르크 왕가의 잘생긴 외모로 '미남 왕'이라는 별명으로 불리는 펠리페 왕 사이에서 태어난 제국의 황제이자 스페인의 왕이었으며, 합스부르크 왕가 소유의 여러 지역의 왕과 공작이었다. 자신이 '왕'으로 거느리는 지역만도 무려 17개에 이르렀던 카를은 제국을 다스리느라 방대한 유럽 전역을 종횡무진하며 살아야 했다.

그림은 황제가 가장 사랑하던 화가 티치아노 베첼리오의 작품으로 로마제국 황제 마르쿠스 아우렐리우스의 기마상을 본떠 그렸는데, 독실한 가톨릭의 수호자였던 카를 5세가 뮐베르크에서 개신교 연합을 무찌른 일을 기념하기 위한 것이었다. 그는 황제 노릇에 너무나 지친, 따스한 식사와 포근한 잠을 원하는 한 남자로 늙어갔고, 제국의 황제로서는 처음으로 살아 있는 동안 황제 자리를 내놓았다. 그는 신성 로마제국의 황제 자리를 동생 페르디난트에게 물려주었고, 아들 펠리페 2세를 스페인과 네덜란드 지역의 통치권자로 지명했다.

카를 황제는 스페인의 한 수도원에서 지냈으며, 죽기 전 일종의 사전 장례식을 치렀다. 자신의 시신이 담길 관을 쳐다보며 울부짖는 측근들의 모습을 멀리서 지켜보던 그는 그로부터 몇 주 후 생을 마감했다.

이런 친구가 있다는 것

프레데리크 바지유, 〈부상당한 모네〉,
캔버스에 유화, 47×65㎝, 1865년,
파리 오르세 미술관

바지유(1841~1870년)와 모네는 친구라기보다는 맏형과 막내 같은 사이였다. 비교적 형편이 넉넉했던 바지유는 모네에게 경제적·정신적 지원을 아끼지 않았고, 철없는 생떼도 받아주곤 했다. 어느 날 모네는 〈풀밭 위의 점심 식사〉를 그리기로 하고, 퐁텐블로 숲 인근 샤이라는 마을에 머물며 작품 관련 조언이 필요하다는 이유로 바지유를 불렀다. 가족과의 여행을 앞둔 바지유가 주저하자 모네는 만약 이 그림을 실패하면 미쳐버릴 거라고 어깃장을 놓았다. 바지유는 어쩔 수 없이 그의 모델 노릇을 해준 뒤 다시 가족과 합류하기 위해 떠났다. 그러나 혼자 남은 모네가 숲에서 원반던지기 하던 사람들의 실수로 다리를 다치는 바람에 가던 걸음을 돌려야 했다. 그림 속 모네는 꼼짝할 수 없는 신세가 된 채 입을 삐죽이고 있다.

원래 의학도였던 바지유는 환자 다루는 법을 아는 듯, 아픈 다리를 비교적 높은 곳에 올리고, 그 위에 물동이를 달아 물이 조금씩 떨어지도록 해서, 통증을 덜 느끼게 도와주었다. 애지중지 모네를 아끼던 바지유는 보불 전쟁에 참여했다가 사망하고 말았다. 이렇게 무한정으로 자신에게 베풀던 친구의 죽음 이후 모네가 겪었을 상실감은 짐작하기 어렵지 않다.

○ 모네는 마네의 〈풀밭 위의 점심 식사〉[269]가 살롱전에서 낙선하며 장안의 화제가 되자, 그를 오마주하기 위해 같은 이름으로 작품을 진행했으나 결국 미완성으로 남았다.

203

Sunday

황금방울새와 성모

라파엘로 산치오, 〈황금방울새와 성모〉, 패널에 유화,
107×77.2㎝, 1505년경, 피렌체 우피치 미술관

라파엘로는 선배 거장들의 작품을 익혀 자신의 것으로 소화하는 일에 뛰어났다. 자연을 배경으로 등장인물을 삼각형의 안정된 구도로 그린다거나, 먼 곳의 배경을 작고 흐릿하게 묘사하는 방식, 즉 '가까이 있는 것은 짙고 선명하게, 멀리 있는 것은 옅고 희미하게' 처리하는 공기 원근법은 레오나르도 다빈치의 방식과 흡사하다.

성모는 육신을 의미하는 붉은색 옷에, 신성을 의미하는 푸른색 겉옷을 걸치고 있다. 손에 들린 기도서는 그녀의 신앙의 깊이를 강조한다. 성모의 오른팔은 낙타털 옷을 입은 어린 세례 요한의 등을 감싸고 있다. 허리에 달고 있는 작은 그릇은

그것으로 물을 떠 예수를 세례하게 될 사실을 암시한다. 예수는 오른팔을 쭉 뻗어 세례 요한이 들고 있는 작은 황금방울새를 잡는다. 그의 귀엽고 앙증맞은 자세는 콘트라포스토로 잔뜩 각을 잡은 고대 그리스 조각상들의 아기 버전으로 느껴진다. 황금방울새는 엉겅퀴를 주로 먹는데, 엉겅퀴는 가시 면류관을 뜻한다. 따라서 예수는 자신에게 닥칠 수난을 기꺼이 받아들이겠다는 자세를 취한 셈이다.

O 라파엘로가 그린 성모 마리아는 우아하고, 아름답고, 고요하며, 지적이다. 그가 만들어낸 성모 이미지는 오늘날까지도 우리가 '성모' 하면 떠올릴 수 있는 모습으로 자리 잡았다.

폭풍

조르조네, 캔버스에 유화, 82×73cm, 1505년,
베네치아 아카데미아 미술관

바다 위의 도시 베네치아는 회화에서 로마나 피렌체 등의 도시와 다른 독특한 지점이 있었다. 그중 하나가 '자연' 즉 '풍경'과 관련한 것이다. 일반적으로 풍경은 언제나 그림의 주인공들을 위한 배경으로나 존재해왔다. 따라서 인물과 자연 중에서 언제나 인물 쪽이 더 주요한 지위를 차지하곤 했다.

그러나 베네치아 화가들은 그들 간의 위계를 없애버리곤 해서 인물을 가리고 봐도 그 자체로 한 폭의 풍경화가 될 정도의 그림을 그렸다.

이 그림은 도대체 무엇을 의미하는지 알 수 없는, 수수께끼 같은 그림이라는 점에서 더 시선을 끈다. 젖을 먹이는 누드의 여인을 성모 마리아로, 건너편에 선 남자를 목동으로 보는 견해도 있으나, 그간의 미술 역사상 성모 마리아를 외간 남자가 보는 앞에서 이렇게 완전히 벗은 모습으로 그린 적은 없었다. 아프로디테와 아레스, 군인과 여인, 아담과 이브 등 여러 가지로 해석하기도 하지만 그 역시 상상에 불과하다. 그저 이 그림은 무슨 일이 일어나거나, 일어난 직후의 긴장감과 평온함을 동시에 느끼게 하는 한 편의 시 같은 느낌을 준다.

○ 어떤 이야기인지 정확히 설명하지 않아도 되는 그림은 19세기에 와서야 가능했다는 점에서, 이 그림은 더욱 특별하다.

205

Tuesday

신고전주의 I

자크 루이 다비드,
〈호라티우스 형제의 맹세〉,
캔버스에 유화, 330×425㎝, 1784년,
파리 루브르 박물관

18세기 말, 영국과 프랑스에서 지나치게 사적이고 감각적인 로코코 미술에 대한 반동으로 등장한 '신고전주의' 미술은 공적이고, 이성적이며, 지고한 도덕적 이상을 미술로 펼치려 했다. 신화, 종교, 영웅 등의 교훈적이며 고전적인 주제가 재등장했고, 르네상스 시대의 미술처럼 질서와 조화가 돋보이는 완벽한 구도와 형태, 향수를 자극하는 고대 건축물 등의 배경이 그 특징이었다. 더불어 신고전주의 미술이 발달하게 된 배경에는 당시 화산재에 파묻혀 있던 폼페이와 헤르쿨라네움이 발굴되면서 고대 로마에 대한 향수가 유럽 전역을 강타한 영향도 있다.

그림은《플루타르크 영웅전》과《로마 건국사》에 소개된 일화이다. 기원전 7세기, 로마와 알바 두 도시국가는 전쟁 대신, 장수 3명씩을 보내 결투하게 하여 그 승패를 가리기로 했는데, 로마에서는 호라티우스가의 삼 형제가 출정하기로 했다. 아들들이 아버지로부터 칼을 받아들며 조국을 위해 목숨 바칠 결의를 하는 동안, 오른쪽의 딸과 어머니는 슬퍼하고 있다. 로마 시대의 아치를 배경으로 한 그림 속 호라티우스가의 남성들은 모두 고대 그리스 조각상을 세워놓은 듯한 모습이다. 신고전주의의 이상이 내용과 형식 측면에서 모두 완벽하게 담긴 그림이다.

○ 울고 있는 호라티우스가의 딸은 사실 이 삼 형제가 무찔러야 할 적국 장수의 아들과 사랑에 빠져 있었다. 결투가 끝난 뒤, 호라티우스가는 1명의 아들만 살아남았는데, 그는 자신의 연인을 죽인 오빠에게 원망을 늘어놓는 누이동생을 살해했다.

화가

프리다 칼로

교통사고로 꼼짝없이 누워 있어야만 했던 프리다 칼로를 위해 어머니는 침대 위로 큰 거울을 달아주었다. 그녀는 거울을 통해 온종일 자신을 관찰했다. 이러한 경험은 그녀로 하여금 자신을 가장 잘 알고, 또 가장 잘 그릴 수 있는 사람은 본인이라는 생각을 하게 했다.

그녀는 육신의 고통 못지않게 정신적 고통에도 시달려야 했다. 멕시코 화단의 거물, 디에고 리베라와 결혼했지만 그의 잦은 외도는 가뜩이나 절망적인 그녀의 마음을 갈기갈기 찢어놓았다. 심지어 그가 그녀 자신의 여동생과도 불륜을 저지르고 있다는 사실을 알게 된 프리다는 그에게 결별을 선언, 이

〈머리카락을 자른 자화상〉, 캔버스에 유화, 40×28cm, 1940년, 뉴욕 현대 미술관

혼에 합의했다. 헐렁한 남성 정장 차림에 마구 머리카락을 잘라낸 뒤 의자에 앉아 화면 밖을 응시하는 모습의 이 자화상은 이혼 직후 그린 그림이다.

상단에 그려진 악보의 노래 가사는 "이것 봐, 너의 머리카락 때문에 너를 사랑했는데, 이제 너는 머리카락이 없구나. 더는 널 사랑할 수 없지"라는 뜻이다. 상대를 그 자체로 온전하게 사랑하지 않았던 디에고의 말을 의미한다. 그녀는 이제 그가 더 이상 사랑할 수 없는 존재로 앉아 있다. 다시 혼자이다.

207

Thursday

프레스코화

마솔리노, 〈아담과 하와의 유혹〉, 프레스코,
208×88㎝, 1424~1425년,
피렌체 산타마리아 델 카르미네 성당

'프레스코'는 이탈리아어로 '신선한'이라는 뜻이다. 이 의미처럼 프레스코화는 벽에 회반죽을 바른 뒤, 아직 마르지 않은 '신선한' 상태일 때 물감으로 그림을 그리는 기법으로, 회반죽이 마를 때 같이 마르는 과정을 거치면서 완성된다.

프레스코화는 벽이 무너지지 않는 한 오래 보존될 수 있다는 장점이 있다. 그러나 벽이 마르기 전에 그려야 하는 제약 때문에 화가가 하루에 그릴 수 있는 분량이 정해져 있다는 단점도 존재했다. 게다가 수정을 하려면 회반죽을 뜯어내고, 다시 바르고 그려야 하는 방식이기에 몹시 까다로웠다.

그 때문에 화가의 기술이 경지에 올라야 가능한 작업이었다. 또 습기가 많은 지역에서는 회반죽이 떨어져 나가기 쉬워서 물의 도시인 베네치아나 저지대인 플랑드르 등에서는 프레스코화가 거의 시도되지 않았다. 따라서 프레스코화는 13세기 말부터 이탈리아 일부 도시의 저택이나, 성당에서 대형벽화로 그려졌다.

이 그림은 피렌체의 산타마리아 델 카르미네 성당 건물 내부에 그려진 것으로 여성의 모습을 한 뱀에게 유혹받는 아담과 이브를 그리고 있다. 18세기에 화재를 겪었으나 유일하게 무사했던 성당 내 브란카치 가문의 개인 예배당에 있던 그림이다.

208

Friday

영국 역사상 첫 여왕의 처형

폴 들라로슈,
〈제인 그레이의 처형〉,
캔버스에 유화, 246×297cm,
1833년, 런던 내셔널 갤러리

6번 결혼하고, 2명의 아내를 살해한 헨리 8세를 이어 외동아들 에드워드 6세가 왕위에 올랐다. 고작 10살에 왕이 된 에드워드는 겨우 6년 남짓 왕위를 지키다가 요절했는데, 의붓남매인 메리 1세나 엘리자베스 1세가 아닌 제인 그레이(1537~1554년)라는 뜻밖의 인물이 왕위 계승자가 되었다. 메리 1세는 헨리 8세가 첫 번째 아내 캐서린과의 사이에서 낳은 딸이다. 헨리 8세는 캐서린과의 이혼을 위해 이를 반대하는 교황청과 등을 돌리고 영국 국교까지 만들었다. 그 우여곡절을 거쳐 재혼한 앤 불린과의 사이에서 태어난 아이가 바로 엘리자베스 1세이다. 왕은 딸밖에 못 낳은 앤 불린에게 금방 싫증을 느끼고, 간통죄를 뒤집어씌워 목을 벤 뒤 세 번째로 결혼한 제인 시모어와의 사이에서 바라 마지않던 아들, 에드워드 6세를 낳은 것이다.

제인 그레이는 헨리 7세의 증손녀로 헨리 8세에겐 누나의 손주이다. 서열상 왕위 계승 1위인 메리 1세는 열렬한 가톨릭 옹호자였다. 그러나 그녀가 왕이 되면 영국 국교회가 위축될 것을 우려한 이들의 계략으로, 아무것도 모르던 제인 그레이가 영국 역사상 첫 여왕이 된 것이다. 그녀는 딱 9일간 재임했고 메리 1세와 가톨릭 옹호자들에 의해 폐위되고 참수당했다.

209

Saturday

사진 한 장의 나비효과

테오도르 제리코, 〈엡섬 더비 경마장〉, 캔버스에 유화, 92×122㎝, 1821년, 파리 루브르 박물관

엡섬 더비는 영국 남부의 엡솜에서 열리는 경마 대회이다. 이 작품은 먹구름이 짙게 깔린 평원을 달리는 말들의 역동적인 모습을 낭만적으로 펼쳐냈다. 워낙 빨리 달리는 말이기에 카메라가 아닌 이상, 인간의 눈으로 말이 하늘에 떠 있는 순간을 잡아낸다는 것은 거의 불가능에 가까웠다.

프랑스 화가 제리코(1791~1824년)는 화가가 된 이래, 늘 말에 매료되어 있었고 다수의 말 그림을 그려서 말에 관한 한 그만큼 아는 사람도 드물 정도였다. 하지만 이 그림은 그 자신도, 또 그림을 보는 당시 사람들도 전혀 눈치채지 못한 잘못된 그림이었다. 화가가 세상을 떠난 지 약 50여 년이 지나, 영국의 사진가 에드워드 마이브리지는 말이 달리는 모습을 찍기 위해 24대의 카메라를 경주 트랙에 설치한 뒤 촬영했다. 사진에 따르면, 말은 네 다리를 앞뒤로 활짝 펴고 날아오르지 않는다. 전력 질주를 할 때도 늘 한 발은 바닥을 향하며, 네 발이 땅에서 다 떨어져 있는 순간이라 해도 다리가 전부 안으로 오므라들지, 그림처럼 밖으로 퍼지지 않는다. 제리코는 죽을 때까지 그 사실을 몰랐다.

❍ 많은 화가가 마이브리지의 사진을 보고 경악했다. 그들은 서둘러 자신들이 그린 그림을 수정해야 했다.

210

Sunday

예수 탄생 Ⅲ

휘호 판데르 휘스, 〈포르티나리 제단화〉 중 중앙 그림, 패널에 유화, 253×304㎝, 1477~1478년, 피렌체 우피치 미술관

휘호 판데르 휘스(1440~1482년)는 1440년경, 당시 플랑드르라고 불리던 벨기에 겐트에서 태어났다. 그림에 뛰어났던 그는 브뤼셀 근교의 한 수도원에 평수사로 들어간 뒤에는 종교화 제작에 몰두했다. 이 그림은 메디치 은행의 브루게 지점에서 일하던 톰마소 포르티나리가 주문한 세폭화 중 중앙 그림이다.

성모는 무릎을 꿇은 채 막 태어난 아기 예수에게 기도하고 있다. 외양간 기둥 뒤에는 늙은 요셉이, 화면 오른쪽에는 구세주 탄생을 축하하기 위해 몰려온 목동들이 경배하는 모습이 보인다. 이들은 놀라움과 기쁨이 교차하는 표정을 짓고 있다. 그럼에도 불구하고 그들에겐 구세주에 대한 예를 다 지키려는 진지함이 느껴진다. 그림 하단 정중앙에 놓인 포도 문양의 도자기는 성찬식의 포도주를 떠오르게 한다. 그 도자기에 꽂힌 붉은색의 백합 역시 예수가 흘린 피를 의미한다. 파란색 붓꽃은 성모의 슬픔을, 흰 붓꽃과 그 곁을 지키는 투명한 물병은 성모의 순결을 뜻한다. 카네이션은 십자가 처형 당시 마리아가 흘린 눈물에서 피어난 꽃이다. 카네이션이 세 송이인 것은 삼위일체를 의미한다.

가브리엘과
그 자매로 추정되는 초상

퐁텐블로의 거장, 캔버스에 유화, 96×125cm, 1595년, 파리 루브르 박물관

앙리 4세(재위 1589~1610년)의 정부, 가브리엘 데스트레와 그녀의 자매인 빌라르 공작부인을 그린 것으로 추정된다. 동생인 빌라르 공작부인의 젖꼭지를 잡은 둥근 손가락과 반지를 든 가브리엘 데스트레의 손 모양이 묘하게도 짝을 이루는 것으로 보아 '예쁜 젖꼭지로 왕의 마음을 사로잡아 약혼반지를 받은 것'이라는 식의 해석도 가능하다. 뒤에 앉은 하녀는 바느질을 하고 있는 것으로 보이며, 이는 가브리엘 데스트레가 낳을 아이를 위한 것으로 볼 수 있다.

부르봉 가문 출신의 왕위 계승자였던 앙리 4세는 발루아 가문의 혈통으로 이어지던 프랑스 왕가의 마그리트 드 발루아와 정략결혼 했고 왕위에 올랐지만, 애정 없는 결혼생활에 종지부를 찍게 된다. 이혼 후 앙리 4세는 이미 자신의 아이를 셋이나 낳은 가브리엘 데스트레와 결혼할 예정이었으나 그녀는 네 번째 아이를 임신한 상태에서 갑자기 중병을 얻어 사망했다. 소문에 의하면, 앙리 4세와의 혼담을 추진하던 피렌체의 메디치 가문이 사주하여 독살한 것이라는 말이 있다. 물론 앙리 4세의 전처, 마그리트 드 발루아도 용의선상에 놓여 있다. 한마디로 이 그림은 내용도, 등장인물도 모두 '추정'에 불과하다는 데서 가장 큰 매력을 발산한다.

212

Tuesday

영국 왕립아카데미 창단과
고전주의

조슈아 레이놀즈, 〈베나스트르 탈턴 장군〉,
캔버스에 유화, 236×145cm, 1782년,
런던 내셔널 갤러리

고대 그리스의 리시포스가 기원전 4세기 후반에 제작
한 것을 2세기 로마 시대에 복제, 〈샌들 끈을 묶는 헤
르메스상〉, 대리석, 높이 161cm, 파리 루브르 박물관

18세기 영국은 왕립미술아카데미를 창립했다. 프랑스 왕립미술아카데미에 비하면 100년 이상 늦은 행보였으나, 조슈아 레이놀즈(1723~1792년), 게인즈버러, 앙겔리카 카우프만▶339 같은 쟁쟁한 화가들의 참여로, 영국 미술의 도약을 다짐하는 기회가 되었다.

조슈아 레이놀즈는 17살 때부터 초상화의 대가인 토머스 허드슨에게 사사받았고, 그 재능을 인정받아 2년여 정도 이탈리아에서 유학할 수 있었다. 그는 주로 이탈리아 고전 미술을 연구했는데, 프랑스 아카데미가 그러하듯, 영국 왕립미술아카데미 역시 고전의 재발견과 해석을 중시하는 신고전주의 미술을 선호했다.

그 때문에 조슈아 레이놀즈는 초상화를 그리면서도 모델에게 고대 조각상에서 본 자세를 연기하도록 주문했고, 더러 의상마저 고대 그리스나 로마의 것을 고집하는 바람에 지나치다는 평가를 받기도 했다. 위 초상화의 주인공은 미국의 독립운동을 제압하기 위해 전투에 투입되었다가 부상을 입고 돌아와 영국 국민의 영웅이 된 베나스트르 탈턴 장군으로 고대 그리스 조각상, 〈샌들 끈을 묶는 헤르메스상〉의 자세를 취하고 있다.

제임스 애벗 맥닐 휘슬러

〈회색의 편곡(자화상)〉, 캔버스에 유화, 74.9×53.3㎝, 1872년, 디트로이트 미술관

휘슬러는 미국에서 태어났다. 아버지처럼 군인이 되고자 육군사관학교에 입학했으나 어머니의 반대로 자퇴한 것으로 알려져 있다.

1855년, 21살의 그는 파리로 건너와 글레이르의 화실에서 공부하며 드가 등 당대 화가들과 교류했다. 살롱전 입선에 실패하고, 낙선전[275]에 작품이 걸리는 등 자존심에 금이 간 채로 파리를 떠난 휘슬러는 런던에 정착, 그곳에서 주로 활동했다.

마마보이로 어머니의 성화에 못 이겨 결혼까지 생각하던 조애나 히퍼넌[195]과 헤어질 만큼 유약한 반면, 자유롭고 거친 언행과 복잡하고 문란한 사생활로도 유명하다. 자신의 그림을 함부로 평가절하 하는 평론가[223]를 맹렬하게 비난하고, 심지어 고소까지 할 정도로 예술가로서의 자부심이 컸던 휘슬러는 당시 유럽을 휩쓸던 일본풍, 즉 자포니즘에 경도되어 자주 화면에 펼쳐 보였다. 색채에 많은 관심과 열정을 쏟았는데, 사실 이 자화상조차 자신의 모습을 그리긴 했지만 회색을 다양하게 변주해 그 효과를 탐구한 결과라고 볼 수 있다.

○ 그는 하얀색에 집착해, 그 흰색 물감에 특히 많이 들어가는 납 성분에 중독되어 사망했다고 전해지는데, 그보다는 매독 때문이었을 거라는 소문도 있다.

214

Thursday

그림 속 그림

요하네스 페르메이르, 〈버지널 앞에 선 여인〉, 캔버스에 유화, 51.7×45.2㎝, 1670년, 런던 내셔널 갤러리

한 여인이 창문으로 빛이 들어오는 실내에서 버지널이라는 악기를 연주하고 있다. 그녀는 화가를, 혹은 그림 앞의 우리를 물끄러미 바라보고 있다. 평범한 일상의 한 장면을 별다른 연출 없이 담아낸 장르화처럼 보이지만, 실은 이 안에 도덕적인 훈시가 숨어 있다.

그림 속 그림들 중 중앙에는 자신의 상징인 화살을 쥔 에로스가 카드를 든 모습이 그려져 있다. 이 그림은 세사르 반 에베르딩겐의 작품으로, 네덜란드에서 유행하던 오토 반 벤의 《사랑의 우의화집》을 각색해 그린 것이다. 오토 반 벤은 이 책에서 숫자 1이 적힌 카드를 든 에로스를 그려놓고 그 아래 "진정한 사랑은 오직 한 사람에게 바치는 것이다"라는 라틴어 명구를 써두었다. 그녀가 연주하는 버지널 뚜껑 안쪽과 창 바로 옆에 걸린 그림은 풍경화이다. 별 뜻 없이 걸려 있는 듯하지만, '떠나고 싶다'라는 충동이 반영된 것으로 읽을 수 있다. 말하자면, 일탈을 꿈꾸는 그녀에게 '사랑은 오직 한 사람에게 바칠 생각을 하라'라는 것이다.

○ 악기의 이름이 '처녀의', '순결한' 등의 뜻을 가진 버지널^{Virginal}인 것은 주로 젊은 처녀나 여인들이 연주하는 악기이기 때문이라는 말이 있으나 확실하지는 않다.

루돌프 2세

주세페 아르킴볼도, 〈베르툼누스 신으로 그린 루돌프 2세의 초상〉,
패널에 유화, 70×58㎝, 1590~1591년,
스톡홀름 스코클로스터 성

유럽 왕실 중 가장 막강한 권리를 행사했던 합스부르크 가문은 15세기부터 19세기 초까지 신성 로마제국을 지배했으며, 오스트리아 등 동유럽 일대를 비롯해 스페인, 네덜란드 지역까지 정략결혼과 무력으로 통치했다.

이 왕가의 루돌프 2세(1552~1612년)는 신성 로마제국의 황제이자 지금의 체코인 보헤미아의 왕, 그리고 헝가리와 크로아티아 왕국의 왕이기도 했다. 신·구교 간의 갈등, 터키와의 오랜 전쟁, 정쟁과 암투 속에서 한시도 마음 편한 날이 없었던 탓인지 잔혹하기가 이루 말할 수 없을 정도였던 그는, 사자를 풀어놓고 그 안에 마음에 들지 않는 신하들을 몰아넣은뒤 물려 죽는 걸 구경할 정도였다. 그런 그도 말년에는 동생에게 모든 권력을 뺏기고 프라하성에 감금되어 있다가 생을 마감했다.

사실 그는 황제라는 직함이 어울리지 않는 사람이었다. 혼자 있기를 좋아했고, 천문학과 연금술을 사랑했으며, 미술작품 수집에 돈을 아끼지 않았다. 이 자화상처럼, 감히 황제를 계절의 신 베르툼누스라며 채소나 꽃으로 그린 이 그림을 애지중지할 정도로 앞선 심미안을 가진, 다소 괴짜 같은 사람이었다.

216

Saturday

종교재판에 회부된
최초의 그림

파올로 베로네세, 〈레위가의 향연〉, 캔버스에 유화, 555×1,310㎝, 1573년, 베네치아 아카데미아 미술관

베로네세는 웅장한 건축물을 배경으로 색색의 의상을 입은 이들이 모여 연회를 즐기는 장면을 주로 그렸다. 심지어 그는 〈최후의 만찬〉을 그리면서도 화려하게 차려입은 남녀가 먹고 노느라 곧 죽음을 맞게 될 예수의 존재에는 관심조차 두지 않는 그림을 그려 당대 사람들로부터 커다란 야유를 받았다. 급기야 1573년, 이 그림은 종교재판에까지 회부됐다.

재판관이 "열두 제자와의 만찬에 사람이 왜 이리 많이들 모여 있는가?"라고 묻자, 베로네세는 "그림에 남는 공간이 있어 상상해낸 인물들로 채워야 했습니다"라고 대답했다. 이어 재판관이 "〈최후의 만찬〉 그림에, 어릿광대나 창을 든 술 취한 독일인들, 난쟁이 같은 상스러운 것들을 그려 넣는 게 적절하다고 보는가?"라며 종교개혁의 성지인 독일인까지 넣은 것에 대해 강하게 비난했다. 그러자 베로네세는 "시인이나 미치광이들이 그렇듯이, 화가에게도 원하는 것을 표현할 자유가 있습니다"라고 답했다. 예술가들의 자유로운 창작 권리를 당당하게 주장했던 그는 그래도 종교재판관의 서슬 푸른 칼끝을 외면할 수는 없었는지, 그림 제목을 〈레위가의 향연〉으로 바꾸어 죽음을 면했다. 레위가의 향연은 레위 가문의 결혼식에 예수가 초대되어 간 내용으로 그림을 굳이 고칠 필요도 없었다.

이집트로의 피신 중 휴식

오라치오 젠틸레스키, 〈이집트로의 피신 중 휴식〉, 캔버스에 유화, 157×225cm, 1625~1626년, 파리 루브르 박물관

별을 따라 예루살렘으로 온 동방박사들은 헤롯왕에게 구세주의 탄생에 관해 물었지만, 헤롯은 오히려 그가 누군지 궁금해했다. 박사들은 다시 별의 인도를 받아 떠날 채비를 하는데, 헤롯왕은 그들에게 구세주를 만나게 되면, 그가 누구이고 어디에 있는지를 돌아오는 길에 알려달라고 명했다. 그러나 박사들은 헤롯에게 그의 존재를 알리지 않고 떠나버렸다. 진노한 헤롯왕은 자신보다 더 큰 권세를 가지게 될 구세주를 제거하기 위해, 2살 미만의 영아를 모두 학살하라는 반인륜적인 명령을 내린다. 이러한 계획을 천사로부터 사전 입수한 요셉은 마리아와 젖먹이 아기 예수를 이끌고 이집트로 피신한다.

그림은 이 세 가족이 이집트로의 피신 중 잠시 휴식을 취하는 장면이다. 오라치오 젠틸레스키(1563~1639년)는 성가족을 우아하고 품위 있게 묘사하던 기존의 화가들과 달리, 가진 것도 없이 무작정 낯선 나라로 떠나야 했던 가족의 현실적인 모습을 과장 없이 재현해 보였다. 젖을 물고 있는 아이, 고단함 속에서도 그 모습을 애틋하게 바라보는 마리아, 완전히 곯아떨어져 세상모르고 잠들어 있는 요셉의 모습은 이들을 먼 곳에 있는 다른 세계의 누군가가 아니라, 바로 우리 곁에 사는 소박한 그 누군가로 느껴지게 한다.

218

Monday

회색과 검은색의 배열

제임스 애벗 맥닐 휘슬러, 캔버스에 유화, 144.3×162.5cm, 1871년, 파리 오르세 미술관

이 그림은 휘슬러의 작품 대부분이 그러하듯, 색의 배치와 그 효과를 연구한 결과물이다. 그는 늘 "외부 세계와 관련된 어떤 요소도 배제하는 그림을 그린다"고 주장했다. 말하자면 어떤 대상을 사진처럼 모방하기보다는 색채 간의 조화만 목표로 삼는다는 뜻이다.

그의 의도대로라면 우리는 이 그림에서 '실내 어디엔가, 의자에 고독하게 앉아 있는 어머니'가 아닌, 짙은 검은색, 흰색, 그리고 얼굴색의 조화와 몸의 곡선, 액자의 직선, 커튼 위 반짝이는 색점 등만 봐야 한다. 그러나 그의 이 실험적인 작품은 감상자들로 하여금 누구에게나 있고, 어떤 방식으로든 부채의식을 가질 수밖에 없는 어머니라는 존재에 대한 애환을 자극했다.

휘슬러의 어머니는 가난한 살림에도 그의 뒷바라지에 전력 질주하며, 엄격하고 강압적인 모성애를 보였다. 아들은 그런 어머니에 대해 애정과 동시에 두려움을 느꼈다. 휘슬러는 마침 영국의 아들 집에 와 있던 어머니를 모델로 이 그림을 그렸고, 얼마 뒤 어머니가 고향인 미국으로 떠났을 땐 너무 속이 시원해서 연락 한 번 하지 않았다 한다. 그리고 2년 뒤, 휘슬러는 부음으로 어머니의 소식을 접하게 된다.

219

Tuesday

낭만주의 I

안루이 지로데트리오종, 〈아탈라의 매장〉, 캔버스에 유화, 207×267㎝, 1808년, 파리 루브르 박물관

〈아탈라의 매장〉은 1801년에 출간된 프랑수아 르네 드 샤토브리앙의 소설, 《아탈라》의 한 장면을 그린 것이다. 기독교로 개종한 미국 인디오와 유럽인 사이에 태어난 혼혈 소녀, 아탈라는 사형수가 된 한 인디오 포로와 예기치 못한 사건을 계기로 함께 도주하면서 사랑을 키워간다. 그러나 아탈라의 어머니는 딸을 낳으면서, 그녀를 하느님의 아내로 바친다는 서약을 한 터였다. 아탈라는 사랑과 기독교인으로서의 서약 사이에서 갈등하다 결국 자살을 선택한다.

자살한 아탈라와 그녀의 어깨를 받쳐 든 신부는 유럽인들의 기독교적 가치관을 역설하고, 그녀의 발을 껴안은 채 슬픔에 잠긴 청년은 그 높은 이상에 순종할 수밖에 없는 원주민들의 삶을 보여준다. 그림 상단 중앙, 동굴 벽에는 "아직 꽃이 피지도 않았고, 사람의 손으로 뽑히지도 않았음에도, 약초이기도 전에 시들어간다"라는 글귀가 새겨져 있다. 신고전주의와 달리 낭만주의의 그림은 이처럼 주로 이국적인 것이나 격정적이고 처절한 사랑 이야기 같은, 이성적이며 공적인 명분보다는 지극히 개인적인 감정을 그렸다.

220

Wednesday

티치아노 베첼리오

〈자화상〉, 캔버스에 유화, 86×65㎝, 1562년경,
마드리드 프라도 미술관

티치아노는 베네치아 태생으로, 붓을 떨어뜨리면 신성 로마 제국의 황제인 카를 5세가 직접 허리를 굽혀 집어주었을 정도로 존경받은 화가이다.

그가 그린 초상화 한 점을 가질 수 있다면 그야말로 영광이라며 귀족들이 줄을 설 정도였다. 모든 장르의 회화에서 늘 으뜸이 되는 실력을 자랑했지만, 무엇보다 초상화에서 더한 사랑을 받았다.

말년에 그린 그의 자화상에서 보듯, 얼굴과 손에만 빛을 비추고 배경을 어둡게 하면서 심리적으로 주인공에 몰입하게 하는 방식은 당대 그 누구도 넘볼 수 없는 경지로 칭송받았다.

자세히 들여다보면, 붓 자국이 성기게 남아 있고 물감층이 도드라지는 임파스토[340] 기법을 사용했는데, 그 덕분에 수염이나 옷 등에서 그 촉감이 고스란히 전해지는 듯하다. 그는 카를 5세로부터 기사 작위를 받으면서 하사받은 두 줄 목걸이를 목에 걸고 있다.

살아생전 부와 명예는 넘치도록 누리고 살았지만, 늙는 자신이 싫었던지 수시로 자기 나이를 부풀려서, 100살이 넘었는데도 고기를 씹고 여성과 사랑한다며 자랑을 일삼았지만, 90살 가까이 살다 페스트에 걸려 사망한 것으로 추정된다.

221

Thursday

초기 르네상스 초상화

안토니오 피사넬로, 〈지네브라 데스테의 초상〉, 패널에 유화,
43×30cm, 1435년, 파리 루브르 박물관

중세에는 단독 초상화를 남기는 일이 흔치 않았다. '개인'이라는 개념이 생겨나고, 자신을 기념하는 일에 두려움을 느끼지 않는 르네상스 시대가 되면서 초상화는 다시 그려지기 시작했다.

고대 로마의 황제나 귀족들이 주문 · 제작한 메달이나 동전 속 얼굴처럼, 초기 르네상스 시절의 초상화는 완전 측면의 얼굴을 취하는 경우가 많았다. 그림의 주인공은 페라라 공국을 이끄는 에스테 가문의 공주, 지네브라 데스테(1421년경~1440년)로, 소매 뒤쪽으로 그려진 화병은 데스테 가문이 사용하는 문장이다.

1434년, 리미니 공국의 시지스몬도 말라테스타와의 결혼을 앞두고 제작된 초상화이니만큼 그림 배경에 그려진 카네이션은 불타는 사랑을 의미하는 것으로 볼 수 있다. 배경에 그려진 노간주나무는 그녀의 이름과 관련이 있다. 노간주나무는 이탈리아어로 지네프로^{Ginepro}인데, 그녀의 이름 지네브라를 연상시키기 때문이다. 식물 등을 그려 이름을 표현하는 양식은 르네상스 이래 자주 그려졌다.

○ 지네브라 데스테는 1440년, 남편인 시지스몬도 말라테스타에게 독살당한다. 다른 여자와의 결혼을 위해서였다.

루이 13세의 섭정왕후, 마리 드 메디치

페테르 파울 루벤스,
〈마르세유에 도착한 마리 드 메디치〉, 마리 드 메디치 연작 중 하나,
캔버스에 유화, 394×295cm, 1622~1625년,
파리 루브르 박물관

피렌체 메디치 가문은 마리 드 메디치(1573~1642년)를 막 이혼한 프랑스의 왕 앙리 4세와 결혼시키기 위해 이미 왕의 아이까지 가진 약혼녀*211를 독살했다는 소문도 있다.

재벌가 출신인 그녀는 어마어마한 지참금으로 바닥난 프랑스 궁정의 재정 상태를 보완해주었지만 애초에 정 없는 결혼에, 언어마저 다른 궁정 생활의 외로움을 기왕지사 갖고 온 돈 쓰기로 해결했다. 그녀는 루이 13세로 등극할 왕자를 비롯해 5명의 아이를 낳았다. 1610년에는 남편 앙리 4세가 암살당하는데, 가톨릭을 옹호하던 그녀의 사주라는 소문도 있다.

그녀는 어린 나이에 왕위에 오른 루이 13세의 섭정왕후가 되지만, 성장하는 루이 13세를 앞세운 정치 세력과 사사건건 충돌하게 된다. 말년에는 아들로부터 버림받아 프랑스에서 완전히 추방되었고, 브뤼셀을 거쳐 쾰른에 이르러 생을 마감한다.

이 그림은 왕이 자신을 위해 토스카나풍으로 지어준 궁전, 뤽상부르 궁에 본인의 일대기를 전시하기로 하고 1621년 루벤스에게 의뢰한 24연작 중 하나로, 마리 드 메디치가 결혼을 위해 막 마르세유에 도착한 순간을 담고 있다. 상단에 비해 하단은 신화 속 한 장면처럼 보인다.

223

Saturday

잘못된 만남

존 에버렛 밀레이, 〈존 러스킨의 초상〉, 캔버스에 유화, 78.7×68cm, 1853~1854년, 옥스퍼드 대학 애슈몰린 박물관

빅토리아 시대 영국의 예술평론가로, 수채화나 소묘 등에도 능했으며, 지질과 건축, 조류, 문학, 원예, 심지어 경제학까지 다방면에서 빛나는 글을 발표한 존 러스킨(1819~1900년). 그는 제임스 휘슬러를 향한 독설로 재판까지 가는 소동▶213을 벌였지만, 사실 그보다 더 시끄러운 스캔들의 주인공이기도 했다.

러스킨은 당시로서는 파격적인 양식의 그림을 선보였던 밀레이의 작품을 열렬히 옹호하는 글을 썼다. 그 덕분에 서로 친구가 되었고, 급기야 스코틀랜드에 있는 자신의 별장에 화가를 초대하여 함께 지내게 되었다. 그러나 자신의 아내 에피가 손님 밀레이와 사랑에 빠져버렸고, 결국 그녀는 러스킨과의 결혼 무효소송을 제기하고 승소한 뒤 밀레이와 결혼에 이르게 된다. 러스킨과 에피는 결혼생활 6년 내내 한 번도 잠자리를 가지지 않았기에 소송은 에피에게 유리할 수밖에 없었다. 이 그림은 러스킨으로서는 치욕의 스코틀랜드 여행에서 밀레이가 그려준 것으로, 버리기도 가지기도 싫어 친구에겐 줘버린 작품이 이리저리 떠돌다 결국 영국 정부의 손에 들어가 현재 옥스퍼드 대학에서 장기 임대 형식으로 전시되고 있다.

○ 에피가 남긴 편지에 따르면 러스킨은 에피의 알몸을 보고 충격을 받은 뒤부터 잠자리를 거부했다고 한다. 여성의 체모를 본 적이 없었던 그의 순진함 때문이라는 말도 있지만, 그에게 동성애 성향이 있었기 때문이라는 소문도 있다.

224

Sunday

세례 요한의 탄생

로히어르 판데르 베이던, 〈성 요한의 세폭 제단화 중 세례 요한의 탄생〉,
패널에 유화, 77×48cm, 1455~1460년, 베를린 국립 미술관

로히어르 판데르 베이던이 완성한 세폭 제단화 중 한 면이다. 엘리사벳은 성모 마리아보다 약 6개월 앞서 아이를 낳았다. 아이를 안고 있는 여인은 성모 마리아로 엘리사벳의 해산을 도운 뒤 아빠라고 하기엔 너무 늙어 보이는 즈가리야에게 아이의 모습을 보여주고 있다.

사실 부부는 아이를 간절히 원했으나 이미 너무 나이가 많았다. 그러던 중, 천사가 나타나 곧 아내가 임신할 것이라는 사실을 알리자 즈가리야는 어떻게 그 말을 믿으라는 거냐며 의심을 품었다. 믿지 못하는 자에 대한 벌이었는지, 그는 당분간 말을 못 하게 되어 글로써 소통할 수밖에 없었다. 의자에 앉은 즈가리야는 무릎에 펼쳐놓은 작은 종이에 태어난 아들의 이름을 적고 있다. '요한'이다. 그는 자라서 예수에게 세례를 하는데, 〈요한복음〉을 쓴 사도 요한과 구분하기 위해 세례 요한이라고 부른다.

○ 화가는 이 장면의 배경을 네덜란드 중산층의 집안처럼 꾸몄다. 특히 아이를 낳은 엘리사벳이 누워 있는 빨간색 침대는 15세기 중엽 잘사는 집에서는 다 들여놓는 유행을 탔던지, 당시 네덜란드 화가들의 그림[056]에 자주 등장한다.

십자가에서 내려지는 예수

페테르 파울 루벤스, 패널에 유화, 421×311㎝, 1611~1614년, 안트베르펜 성모 마리아 대성당

만화영화 〈플랜더스의 개〉의 주인공 네로가 마지막으로 보고파 했던 그림으로 유명하다. 실제로 이 그림을 보고 감동한 영국의 소설가 위다가 쓴 동명의 소설이 만화영화의 원작이다. 지금도 이 그림이 걸린 안트베르펜 대성당 앞에는 넬로와 파트라슈를 기리는 조각상이 놓여 있다. 플랜더스는 안트베르펜 인근 지역을 뜻하는 플랑드르의 영어식 발음이다.

그림은 세 면으로 이루어진 세폭화 중 중앙그림으로 십자가에서 숨을 거둔 예수를 막 지상으로 내리는 장면이다. 어디선가 들이치는 조명이 예수의 몸 전체를 비추고 있어 강렬한 느낌을 준다. 예수는 흰색 천에 감싸여 내려지고 있는데, 그를 온몸으로 받치는 붉은 옷의 남자가 사도 요한이다. 발치에는 마리아 막달레나가 보인다. 그녀는 매음굴의 여성이었으나 회개하고, 고가의 향유를 사서 예수의 발을 닦아준 이력이 있으며, 이후 자라나는 머리카락으로 자신의 몸을 가리고 살 정도로 검소하게 살았다 한다. 그 때문에 그림에서 그녀는 머리카락이 아주 긴 여성으로 묘사[252]되거나, 주로 예수의 발치에 등장하곤 한다. 붉은 옷을 입은 요한과 대칭을 이루는 곳에 푸른 옷의 성모 마리아가 보인다. 예수의 몸이 사선으로 화면을 가르는 구도로 등장인물 모두의 움직임이 크게 느껴져 역동적이다.

○ 루벤스가 그린 인물들의 몸은 대체로 남자는 근육질이고, 여성은 풍만하다. 십자가 처형 이전, 갖은 고초를 겪은 예수의 몸이 지나치게 근육질이라는 점은 그림의 사실감을 떨어뜨린다.

226

Tuesday

아카데미 화풍

레옹 마티유 코슈로,
〈다비드 작업실의 실내 풍경〉,
캔버스에 유화, 90×105㎝, 1814년,
파리 루브르 박물관

루이 14세의 명으로 만들어진 '왕립미술아카데미', 즉 프랑스 미술아카데미는 왕실을 위한 작품 구매와 보관 등 미술과 관련된 모든 일을 왕실, 곧 국가의 이름으로 관리하고 통제하는 역할을 했다. 아카데미 회원이 되는 것은 미술 종사자들에게 최고의 영예였던 만큼, 엄격하게 제한된 자격을 갖추어야만 가입할 수 있었다. 아카데미는 산하에 '에콜 데 보자르'라고 하는 미술학교도 운영했다.

전통적으로 아카데미는 르네상스 시대부터 이어온 디세뇨^{Disegno}, 즉 데생을 미술의 기초로 보았는데, 이는 '선과 형태가 색에 우선한다'는 신념에서 비롯된 것이다. 그들은 1876년까지는 채색을 가르치지도 않을 정도였다. 학생들은 실제 누드 모델을 보고 습작했고, 로마인들이 복제한 고대 그리스 조각을 모사하면서 고전의 향수를 이어갔다. 19세기에는 살롱전을 통해 아카데미의 이상에 맞는 화풍을 견지했는데, 다비드나 앵그르 등의 신고전주의가 특별한 사랑을 받았다. 그림은 신고전주의의 대가, 다비드의 화실에서 학생들이 실제 누드를 보고 습작하는 장면이다. 그림 속 모델은 고대 그리스 조각처럼 완벽하고 이상적인 몸매를 소유하고 있다.

○ 살롱전은 루브르 왕궁 내부, 정사각형 건물인 '살롱 카레^{Salon Carre}(사각형의 방)'에서 열렸다는 데서 비롯된 명칭이다. '살롱'은 방을 의미한다.

귀스타브 쿠르베

〈부상당한 남자〉, 캔버스에 유화, 81.5×97.5㎝, 1844년, 파리 오르세 미술관

"내게 천사를 보여다오, 그러면 천사를 그리겠다"라는 쿠르베의 말은 '지금 여기, 눈으로 확인할 수 있는 것만 그리겠다'는 의지를 표현한 것이다. 열렬한 공화주의자로 제2 제정 시절, 나폴레옹 3세(재위 1852~1870년)의 실정을 맹비난했고, 1871년 파리 코뮌이 짧게나마 정권을 잡았을 때 루브르 박물관 감독 일을 자처했다. 하지만 정권이 바뀌자 방돔 광장에 있던 나폴레옹 동상 파괴 사건에 연루되어 투옥되기까지 했다. 그는 조각상 재건립 비용만큼의 벌금을 선고받았는데, 전 재산을 몰수당하고도 모자라 할 수 없이 스위스로 망명해야 했다.

이 그림은 그가 남긴 여러 자화상 중 하나로 1844년에 그렸다가 10년 뒤 다시 수정한 것이다. 엑스레이로 촬영해 밝혀진 사실에 따르면 10년 전 그림의 화면 왼편에는 검이 아니라 자신의 연인 비르지니 비네의 모습이 그려져 있었다. 그렇지만 그녀가 자신과의 사이에서 낳은 아이를 데리고 떠난 뒤 그녀를 지우고 검으로 대신한 것이다. 결국 가슴에 놓인 상처는 그 결별의 '상처'를 의미한다고 볼 수 있다. 연인은 없지만, 연인이 남긴 상흔은 가슴에 피로 맺혔다.

228

Thursday

템페라화

이 그림은 나무로 만든 패널에 템페라로 그려졌다. 당시 화가들은 교회 등으로부터 그림 주문을 받을 경우, 공간에 맞게끔 나무로 판을 짠 후 그림을 그렸다. 템페라는 계란이나 벌꿀, 끈적이는 나무 수액 등을 용매로 해서 색 안료를 섞어 그리는 기법이다. 그림의 제목이기도 한 '마에스타Maestà'는 황제 등 최고 지위의 인물을 부르는 극존칭어이지만 미술에서는 마리아와 예수가 옥좌에 앉은 모습을 담은 그림을 의미한다.

이탈리아 피렌체 출신의 치마부에(1240년경~1302년경)는 중세가 막바지로 치닫는 시기에 활동했다. 그들에게 있어 그림, 특히 성화에서는 미적 가치보다 영적 가치가 앞섰기에 사진을 보는듯한 사실적인 묘사는 의미가 없었다. 따라서 성모자를 호위하고 있는 천사들은 마치 종이 인형을 잘라 붙여놓은

치마부에, 〈산타 트리니타의 마에스타〉, 패널에 템페라,
385×223㎝, 1280~1290년, 피렌체 우피치 미술관

듯 납작하고, 앞과 뒤라는 깊이감, 즉 공간감이 상실돼 있다. 아기 예수는 아기라기보다는 어른에 가까운 얼굴이다. 이는 세상을 구원할 구세주 예수를 어린이로 묘사하지 않던 관습에 의한 것이다. 단지 성모의 옥좌 아래, 아치형의 건물에서 약간의 깊이가 느껴질 뿐이다.

229

Friday

네덜란드 독립전쟁

디에고 벨라스케스, 〈브레다의 항복〉, 캔버스에 유화, 307×367㎝, 1634~1635년, 마드리드 프라도 미술관

아버지 카를 5세로부터 오늘날 베네룩스 3국에 해당하는 저지대 지역의 통치권을 물려받은 스페인의 펠리페 2세(재위 1556~1598년)는 가톨릭교회의 수호자임을 자처하며, 이 지역에서 급증하던 신교도들을 탄압했다. 마침내 1568년, 빌럼 1세는 스페인의 압정에 항거하며 독립전쟁을 선포했다. 1579년, 남부의 7개 주는 결국 스페인에 항복했지만, 북부의 10개 주는 계속 전쟁을 이어나갔다. 이들은 1609년에서 1619년까지 약 10년간 휴전 후 다시 전쟁을 재개, 1648년 마침내 네덜란드가 승리, 독립을 쟁취하는 것으로 전쟁은 막을 내린다. 이 그림은 휴전 이후 다시 총공세에 돌입한 스페인군의 전쟁 활약상을 담았다. 1624년, 스페인군은 브레다를 포위하고 식량 보급로를 차단한 채 고립시켜 한시적인 승리를 끌어냈다.

두 장수 중 왼쪽은 브레다 성의 유스티누스 판 나사우 장군이다. 그는 몸을 숙인 채 성의 열쇠를 적장에게 바치고 있다. 마치 그를 위로라도 하듯, 한쪽 팔을 패전국의 장수 어깨에 얹은 이는 스페인의 암브로조 스피놀라 장군이다. 펠리페 4세는 벨라스케스에게 스페인의 승리를 자랑하는 그림을 제작도록 명했으나 그림이 완성된 지 10여 년이 조금 지나 결국 네덜란드의 독립을 인정해야 했다.

230
Saturday

미켈란젤로의 순정

미켈란젤로 부오나로티, 〈가니메데스의 납치〉,
검은 색 초크, 36.1×27.5cm, 1533년,
케임브리지 포그 미술관

미켈란젤로는 무뚝뚝하고, 다소 거만하기까지 한 성격이었다. 피렌체에서 조각 공부를 하던 시절, 자신의 작품을 우습게 알던 동료와의 주먹다짐 끝에 코뼈가 내려앉은 채로 평생 살았고, 수가 틀리면 교황에게까지 대들 정도로 자존심이 강했다.

그가 평생 독신으로 살았던 것은 금욕주의적인 생활 태도 때문으로 보는 이도 있지만, 동성애자였기 때문이라는 소문도 있다.

1532년, 나이 쉰일곱에 접어들 무렵 만난 23살의 로마 귀족 토마소 데 카발리에리(1509~1587년)는 미켈란젤로의 가슴에 불을 질렀다. 그가 로마에 정착하기로 결심한 것도 바로 토마소 때문이었다. 시인이기도 했던 미켈란젤로는 300편 남짓한 자신의 시 중 30개의 시를 토마소를 위해 썼고, 헌시했다.

이 그림은 그가 토마소에게 보낸 소묘 작품 중 하나로, 제우스가 독수리로 변해 가니메데스라는 미소년을 납치하는 장면으로 동성애적 코드를 암시한다. 그들의 사랑은 미켈란젤로가 숨을 거두는 순간까지 이어졌고, 육체적 관계를 배제한 정신적인 사랑이었다고 한다. 그러나 그와 눈을 마주치는 상상만으로도 행복에 빠져든다고 고백한 미켈란젤로의 시를 읽다 보면 어디까지 믿어야 할지 알 수가 없다.

예수 세례

세례 요한은 "낙타털 옷을 입고, 허리에 가죽띠를 두르고(《마르코복음》 1장 6절)"라는 구절처럼 낙타털 옷차림이다. 성서의 인물들은 머리에 후광을 얹은 모습으로 그려졌는데 예수의 경우는 특별히 붉은 십자가를 후광 안에 그리곤 했다. 후광은 사실적이고 자연스러운 그림을 추구했던 르네상스로 오면서 점차 사라졌다.

베로키오(1435~1488년)는 르네상스 화가답게 가능한 한 인간의 신체를 실감나게 묘사하기 위해 해부학적 지식을 총동원했다. 그러나 나무 십자가를

안드레아 델 베로키오, 〈예수 세례〉, 패널에 유화, 177×151cm, 1472~1475년, 피렌체 우피치 미술관

끼고 있는 요한의 손과 팔은 지나치게 두드러진 핏줄로 인해 오히려 부자연스럽다. 성령의 비둘기를 내려보내는 하느님의 손을 구체적으로 그려 넣은 것도 사실감이 떨어져 중세적이라는 생각이 든다. 그러나 왼쪽에 앉은 천사들의 모습은 이런 어색함을 단번에 날려준다. 대체로 어른들의 이런 행사는 재미없기 마련이라는 듯 지루한 표정을 지으며 다른 곳을 보는 천사, 관심 없다는 듯 수건을 든 채 멍하게 기다리는 천사의 모습은 입가에 미소를 짓게 한다. 사실 이 두 천사는 베로키오의 제자였던 레오나르도 다빈치가 그렸다.

○ 베로키오는 제자가 손을 댄 자신의 작품을 보고는 기가 죽어 붓을 꺾었다는 소문이 있다. 그러나 이는 다소 과장된 것으로 베로키오는 회화보다 조각 쪽에서 더 주문이 많았기에, 그에 매진했을 뿐이다.

세네치오

파울 클레, 캔버스에 유화, 40.5×38cm, 1922년, 바젤 미술관

성악과 교수 아버지와 음악 교사 어머니 사이에서 태어난 클레(1879~1940년)는 바이올린에 뛰어난 신동이었다. 그는 스위스 베른시 교향악단 단원이자 음악 비평가로서도 활동했다.

그림 속에서 대상의 형태를 식별할 수 없는 수준을 추상이라고 한다면, 그의 이 그림은 무엇인지 알 수는 있지만 형태가 기하학적 모양으로 단순화되고, 색채 또한 사실적인 묘사와 거리를 두는 '반추상'이라고 볼 수 있다.

어린아이의 낙서 같은 작품 스타일로 유명한 그는 〈나의 부드러운 노래에 맞춰 너 괴물 춤을 추어라〉, 〈지저귀는 기계〉, 〈밤이 오기 1시간 전〉, 〈달걀과 맛있는 불고기는 어디에서 오는가〉 등 제목만 봐도 시적인 분위기가 압권인 그림을 그렸는데, 이는 문학에도 남다른 감각을 지니고 있었기 때문이다.

누군가의 초상화일 것이라는 주장도 있지만, 흔히 자화상으로 알려진 〈세네치오〉는 단순한 형태에 아름다운 색채들이 서로 조화를 이루고 있다. 둥근 얼굴과 삼각·사각형의 기하학적 형태, 오렌지색과 노란색, 빨간색을 보고 있자면, 마치 밝고 맑은 어린아이들의 노래를 듣는 듯하다.

○ '세네치오'는 관상식물의 일종으로 노란색 꽃에 부드러운 털이 있어, '노인네 수염'이라고도 부른다. 그림을 그리던 당시 클레는 턱수염이 있었기에 이런 별명을 가진 세네치오를 그림 제목으로 삼은 것이다.

233

Tuesday

낭만주의 Ⅱ

테오도르 제리코,
〈메두사호의 뗏목〉,
캔버스에 유화,
491×716㎝, 1819년,
파리 루브르 박물관

19세기 프랑스에서는 인간 이성에 호소하는 신고전주의 미술이 아카데미를 등에 업고 화단을 주도했다. 그러나 죽음, 공포, 이국적인 것들을 주요 소재로 하는 낭만주의자들은 공적이고 선전적인 신고전주의와 달리 개인적이고 감정적인 주제의 그림을 그렸다. 제리코(1791~1824년)는 낭만주의 미술의 선구적 화가였다. 이 그림은 특히 당대에 일어났던 끔찍한 사건을 주제로 했다는 점에서 유명세를 치렀다.

1816년 프랑스의 대형 선박, 메두사호는 식민지 세네갈로 가던 중 난파하게 된다. 배에 타고 있던 권세가들은 구명선을 타고 무사히 탈출했지만, 150여 명의 보통 사람들은 그 구명선에 밧줄로 이은 뗏목에 의지해야 했다. 그나마 구명선에 탄 승객들이 밧줄을 끊어버리는 바람에 이들은 무려 13일을 표류하다가 간신히 구출되었는데, 겨우 14명만이 생존해 있었다. 생존자들을 일일이 찾아다니며 상황을 듣고, 시체 보관소를 돌며 시신 모습을 스케치하는 등 각고의 노력으로 완성한 제리코의 그림은 우선 갈색 톤의 '색채'로 비극성을 더하고, 널브러진 시신, 죽어가는 사람들, 절규하는 사람 등을 화면 가득 그려 넣어 섬뜩함과 슬픔, 분노와 두려움의 감정들을 자아낸다.

○ 그럼에도 불구하고 13일을 굶은 사람들의 몸이 고대 그리스 조각상처럼 다부진 형태미를 갖춘 모습은 그가 아카데미의 영향에서 완전히 자유롭지 못하다는 반증이다.

234

Wednesday

로살바 카리에라

〈자화상〉, 종이에 파스텔, 71×57cm, 1715년,
피렌체 우피치 미술관

로살바 카리에라(1675~1757년)는 레이스 직공인 어머니를 도와 패턴 등을 그리면서 그림에 관심을 보이기 시작했다. 그녀는 특이하게도 색분필, 즉 파스텔화의 거장으로 성장한다.

당시 대부분의 화가는 색분필을 유화 그림의 밑그림 용도로만 생각했다. 그러나 그녀는 파스텔 특유의 색과 질감에 매료됐고, 그를 적절히 사용하여 유화에서는 볼 수 없는 새로운 느낌의 그림을 완성함으로써 파스텔의 가치를 드높인 최초의 화가가 되었다.

로살바는 그랜드 투어로 베네치아를 방문하는 귀족 자제들과 그 일행의 초상화를 그려주면서 유럽 전역에 이름을 알리게 된다. 이윽고 파리로 건너간 그녀는 로코코 미술의 거장이 된 와토를 만나 그와 교류했고, 프랑스 궁정에서도 귀족들의 초상화로 큰 인기를 얻었다.

자화상 속에서 로살바가 그리는 얼굴은 자신을 꼭 빼닮은 여동생의 모습이다. 하얀색 파스텔을 끼운 필기도구는 여동생이 입은 하얀 레이스의 바스러질 듯한 질감을 생생하게 묘사하는 중이다. 그 앞에 늘어진 파스텔들은 그녀가 그 분야의 대가임을 암시한다.

○ 미혼으로 살았던 로살바는 혹시나 있을지 모를 추문을 의식해서인지, 여동생을 자신의 조수로 삼았다.

235

Thursday

바르톨로메 에스테반 무리요, 〈성가족〉, 캔버스에 유화, 144×188㎝, 1650년경, 마드리드 프라도 미술관

세비야의 빈민가에서 태어나 고아로 성장, 어린아이들의 천진한 모습과 화목한 가정의 일상을 즐겨 그린 무리요(1617~1682년)의 그림이니만큼, 이 작품 역시 제목을 가리고 본다면 평범한 스페인 소시민의 일상을 담은 장르화로 볼 수도 있다. 그럼에도 이 그림을 〈성가족〉이라 하는 것은 그와 관련한 상징들이 숨어 있기 때문이다.

그림 왼쪽의 여인은 실을 짜고 있는데, 마리아는 성전의 휘장을 만드는 일에 동원되었을 만큼 바느질 솜씨가 뛰어났다. 한편 그리스 신화에서 처녀의 신이자 달의 여신이며 사냥의 여신인 아르테미스는 '숙명의 실을 감는 자', 거미로 묘사되기도 한다. 화가들은 처녀의 몸으로 세상의 운명과 아들의 숙명을 묵묵히 견뎌내는 성모 마리아를 처녀의 신, 아르테미스의 모습에서 따오기도 했다.

그림 중앙의 아기는 새를 잡은 채 강아지와 장난치고 있다. 손에 잡힌 새는 곧 인류를 위해 희생될 예수를 암시한다. 아이를 바라보는 아버지는 그 곁의 탁자 위에 목수 일과 관련된 여러 도구를 얹어 놓고 있다.

236
Friday

프롱드의 난과 루이 14세

사를 뢰르종, 〈프롱드의 난을 진압한 루이 14세〉, 캔버스에 유화, 166×143cm, 1652~1654년, 베르사유 궁전

루이 14세는 5세의 어린 나이에 왕권을 물려받았는데, 어머니 안 도트리슈가 재상 마자랭을 측근에 두고 섭정 정치를 펼쳤다.

그는 1661년에 각종 비리로 엄청난 부를 축적한 니콜라 푸케의 집에 초대받아갔다가, 왕보다도 더 호화스러운 저택에서 사는 그를 보고 분노해, 한 번에 2만 명을 수용할 수 있는 엄청난 크기의 베르사유 궁전을 짓게 했다는 말이 있다. 니콜라 푸케는 횡령죄로 무기징역에 처해져 감옥에서 사망한다. 안 도트리슈와 마자랭은 귀족들의 왕권에 대한 도전인, 프롱드의 난(1648~1653년)을 제압한 루이 14세가 절대 왕정 시대를 견고히 유지할 수 있도록 했다.

샤를 뢰르종은 프롱드의 난의 승리자, 루이 14세의 모습을 그리스 신화 속 제우스처럼 묘사했다. 한 손에 자신의 상징인 번개를 든 제우스의 발치에는 역시 자신의 권위를 대신하는 독수리가 그려져 있다. 하단 글귀는 "이 젊은 군주가 바로 새로운 제우스이다"라는 내용이다.

○ '프롱드'는 아이들의 돌팔매질을 의미하는데, 재상 마자랭의 집 창문이 바로 그 돌팔매질로 깨져나가면서 시작된 난이라 하여 '프롱드의 난'이라 부른다.

237

Saturday

왕의 여인이 된 마담 퐁파두르

모리스 캉탱 드 라투르, 〈마담 퐁파두르〉, 종이에 파스텔,
175×128cm, 1749~1755년, 파리 루브르 박물관

핑크빛 하이힐에, 봄 햇살처럼 화사하고 세련된 드레스 차림의 여인은 화장대 대신 백과사전과 지구의를 얹은 탁자 앞에 앉아 엷은 미소를 띠고 있다.

그림의 주인공은 루이 15세의 애첩, 마담 퐁파두르(1721~1764년)이다. 본명은 잔 앙투아네트 푸아송으로, 세무공무원이었던 아버지가 횡령 혐의를 받고 달아난 뒤 어머니와 어머니의 정부 아래에서 성장했다. 그녀는 19살 나이에 의붓아버지의 조카와 결혼했다. 이후 살롱을 운영하며 볼테르, 몽테스키외 등 당시 프랑스의 유명 사상가들과 교류했다.

그녀는 작정하고 루이 15세를 유혹하기 위해 사냥의 여신, 아르테미스로 분장하고 궁정 사냥터에 잠입했다. 유혹은 성공적이었다. 왕은 평민 출신인 그녀의 궁 출입을 위해 퐁파두르라는 작위를 사서 그녀에게 하사했고, 남편은 멀리 보내버렸다. 배경에 등장하는 백과사전은 세상의 모든 지식을 서민들이 알게 되는 것을 두려워한 보수적인 가톨릭과 왕실 사람들에 의해 금서로 지정되었으나, 이 책의 편찬에 가장 큰 힘이 되어준 이가 바로 마담 퐁파두르이다.

○ 파스텔화로 유명했던 모리스 캉탱 드 라투르는 이 초상화를 끝내는 데 무려 5년이라는 시간을 보냈다. 그 때문에 마담 퐁파두르가 원래 계약했던 초상화 대금의 반만 지급했다는 소문이 있다.

238

Sunday

세례 요한의 머리를 받는 살로메

카라바조, 〈세례 요한의 머리를 받는 살로메〉, 캔버스에 유화, 91×106㎝, 1607~1610년, 런던 내셔널 갤러리

세례 요한은 그가 이룬 일들에 비해 어처구니없는 죽음을 맞이하게 된다. 그는 형을 죽이고 형수를 취한 헤롯왕의 패륜에 크게 분노했고, 비난했다. 요한의 이런 비판이 자칫 자신의 평온한 일상을 위협할 거라 판단한 왕비는 간교를 꾸미며, 전남편과의 사이에서 낳은 딸 살로메로 하여금 연회에서 왕의 마음을 사로잡게 만든다.

헤롯왕은 자신의 의붓딸이자 조카인 살로메가 추는 요염한 춤에 그만 정신을 놓고, 원하는 것이 있으면 다 주겠노라고 호기를 부렸다. 살로메는 어머니가 시킨 대로 세례 요한의 목을 요구했다. 이런 소원이라면 헤롯왕으로서는 거절할 이유가 없었다. 요한은 지체 없이 참수되었고, 남자는 막 자른 요한의 목을 살로메가 든 쟁반 위로 얹었다. 짙은 어둠을 배경으로 죽은 자, 죽인 자, 죽음을 받아든 자와, 그리고 그것을 목격한 자 위로 밝은 빛이 떨어진다. 마치 연극 무대의 한 장면을 보는 듯 심리적인 압박감이 강렬하다.

제우스 혹은 포세이돈

청동상, 높이 209cm, 기원전 460~350년,
아테네 국립고고학 박물관

그리스인들은 자신들이 모시는 신의 모습, 올림픽 경기에서 승리한 선수, 전쟁에서 큰 공을 세운 영웅들의 모습을 주로 '청동'으로 제작했다. 그러나 그 값비싼 청동들은 로마인들의 약탈과 함께 녹아 사라졌다.

대리석이나 석고로 복제한 로마 시절의 고대 그리스 작품에 비해 청동 원작은 돌에서는 불가능한 세밀한 표현이 가능했다. 특히 머리카락과 수염의 섬세한 표현, 살아 있는 듯한 눈매, 코와 입술의 날렵하고 여린 선, 근육의 세세한 이음새나 자연스러움은 육중한 돌이 할 수 있는 일이 아니었다.

이 작품은 제우스 혹은 포세이돈을 기념하는 조각상으로 추정되는데 그리스의 아르테미시온 곶에서 발견되었다 해서, '아르테미시온의 조각상'이라고도 부른다. 온 힘을 다해 두 팔을 뻗은 저 자세를 애초에 대리석으로 만들려고 했다면 팔 아래 받침대 같은 것이 필요했을지도 모른다. 그가 한쪽 팔에 든 것은, 만약 포세이돈이었다면 삼지창, 제우스였다면 번개였을 것으로 본다.

○ 조각가들의 기량이 절정에 달한 그리스 고전기에 이르면 형태나 그 자세가 한결 자연스러워짐과 동시에 수십 년을 운동해도 가지기 힘든 완벽하게 이상적인 신체를 과시하는 조각상들이 쏟아져 나왔다.

240

Tuesday

낭만주의 Ⅲ

19세기 신고전주의 미술이 과거 그리스와 로마에 대한 향수와 더불어 이성적이고 도덕적인 가치를 추구해 공공의 선을 중요시했다면, 그 대척점에 선 낭만주의 미술은 감정을 중요시하고 객관보다는 주관, 나아가 개인의 자유로운 정서를 표현하는 데 더 큰 가치를 두었다.

외젠 들라크루아, 〈키오스섬의 대학살〉, 캔버스에 유화,
419×354㎝, 1824년, 파리 루브르 박물관

그림은 1822년 그리스 독립전쟁 때 터키인들이 키오스섬에 살던 그리스인들을 무차별 학살한 사건을 담은 것으로 이 야만적인 사태를 전 세계에 알리고자 하는 사명감에서 그려졌다. 화면을 채운 다양한 폭력의 모습들, 들판과 바다, 푸름을 가둔 구름까지, 채도는 낮지만 강렬한 느낌을 주는 색채로 그려져 끔찍한 학살을 두고 일어나는 공포와 체념, 불안의 심리를 압박한다.

직선이 많이 사용되어 명료하고 정돈된 느낌이 강한 신고전주의 미술에 비해, 이 그림은 거친 붓질로 만들어진 과감한 선과 화가의 심정이 폭발하는 듯한 색감이 압도적이다. 1824년 살롱전에 출품된 외젠 들라크루아의 이 작품은 회화의 학살이라는 비난을 받았다.

241

Wednesday

모리스 캉탱 드 라투르

〈자화상〉, 종이에 파스텔, 64×53cm, 1750년,
아미앵 피카르디 미술관

모리스 캉탱 드 라투르는 프랑스 북동쪽의 생캉탱에서 태어났다. 음악가였던 아버지는 그가 기술자가 되길 원했다. 그러나 15살이 되던 해에 아버지의 뜻을 저버리고 무작정 가출한 라투르는 파리로 가서 플랑드르 출신의 화가들과 어울리며 그림 공부를 시작했다. 특히 그는 파스텔로 작업하는 여류화가 로살바 카리에라▶234에게 크게 감명받고 자신도 그 기법을 연마했다.

그는 루이 15세의 애첩인 마담 퐁파두르 등 궁정의 주요 인사들과 계몽주의 문인인 볼테르, 루소를 비롯해 사제와 여배우 등 다양한 인물의 초상화를 밝고 경쾌한 필치로 그렸다. 그의 초상화에 등장하는 인물들은 살짝 입꼬리를 올린, 행복한 미소를 머금고 있는 것이 특징이다. 어디론가 떠나려다 자신을 부르는 목소리를 알아듣고 다정한 미소를 지으며 뒤돌아보는 듯한 그의 자화상은 보는 사람마저 행복하게 하는 친밀감을 선사한다.

○ 당시 프랑스에서 웃는 모습의 자화상을 그리는 화가는 드문 편이었다. 이 자화상은 1750년, 살롱전에 입선되었다.

테네브리즘

귀도 레니, 〈성 베드로의 십자가 처형〉,
패널에 유화, 305×171cm,
1604~1605년, 바티칸 미술관

카라바조,
〈체라시 예배당의 그림: 베드로의 십자가형〉,
캔버스에 유화, 230×175cm,
1600~1601년, 산타마리아 델 포폴로 성당

볼로냐에서 유명한 음악가의 아들로 태어난 귀도 레니는 하프시코드 연주자가 되길 원했던 아버지의 뜻과 달리 화가의 길을 고집했다.

그는 볼로냐를 방문한 교황 클레멘스 8세의 눈에 띄어 로마로 갔고, 알도브란디니 추기경에게서 〈성 베드로의 십자가 처형〉을 주문받았다. 그림은 '테네브리즘'이라는 기법에 충실하다. 이탈리아어로 '어둠'을 뜻하는 '테네브라tenebra'에서 나온 용어인 테네브리즘은, 강렬한 빛과 어둠의 대조를 통해 그림을 더욱 드라마틱하게 묘사하는 방식으로 카라바조 그림의 특징이기도 하다. 카라바조는 레니의 이 그림을 두고 자신의 그림을 베꼈다며, 한 번만 더 그리면 죽여버리겠다고 엄포를 놓았다 한다.

닭이 울기 전 세 번이나 예수를 부정했지만, 예수의 특별한 신임을 얻었던 베드로는 교회를 조직하여 이끌다가, 네로 황제 시절 십자가에 거꾸로 매달려 처형당했다. 명암법이나 주제의 그로테스크함은 바로크적이나 레니의 그림은 확실히 고전적인 경향이 다분하다.

십자가를 중심으로 양쪽 인물을 좌우대칭이 되게 배치하여 안정감이 느껴지는 구성을 연출한 점, 바로크의 과장된 감정과 동작보다는 감정을 묵묵히 누르는 그리스 조각상 같은 우아함 등에서 그러하다.

243

Friday

30년 전쟁의 명장, 대콩데

장 레옹 제롬, 〈베르사유 궁전에서 대콩데를 맞이하는 루이 14세〉, 캔버스에 유화, 96.5×139.7cm, 1878년, 파리 오르세 미술관

다소 비굴해 보일 정도로 절절매며 계단을 올라가는 이는 부르봉 왕가 출신으로 루이 14세의 사촌, '부르봉 콩데의 루이 2세'이다. 흔히 '대ㅅ콩데Le Grand Condé'라고 불리는 그는 독일에서의 신교(프로테스탄트)·구교(가톨릭) 간의 종교전인 30년 전쟁(1618~1648년) 중에 스페인군을 상대로 큰 승리를 끌어낸 명장이다.

그는 귀족들과 왕실 간의 일종의 세력 다툼이라 할 수 있는 프롱드의 난에서 루이 14세의 섭정왕후를 모시는 마자랭에게 반기를 들었다가 해외로 도피해야 했으나 루이 14세의 용서를 받고 충성을 언약한 뒤 프랑스로 돌아오게 되었다. 왕은 그런 그를 네덜란드와의 전쟁터로 보냈고, 그는 대승했다. 그림은 그가 승리의 기쁨을 안고 베르사유 궁전의, 지금은 파괴되어 없는 대사들의 계단을 오르는 장면이다. 계단이 끝나는 지점에서 루이 14세는 그의 모습을 지켜보고 있다. 왕실 눈 밖에 나 거의 15년간이나 떠돌이 생활을 하던 그가 비로소 전쟁의 승리자로 돌아와 제대로 왕의 불신을 씻어내는 감격스러운 순간을 담은 셈이다.

○ 제롬(1824~1904년)은 대콩데가 살던 샹티 성으로 이사하게 된 어느 공작이 이 그림을 살 것으로 생각하고 제작했으나 팔리지 않았고, 그 대신 미국의 부호 밴더빌트에게 팔렸다가 다시 프랑스로 귀환했다.

244

Saturday

모델에서 왕의 정부로

프랑수아 부셰, 〈마리 루이즈 오뮈르피, 금빛 오달리스크〉, 캔버스에 유화, 59×73cm, 1752년, 뮌헨 알테 피나코테크 미술관

도적질하는 아버지와 창녀인 엄마를 둔 마리 루이즈 오뮈르피(1737~1814년)는 부셰의 그림 모델이 되면서 인생 역전의 신화를 쓰기 시작한다. 이 그림은 왕의 정부, 마담 퐁파두르의 동생에게 팔렸는데, 루이 15세가 그림을 본 뒤, 모델인 그녀를 직접 보자고 청한 것이다. 이후 15살의 마리 루이즈 오뮈르피는 마흔이 넘은 왕의 또 다른 정부가 되었다. 그녀는 왕과의 사이에서 딸을 낳은 뒤 감히 마담 퐁파두르만큼의 권세를 탐하다가 내쳐졌다.

마담 퐁파두르는 왕이 사슴 정원이라는 하렘을 만들어 여인들과 놀아나도 눈하나 깜짝하지 않는, 오히려 적당한 여성을 소개할 정도로 대범한 지략가였다. 그녀는 왕을 설득해 마리 루이즈 오뮈르피를 다른 귀족과 결혼시키며 내쫓았다. 그러나 오뮈르피의 남편은 아이 둘을 남긴 채 사망했고, 이후 그녀는 한 차례 더 결혼해서 딸을 낳았으나, 그 와중에도 몰래 만남을 지속하던 루이 15세가 아이의 아버지라는 소문이 있다. 프랑스 혁명의 와중에도 살아남은 그녀는 왕이 자신에게 그랬듯, 28살이나 어린 정치인 루이 필리프 뒤몽과 결혼하나, 3년 만에 이혼했다.

245

Sunday

성 마태오의 소명

카라바조, 〈성 마태오의 소명〉, 캔버스에 유화, 340×322cm,
1599~1600년, 로마 산 루이지 데이 프란체시 성당

〈마태오복음〉의 저자, 마태오는 한때 세무공무원이었다. 그는 수단과 방법을 가리지 않고 무자비하게 거둔 세금을 로마제국에 갖다 바치는 일을 하고 있었다. 그러다 예수가 부르자 마태오는 군말 없이 모든 걸 뒤로 한 채 그를 따랐다. 카라바조는 예수가 마태오를 부르는 찰나를 극적으로 그려냈다.

그림 오른쪽을 보면, 예수가 빛을 등지고 서서 손으로 마태오를 가리키며 "너는 나를 따라오너라"라고 부른다. 그 손가락이 어디를 가리키는 것인지는 화면 속 인물들도, 또 그림을 보는 우리도 알 수가 없다.

일반적으로 '네?'라는 표정으로 자신을 가리키는 베레모 쓴 남자가 마태오일 거라고 보는데, 사실 남자의 손끝도 자세히 보면 자신을 가리킨 것인지, 옆 사람을 가리킨 것인지 분간이 어렵다. 고개를 박고 돈을 세는 사내가 마태오일 수도 있다. 그게 누구건 몸을 일으켜 그를 좇는 자가 마태오이다. 세상 것을 버릴 줄 아는 사람만이 그의 제자가 될 수 있다.

246

Monday

부러진 기둥

프리다 칼로, 보드에 유화, 43×33cm, 1944년,
멕시코시티 돌로레스 올메도 재단

멕시코 출신의 프리다 칼로만큼 자신의 자화상을 많이 남긴 화가는 드물다. 렘브란트나 반 고흐 등이 자화상을 많이 그렸다 해도 자화상이 주 종목은 아니었다. 그러나 프리다 칼로는 자화상이 작품의 대부분을 차지한다.

그녀는 6살 때 소아마비를 앓아 한쪽 다리를 절게 되었다. 그리고 18살 때 타고 가던 버스가 전차와 충돌하는 바람에 중상을 입었고, 척추를 비롯해 골반, 다리 할 것 없이 온몸이 부러졌다. 오른쪽 발은 아예 으스러졌는가 하면, 왼쪽 어깨는 빠져버렸다. 간신히 목숨은 구했지만 사고의 후유증은 마흔일곱의 나이로 생을 마감하기까지 그녀를 따라다녔다. 그녀는 평생 코르셋과 같은 보정기구로 온몸을 동여맨 채 살아야 했다.

바로 그 고통을 안고 살아가는 자신의 이야기를 담은 이 작품은, 1944년 또 한 차례의 수술 직후에 그린 작품이다. 몸을 세우고는 있지만, 그녀를 지탱하는 신전 기둥에는 금이 가 있다. 끈이 온몸을 칭칭 감아 무너져내리는 그녀를 막고 있다. 살려고 한 이 모든 것들이 오히려 그녀를 죽이는 듯하다. 몸에 가득한 못은 그녀를 아프게 했던 모든 신체적·정신적 고통을 의미한다. 그녀가 운다.

247

Tuesday

추상을 예언하는 근대 풍경화

윌리엄 터너,
〈비, 증기, 그리고 속도〉,
캔버스에 유화,
91×121.8cm, 1844년,
런던 내셔널 갤러리

1825년, 영국에 철도가 개통되었다. 열차가 꼬리에 꼬리를 물고, 연기를 뿜어내며 달리는 모습은 런던 사람들을 흥분의 도가니로 몰아넣었다. 영국이 자랑하는 19세기 최고의 풍경화가, 윌리엄 터너도 마찬가지였다. 그는 기차에 올라타 엄청난 속도를 직접 몸으로 체험했고, 그것을 그림으로 옮겼다. 템스강 위로 드리운 안개 사이로 기차의 수증기가 스며드는 동안, 살짝 젖을 만큼 떨어지는 비가 구름 떼를 몰고 와 철로를 뒤덮고 있다. 터너는 신이나 영웅, 종교적 인물의 배경으로만 자연을 묘사하던 전통적이고 아카데믹한 화가들과 달랐다. 그는 자신이 직접 목격하고, 체험한 현실 공간의 비, 증기, 속도 그 자체를 주인공 삼아 그리는, 진정한 의미의 근대적 풍경화가였다. 무엇보다 그는 대상의 윤곽을 명료하게 그린 뒤 색을 칠하는 방법에서 탈피, 붓으로 물감을 찍어 캔버스에 힘찬 필치로 발라서 순간적이고, 즉흥적인 느낌을 자아냈다. 금방이라도 화면을 뚫고 나올 것 같은 기차, 육중한 철로, 언뜻 보이는 다리 등을 제외하고는 모든 것이 물감으로 뒤덮여 있어 마치 현대의 추상화를 보는 듯하다.

○ 터너의 그림은 파리의 인상파 화가들에게 지대한 영향을 미쳤다. 그들은 대기와 색의 변화에 깊은 관심을 두게 되었고, 신과 영웅과 성인이 사라진, 즉 이야기가 사라진 온전한 자연 그 자체에 매료되었다.

248

Wednesday

바르톨로메 에스테반 무리요

〈자화상〉, 캔버스에 유화, 122×107cm, 1670~1673년, 런던 내셔널 갤러리

타원형 액자 밖으로 슬쩍 내민 손이 그를 오히려 저 너머의 세계에 속한 사람처럼 보이게 한다. 탁자 위에는 팔레트, 붓, 붉은색 분필로 그린 소묘, 자, 컴퍼스 등이 있어 그의 직업을 말해준다.

에스테반 무리요는 한때 정부에서 그의 그림을 해외에 수출하는 것을 금지했을 정도로 스페인 사람들이 사랑하는 국민화가였다. 독실한 가톨릭 국가의 화가답게 주로 성모 마리아를 그렸고, 가난하고 내세울 것 없지만, 웃음을 잃지 않는 아이들의 모습을 자주 담았다.

그림 틀 아래쪽에 새겨진 글은 '바르톨로메 무리요는 아이들의 소망과 기도를 담아 여기 나 자신을 그린다'라는 뜻의 라틴어이다. 그는 10살 남짓한 나이에 부모를 잃고 누이의 손에 자랐고, 훗날 12명의 아이를 낳았지만, 아내가 죽은 뒤로 재혼하지 않고 혼자서 그들을 키울 만큼 아이들에 대한 사랑이 남달랐다. 따라서 이 자화상은 혹시라도, 자신이 세상을 떠나도 영원히 그림으로나마 자기를 만날 자식들에 대한 애정으로 그린 것으로 추정된다.

스페인 최고의 '비싼 화가'였지만, 늘 봉사에 열심이었던 그는, 특히 가난한 종교단체를 위해서라면 기꺼이 무료로 봉사했다. 본인이 아팠던 만큼 타인의 아픔에 공감할 줄 아는 화가였다.

제단화

후베르트 반 에이크얀 반 에이크, 〈헨트 제단화〉의 앞면, 패널에 유화, 350×461㎝, 1432년, 헨트 성 바보 대성당

유화를 발명한 이들로도 잘 알려진 후베르트 반 에이크와 얀 반 에이크 형제가 완성한 헨트의 성 바보 성당의 중앙 제단화이다. 제단화는 그 성당에서 사실상 가장 중요한 그림이라 해도 과언이 아니다. 이 그림은 중앙 4면, 양쪽 각각 4면으로 총 12개의 화면을 가진 다폭화로, 닫았다가 펼칠 수 있는 형태이다. 이런 다면화 말고도, 두 면, 세 면으로 된 작은 사이즈의 두폭화와 세폭화도 제작되었는데, 부유층 기부자들이 성당 내부 또는 외부에 둔 개인 예배당에 걸어 장식하곤 했다.

작품 상단 중앙에는 교황의 삼중관을 쓴 하느님이 완전 정면상으로 앉아 있다. 양쪽으로 성모 마리아와 낙타털 옷을 입은 세례 요한이 보인다. 이들 바깥쪽 면에는 노래하는 천사들, 그리고 아담과 이브가 이어지며, 그 위로 각각 카인과 아벨의 제사 장면, 그리고 카인이 아벨을 살해하는 장면이 그려져 있다. 하단은 5개의 패널로 이루어져 있다. 가장 큰 화면은 제단에 양을 놓고 의식을 치르는 모습으로 성령의 비둘기가 빛과 함께 내려와 닿는 곳에 어린 양이 서 있다. 제단에는 "보라, 하느님의 어린 양, 세상의 죄를 없애시는 분"이라는 글귀가 적혀 있다.

250

Friday

왕위 계승전쟁

로살바 카리에라, 〈마리아 테레지아〉, 종이에 파스텔, 45×34.5cm, 1730년, 드레스덴 게멜데 갤러리

신성 로마제국의 황제이자 합스부르크 가문의 수장이었던 카를 6세(재위 1711~1740년)는 대를 이을 아들을 잃자 마리아 테레지아(1717~1780년)가 모든 영토를 상속할 수 있도록 법을 개정한다. 그러나 혈연으로 이리저리 얽혀 있던 유럽 왕실은 저마다 왕위계승권을 주장하면서 소위 '왕위 계승전쟁(1740~1748년)'이 발발했다. 신성 로마제국의 황제 자리는 마리아 테레지아의 남편인 로트링겐 가문의 프란츠 슈테판 공작에게로 돌아갔지만, 형식적인 조처에 불과했다.

합스부르크 왕가는 근친혼도 불사하는 정략결혼으로 제국의 영토를 지켜오던 터였다. 그럼에도 마리아 테레지아는 빈으로 유학 온 꽃미남 프란츠 슈테판 공과 그 당시 상류층은 꿈도 꾸기 힘들었던 '연애'결혼을 했고, 무려 16명이나 되는 아이를 두었다. 그중 한 아이가 마리 앙투아네트로 프랑스 대혁명의 산증인이 된다. 파스텔화를 주특기로 하던 로살바 카리에라의 그림에서 느껴지듯, 마리아 테레지아 역시 빼어난 미모의 소유자였다. 그러나 외양 꾸미기에 치중하는 왕실 여자로서의 삶보다는 혼란스러운 정국을 이끄는 당찬 여장부로서의 삶을 살았다.

❍ 정략결혼이 일반적이던 상류층 사이에서, 서로 좋아서 결혼한 부부답게 둘은 금슬이 꽤 좋았던 듯하다. 마리아 테레지아는 남편이 죽은 뒤 무려 16년 동안이나 상복을 벗지 않았다.

251

Saturday

황제가 사랑한 미소년

〈오시리스-안티누스〉, 대리석, 높이 241cm,
135년, 바티칸 미술관

5명의 현제가 연이어 통치하던 로마제국 최고의 번영기, 팍스 로마나에서도 가장 절정기는 하드리아누스 황제 시대(재위 117~138년)였다. 영토의 확장보다 정비에 더 열정을 쏟아붓던 황제는 수시로 곳곳을 시찰하곤 했다. 그러던 차에 그리스 지역을 방문했다가 우연히 안티누스라는 미소년을 만나 사랑에 빠졌다. 그 이후 황제가 가는 곳엔 그가 항상 함께했는데 이집트에서 그만 나일강에 빠졌고 악어에 물려 죽게 된다.

혹자는 안티누스가 나이를 먹으면 황제에게 버려질 거라는 두려움 때문에, 또는 중병에 걸린 황제를 위해서 자신을 희생하면 사랑하는 이를 살릴 수 있다는 한 이집트인의 조언 때문에 스스로 강에 뛰어든 것이라고도 한다. 더러는 궁중 암투에 의한 타살이라는 말도 있지만, 어쨌거나 황제는 사랑하는 연인을 위해 이집트에 안토니노폴리스라는 도시를 건설했고, 그를 저승을 지배하는 불멸의 신 오시리스의 모습으로 새겨 신격화했다. 실제로 그가 죽고 난 뒤 제국 전역에서 오시리스-안티누스를 숭배하는 사상이 퍼졌고, 현재까지 100여 점이 넘는 그의 '신상'이 발굴되었다.

252

Sunday

참회하는 마리아 막달레나

티치아노 베첼리오, 〈참회하는 마리아 막달레나〉, 캔버스에 유화,
84×69.2㎝, 1533년, 피렌체 팔라티나 미술관

제목이 없다면 이 그림을 종교화라고 생각할 사람은 거의 없을 것이다. 그러나 성녀를 그린 그림이다. 한때 매음굴의 여인이었으나 어느 날 예수를 만나 크게 회개하고, 자신을 구원해준 예수에게 보답하기 위해 그의 발에 향유를 발랐다는 마리아 막달레나이다.

열두 제자만큼이나 예수를 따랐고, 그가 십자가에 매달려 숨을 거두는 순간을 지켜보았으며, 훗날 예수가 부활할 때 가장 먼저 그 모습을 발견하기도 했다. 예수가 승천한 이후부터 마리아 막달레나는 광야를 떠돌며 살았다. 욕정도, 소유욕도 다 벗어던진 그녀는 자라는 머리칼로 제 몸을 가린 채 동굴에서 생활하며 평생 회개하고 또 선교하면서 살았다.

누드의 여성을 그리고는 싶지만, 맥락 없이 그리기엔 어쩐지 부담스러웠던 시절, "자라는 머리칼로 몸을 가렸다"는 성경 구절이 화가들에겐 매혹적으로 다가왔다. 손질 없이 내버려 둔 금발은 온몸을 가리고도 남을 만큼 길었지만, 가슴을 가리는 데는 인색했던 모양이다. 티치아노는 향유통 하나를 곁에 달랑 그려 놓고는 "이거 누드화 아니고, 마리아 막달레나를 그린 종교화예요!"라고 헛기침을 한다.

작품

사자의 서

파피루스에 채색, 기원전 1275년경, 런던 대영 박물관

이집트인들은 비율이나 형태를 정해놓고 그에 맞춰 그림을 그렸다. 화가가 되기 위해서 고대 이집트인이 익혀야 할 것은 음영을 적절히 넣어 대상의 입체감을 살리거나, 색조의 미묘한 변화를 연구하는 일이 아니었다. 어떻게 다른 사람의 그림과 달라 보이게 그리면서 자신의 독특한 기법을 선보일 것인지를 궁리할 필요도 없었다. 그들은 호루스 신은 매의 머리를 단 인간이나 매 그 자체로 그리고, 전령의 신 토트는 따오기 머리의 반인반수나, 따오기 그 자체로 그려야 하는 등의 엄격한 규칙을 기억하고 익혀야 했다. 이 규칙들은 거의 3천여 년 이상 이어졌다.

〈사자의 서〉는 죽은 사람을 위한 일종의 지하세계 안내도로, 두루마리 형태로 제작되어 피라미드 깊숙한 곳에 미라와 함께 묻혔다. 그림은 왼쪽부터 읽는다. 죽은 이가 자칼의 머리를 한 아누비스에게 이끌려 심판대로 오고 있다. 그의 심장은 깃털과 함께 저울질된다. 그 깃털보다 무겁다면 죄가 있다는 뜻이며, 그 경우 악어 머리에 하마 다리를 한 아뮤트 신이 그를 처리하게 된다. 그림 오른쪽 부분은 마침내 죽은 자가 매의 머리를 한 호루스의 안내에 따라 왕좌에 앉은 오시리스에게로 인도되는 모습이다. 오시리스는 죽은 자를 위한 신이다.

○ 〈사자의 서〉에는 죽은 자의 평생의 업적이 함께 기록되어 있다. 그 때문에 화가는 복잡하고 어려운 상형문자를 수년간 공부해야 했다.

254

Tuesday

사실주의

귀스타브 쿠르베, 〈오르낭의 매장〉, 캔버스에 유화, 315×660cm, 1849년, 파리 오르세 미술관

〈오르낭의 매장〉은 귀스타브 쿠르베의 고향 마을에서 치러진 친지의 장례식 장면을 그린 것이다. 작품 속에 등장하는 50여 명의 인물은 모두 화가의 지인들로 사회 저명인사라기보다는 고향 사람들에 불과하다. 쿠르베는 이 작품을 1850~1851년의 파리 살롱전에 출품했다. 6m가 넘는 대형 캔버스에 일반인들을 잔뜩 그려 넣은 것을 보고 비평가들은 고작 농부의 죽음에 아까운 물감을 낭비했다며 야유했다. 게다가 대체 누구를 주인공으로 봐야 하는지에도 의문을 제기했다.

쿠르베는 "내게 천사를 보여다오, 그러면 천사를 그리겠다"라는 유명한 말로, 자신이 추구하는 회화에 대해 역설했다. 그에게 회화는 실제로 존재하는 것을 그리는 것이었다. 아카데미가 선호하는 이전까지의 회화가 '과거' 속 성서나 신화의 인물들을 과장하거나 상상해 그린 것이었다면, 자신의 눈으로 확인 가능한 '현재'와 '사실'을 그리겠다는 '사실주의'를 선언한 것이다. 쿠르베는 살롱전에 대항해 창고를 개조, 독립 전시관을 만드는 등 급진적인 행보를 감행했다. 미술사에서는 과거 전통적인 그림에 강렬한 반기를 들어 이후 미술의 방향을 완전히 틀어버렸다는 의미에서, 쿠르베를 '모더니즘 미술의 선구자'로 보고 있다.

크리스토파노 알로리

〈홀로페르네스의 머리를 든 유디트〉, 캔버스에 유화, 139×116cm,
1613년, 피렌체 팔라초 피티

알로리(1577~1621년)는 피렌체 태생으로 아버지 알레산드로 알로리에게 그림을 배웠다. 그는 풍부한 색채를 구사하는 베네치아인들의 색 감각을 익히기 위해 노력했고, 아울러 피렌체인들의 정확한 데생 역시 깊이 연구했다. 그 덕분에 비교적 어린 나이에 메디치 가문에 발탁되어 그림을 그렸지만, 주로 선대 거장들의 그림을 복제하라는 주문이 많았다고 한다.

그가 남긴 작품 중 가장 유명하다 할 수 있는 이 그림은 하녀와 함께 이스라엘을 침공한 아시리아의 장수 홀로페르네스를 유혹하여 그 목을 취한 유디트의 모습을 담고 있다. 당연히 애국적인 여성과 사악한 적장의 구도로 읽히는 것이 일반적이지만 알로리가 그린 그림은 묘하게도 한껏 차려입은 여인이 하녀까지 끌어들여 아무것도 모르는 순진한 한 남자를 능욕한 것처럼 느껴진다. 이는 필요 이상으로 냉정한 유디트의 표정에서 기인하는 것인지도 모른다. 그림에는 화가의 개인사가 숨겨져 있다. 홀로페르네스의 머리칼을 잔인하게 움켜잡고 있는 유디트는 화가가 한때 사랑했던 연인 마차피라의 모습이며 하녀는 마차피라의 어머니이다. 화가는 자신을 잔인하게 버린 그녀와 그녀의 어머니에 대한 분노를 화가답게 이런 식으로 표현했다.

○ 양미간을 찌푸린 채 눈을 감은 홀로페르네스는 사실 화가의 자화상이다.

꽃 정물화

17세기 네덜란드에서는 꽃 그림을 사는 편이, 금방 시들어버릴 실물 꽃을 사는 편보다 가격 대비 만족도가 높았다. 16세기 말부터 오스만튀르크, 즉 지금의 터키 지역에서 서구 유럽, 특히 네덜란드로 유입된 튤립은 상상 이상으로 수요가 폭증했다. 경제에 밝은 네덜란드인들은 꽃을 투기의 대상으로 삼았다. 아직 피지 않은 구근에 선물투자를 한 것이다.

'비세로이^{Viceroy}(총독)'나 '셈페르 아우구스투스$^{Semper\ Augustus}$(영원한 황제)'라는 이름의 튤립은 하얀색 바탕에 빨간 줄무늬가 그 특징이었는데, 병충해로 생긴 일종의 변형이었음에도 불구하고 인기가 치솟아 고가로 거래되었다. 19세기에 어느 학자가 기록한 바에 의하면, 이 튤립 구근 하나 값으로 살진 소 4마리나 버터 2톤을 살 수 있었다고 한다. 이 돈은 네덜란드 노동자가 10년을 벌어야 겨우 모을 수 있는 금액이었다. 당시 어느 귀족이 보관 중이던 구근을 그 집 요리사가 양파인 줄 알고 먹었다가 재판이 벌어진 일도 있었다. 그러나 1637년에 이르러 튤립 가격이 폭락하자 실패한 투자자들은 거리로 나앉았고, 네덜란드 경제 전체가 휘청거렸다. 한스 볼롱기에르(1600~1645년)가 그린 고혹적인 튤립은 네덜란드 정물화들이 자주 말하는 바니타스▶095, '모든 것이 헛되도다'의 가장 강력한 한 예로 읽힌다.

한스 볼롱기에르, 〈꽃이 있는 정물화〉, 패널에 유화,
67.6×53.3cm, 1639년, 암스테르담 국립 박물관

○ 1637년 2월부터 튤립 가격이 폭락한 것은 페스트가 다시 유행하여, 경매장에 사람들이 모여들지 않아서였다.

257

Friday

북미대륙을 두고 벌어진
패권다툼

벤저민 웨스트, 〈울프 장군의 죽음〉, 캔버스에 유화, 151×213cm, 1770년, 캐나다 국립 미술관

북미대륙을 둘러싼 유럽 열강들의 다툼은 치열했다. 그림은 1759년, 캐나다의 퀘벡 지역을 두고 벌어진 프랑스와의 치열한 전쟁에서 큰 공을 세우고 죽어가는 영국의 울프 장군(1727~1759년)의 모습을 담은 것이다. 울프 장군은 마치 종교화의 〈십자가에서 내려지는 예수〉*²²⁵처럼, 바닥에 비스듬하게 몸을 누인 채 자신에게 허락된 시간만큼의 세상을 바라보고 있다. 조국을 위해 목숨 바친 장군의 모습을 마치 세상을 구원한 예수처럼 묘사하면서도, 왼쪽에는 인디오의 모습을 그려 넣어 이국적인 정취를 더한 이 그림은 국왕 조지 3세의 마음을 사로잡았다. 멀리, 패전한 프랑스군의 모습이 보인다. 그들 위로 검은 먹구름이 가득하다.

화가 벤저민 웨스트(1738~1820년)는 미국 필라델피아 근교에서 여인숙집 아들로 태어났다. 미국 최초의 이탈리아 유학파 화가인 그는 1763년부터는 런던에서 거주했다. 아카데미가 요구하던 역사화는 고대 그리스나 로마 등 과거의 영웅들을 기리는 그림이었으나, 벤저민은 오히려 당대의 사건을 그 시대 상황에 맞춰 그린 이 그림으로 크게 호평받았다. 그는 영국 왕실미술아카데미의 제2대 회장을 지냈으며 런던에서 사망했다.

258

Saturday

파리를 뒤흔든 여인, 마담 X

존 싱어 사전트,
〈마담 X〉의 원본 사진

같은 화가, 〈마담 X〉,
캔버스에 유화, 208×109cm,
1883~1884년,
뉴욕 메트로폴리탄 미술관

이탈리아 피렌체에서 태어난 미국인 화가, 존 싱어 사전트(1856~1925년)는 1877년의 파리 살롱전에 입선하며 화려하게 데뷔했다.

그는 초상화가로서의 입지를 확실히 다지기 위해, 당시 사교계를 주름잡던 매력적인 여성 버지니 고트로를 모델로 초상화를 그리기로 했다. 화가는 이 초상화에 마치 모든 것을 건 사람처럼 집착했다. 수정에 수정을 가했고, 구도를 바꾸기도 몇 차례였다.

마침내 완성한 그림은 1884년 살롱전에 〈마담 X의 초상〉이라는 제목으로 출품되었다. 아는 사람은 모델이 누군지 다 알았지만, 이런 제목이 더 관심을 끌기 마련이었다. 반응은 최악이었다. 이런저런 혹평 중 대부분은 고트로의 흘러내린 오른쪽 어깨끈에 대한 것이었다. 모든 이의 사랑을 받는 아름다운 여인이 어깨끈을 흘러내린 채 서 있는 모습은 엄청난 분노를 유발했다.

적당한 구설수로 자신의 이름을 알리려던 계획은 대중들의 다소 과열된 반응으로 철퇴를 맞았다. 고트로 부인의 가족들은 그림의 철회를 요구했고, 비평가들은 아예 그를 생매장하려는 듯이 연일 분노의 글을 쏟아냈다. 버티다 못한 사전트는 파리를 떠나 런던으로 도망치듯 이사했다.

○ 사전트는 그림을 수정하여, 고트로 부인의 어깨끈을 제자리에 돌려놓았다. 그러나 그는 작품을 판매하지 않고 자신이 소장했다. 그에게 이 그림은 언제나 '가장 잘 그린 그림'이었다.

그리스도의 변모

라파엘로 산치오, 〈그리스도의 변모〉, 패널에 유화, 405×278cm, 1518~1520년경, 바티칸 미술관

예수는 어느 날 제자들을 대동하고 산에 올라 기도를 하던 중, 갑자기 얼굴과 옷이 하얗게 변하고 빛이 뿜어져 나오는 이상한 체험을 하게 된다. 뒤이어 구약의 모세와 엘리야가 나타났는데, 그 순간 깜빡 졸던 제자들이 깨서 그 장면을 목격한다. 이윽고 구름이 하늘을 가리더니 그 속에서 "이는 내 아들, 내가 택한 아들이니 그의 말을 들어라!" 하는 소리가 들려왔다.

이 장면을 화가들은 '변모'라는 제목으로 그린다. 라파엘로는 하얗게 변한 옷차림의 예수를 중앙에 두고 화면 왼쪽엔 법전을 든 모세, 오른쪽엔 예언서를 든 엘리야를 그렸다. 제자들은 눈이 부신 듯이 이 장면을 목격하고 있다. 언덕 아래에서도 심상치 않은 일이 벌어지고 있다. 오른쪽에 귀신이 들린 아이를 부축하고 있는 아버지가 서 있다. 그림 정중앙엔 아마도 어머니가 아닐까 싶은 한 여인이 이 소란 중에도 그리스의 여신처럼 창백한 피부와 우아한 자태를 뽐낸다. 예수는 기적을 일으켜 아이를 치유했다. 제자들이 왜 자신들에겐 그런 능력이 없는지 묻자, 예수가 말했다. "너희의 믿음이 약한 탓이다. 나는 분명히 말한다. 너희에게 겨자씨 한 알만 한 믿음이라도 있다면 이 산에 '여기서 저기로 옮겨져라' 해도 그대로 될 것이다. 너희가 못 할 일은 하나도 없을 것이다. (〈마태오복음〉 17장 20절)"

피아노 치는 소녀들

오귀스트 르누아르, 캔버스에 유화, 116×90㎝, 1892년,
파리 오르세 미술관

옷집 재단사의 아들로 태어나, 마룻바닥에 재단용 분필로 그림을 그리면서 성장한 르누아르는 도자기 공장에서 밑그림 작업을 했다. 그러나 기계화에 밀려 일자리를 잃게 되자, 화가의 길로 들어섰다.

파리로 이주한 르누아르는 여인과 아이들의 일상을 밝고 화사하게 꿈처럼 그렸고, 파리 시민들이 모여 휴식을 취하는 카페나 무도회장 등을 그리곤 했다. 따라서 그의 그림은 낙천적이며 어떠한 슬픔이나 번민도 없어 보이는데, 평소 그가 그림이란 즐거운 것이어야 한다고 주장한 바와 일치한다.

두 소녀가 피아노 앞에 앉아 있다. 한 소녀는 막 피아노를 배우기 시작한 듯 눈을 악보에 고정하고, 한 손으로 건반을 두드린다. 서 있는 소녀 역시 시선을 악보에 두고 있는데, 오른팔은 의자 등받이, 왼팔은 피아노에 기대고 있다. 악보 앞쪽으로 툭 떨어뜨린 그녀의 손은 부드럽고 다정하다. 흘러내리는 옷 주름, 머리카락, 커튼 등은 자연스러운 곡선을 이루며 느린 리듬을 탄다. 연분홍과 하얀색 드레스는 금발과 갈색 머리, 그리고 마주한 꽃병의 화사한 색과 어우러진다. 프랑스의 부잣집 따님들의 평온하고 넉넉한 일상을 르누아르보다 더 사랑스럽게 그리긴 힘들 것이다.

○ 르누아르는 이 그림을 파스텔화로 1점, 유화로 5점, 총 6점 그렸다. 입고 있는 옷색과 금발, 갈색 머리 등에서 약간씩 변화를 주었을 뿐, 그림들은 거의 흡사하다.

261

Tuesday

바르비종 화파

장 바티스트 카미유 코로, 〈아침, 요정들의 춤〉, 캔버스에 유화, 98×131㎝, 1850년, 파리 오르세 미술관

화가로서 성공을 꿈꾸며 살롱전에 계속 도전은 하지만, 살롱전이 원하는 전형적이고 따분한 그림은 그리고 싶지 않은 예술가들에게, 파리의 치솟는 집세는 가뜩이나 고단한 일상을 더욱 힘겹게 만들었다. 장 바티스트 카미유 코로(1796~1875년)와 밀레, 디아즈 드 라 페냐, 루소 등은 매연이 자욱하고 때마침 콜레라까지 극심하게 유행하는 파리를 피해 바르비종의 퐁텐블로 숲으로 삶의 터전을 옮겼다. 역사화나 초상화 등에 비해, 살롱전에서 훨씬 격이 낮은 주제로 취급받던 풍경화에 바르비종의 화가들은 매료되었다. 그들은 자연을 꼼꼼히 관찰하여, 시간과 날씨에 따라 변화하는 빛이 만든 숲과 들의 분위기를 그림으로 기록했다. 코로가 펼쳐놓은 이 그림 속 자연은 아직 촉촉한 대기의 느낌이 물씬 풍긴다. 은빛 하늘과 흐릴수록 더욱 색이 짙어지는 푸른 이파리들 사이로, 코로의 상상이 그려 넣은 요정들이 자연 속의 삶을 축제로 만들어놓았다.

O 사실 부유한 집 아들이었던 코로는 본인은 자그마한 집에서 검소하게 살면서 동료 화가 오노레 도미에가 집을 살 수 있도록 큰돈을 보탰고, 밀레가 죽었을 때는 그 미망인에게 연금을 지급하기도 했다.

262

Wednesday

틴토레토

〈틴토레토의 자화상〉, 캔버스에 유화, 63×52cm, 1588년,
파리 루브르 박물관

야코포 로부스티가 본명인 그는 염색공의 아들로 태어나 '틴토레토Tintoretto(작은 염색장이)'라는 별칭으로 불린다.

베네치아의 위대한 화가, 티치아노나 베로네세와 동시대 화가로, 이들 거장이 귀족 등 상류층의 그림을 주문받는 동안 그는 상대적으로 지위가 낮은 계층을 주 고객으로 했다. 그러나 티치아노나 베로네세가 죽고 난 뒤에는 그들의 빈자리를 대신해 많은 작품을 의뢰받는, 명실공히 베네치아 최고의 거장이라는 반열에 오를 수 있었다.

그는 워낙 빠른 작업 속도로도 유명했는데, 남들이 데생할 때 이미 채색을 마무리하는 수준이었다고 한다. 따라서 너무 많은 주문량에 일정이 자꾸 미뤄지는 티치아노를 대신해 자기가 더 빨리 마무리할 수 있다고 큰소리치며 작업을 따내기도 했다. 그러나 그의 빠른 작업 속도는 마리에타 로부스티▶311라는 딸 덕분이라는 소문도 있었는데, 실제로 딸이 사망한 뒤에 급속도로 그림 제작 수가 줄어들었다. 이 자화상은 70살에 접어든 모습으로 허연 머리칼과 수염이 손에 만져질 듯 섬세하다. 검은 어둠 속에서도 은근하게 역시 검은 옷을 드러내는 표현력은 색채에 대한 감각이 그만큼 탁월했기 때문이다.

보데곤

디에고 벨라스케스, 〈계란 프라이를 하는 노파〉, 캔버스에 유화, 100.5×119.5㎝, 1618년, 스코틀랜드 국립 미술관

스페인어 보데곤Bodegón은 식당, 선술집 등을 의미하는 보데가Bodega를 좀 더 큰 규모로 말할 때 사용된다. 그러나 17세기 스페인 회화에서 보데곤은 음식이나 부엌 집기, 그릇 등과 관련된 서민들의 일상을 담은 '부엌 그림'을 의미했다. 이 그림은 벨라스케스가 10대 후반에 그린 그림이다. 그의 화가 경력은 그의 고향 세비아에서 특히 유행하던 보데곤화로 시작되었다.

계란 프라이에 사용된 기름은 손자로 보이는 소년의 손에 들린 기름병에 담겨 있던 것으로 보인다. 벨라스케스는 금속으로 만든 그릇과 도자기류 그릇에 떨어지는 빛을 기막히게 포착해서 그들의 질감을 하나도 놓치지 않았다. 이 소품을 하나씩 오려내어 펼쳐놓으면 각각이 사진을 방불케 할 만큼 생생한 정물화가 될 정도이다. 배경은 어둡게 처리하고 등장하는 인물에, 특히 이 그림에서처럼 계란 프라이에 더한 빛을 떨어트려 집중을 유도하는 표현은 바로크 미술의 특징이다. 스페인에서 발달한 보데곤은 머지않아 유럽 전역에서 귀족들의 부엌에 걸릴 그림의 수요로 이어졌다.

264

Friday

미국 독립 전쟁

에마누엘 로이체 고틀리프, 〈델라웨어강을 건너는 워싱턴〉, 캔버스에 유화, 379×648cm, 1851년,
뉴욕 메트로폴리탄 미술관

신대륙 발견 이후 스페인과 포르투갈은 대체로 남아메리카로, 영국과 프랑스, 네
덜란드 등은 북아메리카 대륙으로 진출한다. 미국 동부 지역에서는 청교도 박해
를 피해 몰려온 영국인들을 중심으로 13개 주가 만들어졌는데, 곧 영국의 식민지
가 되었다. 영국이 식민지의 세수 증대를 위해 인도에서 들이는 홍차의 수입세를
크게 늘리자 폭동이 일어났는데, 이를 계기로 1776년에 미국의 13개 주 대표들이
모여 독립을 선언, 영국과의 전쟁을 선포하게 된다. 미국 독립 전쟁의 선봉은 조지
워싱턴(1732~1799년)으로 영국과 적대적인 입장이던 프랑스와 스페인의 도움을 받
아 승기를 잡게 된다.

　고틀리프가 그린 〈델라웨어강을 건너는 워싱턴〉은 1776년 크리스마스 날 새
벽, 워싱턴이 뉴저지의 영국군을 기습 공격하기 위해 언 강을 건너는 장면이다.
1789년, 미국은 워싱턴에게 초대 국왕을 제안했지만, 그는 '대통령직'을 택했다.
한편, 미국 독립전쟁에 큰 도움을 준 프랑스는 상대적으로 심각한 재정위기에 처
하게 되는데, 이는 곧 프랑스 대혁명을 촉발한 계기가 되었다.

265

Saturday

요란스러운 사랑

단테 가브리엘 로세티, 〈베아타 베아트릭스〉, 캔버스에 유화,
86.4×66cm, 1864~1870년, 런던 테이트 갤러리

단테 가브리엘 로세티(1828~ 1882년)[269]는 라파엘 전파의 화가들 사이에서 큰 인기를 끌었던 그림 모델 엘리자베스 시달과 1860년에 결혼하지만, 그녀는 결혼 2년 만에 약물 과다복용으로 자살에 가까운 죽음을 맞는다.

그녀의 숨이 멎는 순간, 로세티는 파니라는 또 다른 모델과 함께 있었다. 그의 여성 편력은 워낙 유명해서, 이후에도 몇몇 모델이나 동료 여성화가 등과의 애정 행각이 끊이질 않았는데, 심지어 자신의 친구인 윌리엄 모리스의 아내 제인 모리스와도 관계를 맺었다.

르네상스 시대의 대문호, 단테를 좋아하는 이탈리아인 아버지로부터 같은 이름을 받은 그는 그 단테가 사랑했던 뮤즈 베아트리체를 생각하며, 2년여 전에 죽은 아내 엘리자베스 시달을 모델로 그림을 그리기 시작했다.

후광을 드리운 죽음의 새가 베아트리체의 왼팔 위에 양귀비꽃을 떨어뜨리는데 이 꽃은 시달을 죽음에 이르게 한 아편의 원료이다. 그녀 뒤로 피렌체의 아르노강을 잇는 다리가 보이고, 단테와 베아트리체의 모습이 꿈처럼 펼쳐져 있다. 로세티는 시달의 관 속에 아내에게 바치는 자필 시들을 넣어 묻었다. 그러나 7년 후에 관을 다시 열어 그 시를 꺼낸 뒤, 책으로 출판했다. 요란스러운 사랑이었다.

266

Sunday

최후의 만찬

야코포 바사노, 〈최후의 만찬〉, 캔버스에 유화, 168×270㎝, 1546년, 로마 보르게세 미술관

예수는 유월절(과월절)을 기념하여 제자들과 함께 저녁 식사를 하던 중, 제자 중 하나가 자신을 배신할 것이라고 말한다. 그 이후 그의 말은 예언이 되었고, 결론적으로는 이 모임이 예수와 제자들의 '최후의 만찬'이 되었다. 제자들은 물론, 예수까지 맨발에 다소 남루하다 싶을 정도의 평범한 옷차림이다. 다만 이들의 옷은 대부분 분홍색이나 오렌지색 등의 붉은 계열과 초록 계열 색으로 서로 조화를 이룬다. 그러나 왼쪽 한 남자만 눈에 띄는 검정색 옷을 입고 있다. 따라서 검은 옷의 남자는 이들 무리와 어울릴 수 없는 존재, 즉 예수를 팔아넘긴 유다임을 알 수 있다.

식탁에 앉은 모든 제자가 각자 누군가와 눈을 맞추며 이야기를 하는 동안, 오직 유다만이 그 누구와도 눈을 맞추지 않고, 포도주 잔을 입술에 대고 있다. 그러고 보면 또 한 사람, 대화에서 벗어난 자가 있다. 바로 예수가 가장 사랑하는 제자, 요한으로 미소년의 얼굴이다. 그는 자신이 의심받을지 모르는 동요의 순간에도 전혀 개의치 않고 잠에 빠져 있다. 화면 하단에 놓인 세숫대야는 예수가 식사 전에 친히 제자들의 발을 씻긴 일화를 상기시킨다. 식탁 위 어린 양의 머리는 인류를 구원하기 위해 희생양이 된 예수를 의미한다.

작품

결혼 계약

윌리엄 호가스,
캔버스에 유화, 70×91㎝,
1743년, 런던 내셔널 갤러리

윌리엄 호가스(1697~1764년)는 판화와 회화 모두에서 뛰어난 미술가로, 1735년 세인트마틴 레인 아카데미를 창설했다. 이 아카데미는 훗날 영국 왕립아카데미의 전신이 된다. 이 그림은 1672년에 초연된 존 드라이든의 희극, 〈유행에 따른 결혼〉에서 이름을 따온 연작 6점 중 하나로 영국 상류층의 정략결혼을 소재로 한다. 호가스는 그 결혼의 시작부터 파국까지를 그림으로 보는 드라마처럼 풀어냈다.

이 그림은 연작의 첫 번째 작품이다. 탁자를 두고 마주 앉은 남녀의 아버지가 결혼 계약서를 작성하고 있다. 오른쪽이 남자의 아버지로, 곁에 세워둔 목발로 짐작건대 건강이 좋아 보이지는 않는다. 그는 손가락으로 영국 윌리엄 공의 배에 뿌리를 둔 나뭇가지 그림을 가리키고 있는데, 일종의 족보 그림으로 가문이 이 정도로 훌륭하다는 과시이다. 마주하고 있는 여자 측 아버지는 금화를 탁자 위에 쏟아부어 놓았다. 잘난 가문과 넘치는 돈의 만남인 셈이다.

왼쪽, 당사자인 남녀는 심드렁하니 서로에게 등을 돌리고 있다. 남자의 목에는 성병의 징후인 검은 점이 언뜻 보인다. 여자는 아버지가 고용한 변호사, 실버텅과 시시덕거리고 있는데, 둘은 심상치 않은 사이로 발전한다. 실버텅은 혀를 잘 놀리는 사람이라는 뜻이니 앞으로 일어날 일의 끝이 이미 보이는 듯하다.

268

Tuesday

신고전주의 Ⅱ

장 오귀스트 도미니크 앵그르, 〈샘〉, 캔버스에 유화,
163×80cm, 1856년, 파리 오르세 미술관

앵그르는 이 작품을 이탈리아에서 머물던 1820년경에 그리기 시작해, 1856년에 파리에서 완성했다. 모델은 앵그르가 살던 아파트 관리인의 16살 정도 된 딸이었다는 소문이 있는데, 만약 사실이라면, 그림이 완성될 무렵 그녀는 쉰에 가까운 나이가 되었을 것이다.

실오라기 하나 걸치지 않은 그녀는 고대 그리스 조각상에서 따온 콘트라포스토▶030의 자세를 취하고 있다. 오랫동안 꼼꼼히 형태를 수정하고, 채색을 반복했을 그림은 그만큼 완성도가 높아 붓 자국 하나 드러나지 않는다. 마치 조각상에 피부를 입혀놓은 듯한 모습의 소녀는 꺾이기 쉬운 두 꽃 사이에 서서 항아리의 물을 흘려보내고 있다.

그 꽃들처럼 유약한 소녀는 곧 남성들에게 취해져 생명의 원천을 만들어낼 것이다. 우리 말로 '샘'으로 번역된 그림의 원제목은 'La Source'로 원천, 시작 등을 의미한다. 완벽에 가까운 신체 표현은 그가 다비드의 제자로 신고전주의 회화의 맥을 이어간 화가임을 상기시킨다. 그러나 이성적이고 도덕적 · 규범적 세계를 그리던 다비드와 달리, 앵그르는 관음증의 시선에 노출된 관능적인 누드 여성을 자주 그렸다.

○ 그림은 완성되던 해 살롱전에 출품되어 호평을 받았고, 기꺼이 작품을 사 간 귀족은 실제 사람 크기만 하게 그려진 그녀 주변을 꽃으로 가득 채웠다. 당시 그 귀족의 집을 방문한 이들은 그녀를 그림이 아니라 꽃밭에 서 있는 아름다운 현실의 여인으로 착각하기 십상이었다.

269

Wednesday

화가

단테 가브리엘 로세티

윌리엄 홀먼 헌트, 〈22살, 단테 가브리엘 로세티의 초상〉,
패널에 유화, 30.2×22.9cm, 1882~1883년,
버밍엄 박물관 & 아트 갤러리

로세티의 아버지, 가브리엘 로세티는 킹스칼리지 런던에서 이탈리아 문학을 가르치는 교수였다. 그는 《신곡》의 단테 알리기에리를 존경하여 아들의 이름을 '단테 가브리엘 로세티'로 지었다. 로세티는 런던대학과 왕립아카데미에서 미술을 공부했고, W.H.헌트 등과 함께, '라파엘 전파'를 결성했다.

라파엘 전파는 미켈란젤로나 라파엘로의 화풍을 그대로 베끼다시피 답습하는 아카데미에 대한 반발로 결성된 예술가들의 모임으로 주로 신화, 성서, 문학작품 등에서 주제를 따와 그리곤 했다. 그는 라파엘 전파의 화가들이 열광하던 모델 엘리자베스 시달▶001과 결혼했는데, 그녀는 딸의 사산과 남편의 외도에 우울증을 앓다 2년 만에 약물 과다 복용으로 사망했다. 그는 아내의 관 속에 함께 봉했던 자신의 시를 몇 년 후 다시 꺼내어 시집으로 발간한 적이 있는데, 이 일을 크게 자책하며 마약과 알코올중독에 빠져 지냈다고 한다. 모델이나 친구의 부인 등과 가리지 않고 방탕한 관계를 맺어나가던 그는 엉망진창이 된 집에 애완동물들을 방치했고, 괴상한 물건들로 가득한 방 안에서 우울증을 앓으며 지냈다. 알코올중독으로 손이 떨려 그림은 아예 그릴 수도 없이 살던 그는 1882년 부활절에 죽은 채 발견되었다.

○ 로세티는 시인으로도 유명한데, 셰익스피어 이후 영국에 가장 큰 영향을 미친 문학가로 평가받기도 한다. 그림은 라파엘 전파의 한 사람이었던 윌리엄 홀먼 헌트(1827~1910년)가 그린 것이다.

선 원근법

파올로 우첼로, 〈산로마노 전투〉. 패널에 템페라, 182×320㎝, 1438~1440년, 런던 내셔널 갤러리

이 그림은 피렌체와 시에나가 피사항을 차지하기 위해 치렀던 '산로마노 전투'에 관한 3점의 연작 중 하나로, 전쟁을 지휘했던 피렌체의 바르톨로메오 살림베니의 의뢰를 받고 제작했다. 우첼로(1397~1475년)는 그림 속 모든 요소를 원근법▶284만을 위해 존재하는 것처럼 그렸다. 선 원근법은 가까이 있는 것은 크게, 멀리 있는 것은 작게 그리되, 소실점을 두고 정확한 비율에 따라 그 작아지는 정도를 표현한 기법을 말한다. 우첼로는 이 그림에서 소실점을 승전장 니콜로 다 톨렌티노(1350년경~1435년)가 탄 하얀 말의 눈에 두고 있다.

자다가도 원근법을 외칠 정도였다는 화가의 일화도 전해지는데, 이 그림의 경우는 원근법의 존재 이유이기도 한 자연주의를 오히려 벗어나, 장식적이고 도식적인 느낌이 더 강하다. 검은 배경에 은색과 금색, 광택 나는 색들로 표현된 갑옷 등에서 비현실적인 느낌이 들기도 하지만, 지나치게 기계적인 원근감이 오히려 그림을 생경하게 만든 탓이다. 격렬한 전쟁에서 피 한 방울 보이지 않는 것도 어색하기 그지없으며 말의 동작이나, 장수, 병사들의 자세 또한 경직되어 있다. 이 그림은 오로지 선 원근법만으로 그린 그림의 딱딱함을 보여주기 위해 존재하는 것 같다.

○ 니콜로 다 톨렌티노는 1432년 산로마노 부근에서 피렌체를 기습 공격한 시에나군을 겨우 20여 명의 기병으로 막아내며, 지원군이 올 때까지 버텨 결국 승리를 끌어냈다.

프랑스 대혁명

자크 루이 다비드, 〈테니스 코트의 서약〉, 종이에 펜, 66×101㎝, 1791년, 국립 베르사유 궁전 박물관

1789년 6월 17일, 프랑스 제1신분의 성직자와 제2신분의 귀족에 대항하는 제3신분의 '평민 대표'가 결성한 국민의회는 6월 20일, 왕의 테니스 코트인 죄드폼에 모여 "헌법을 제정하고 사회질서를 회복할 때까지 해산하지 않겠다"라는 선서를 발표했다. 이는 혁명의 시작을 의미했다. 루이 16세와 귀족들은 평민들의 힘을 저지하기 위해 친위 부대를 동원했고, 이에 격분한 프랑스 시민들이 7월 14일, 바스티유 감옥을 습격하면서 프랑스 대혁명이 발발했다.

이 그림은 죄드폼 선서로부터 2년 후, 공화정을 지지하는 자코뱅당이 주문한 것으로 화가는 1년이 넘는 기간 동안 화면의 밑그림을 그리고, 등장인물들의 초상을 스케치해 채워 넣으며 작업을 준비했다. 그러나 같은 공화정 지지당 중에서도 급진적인 자코뱅당과 중도파인 지롱드당의 분열은 더욱 격렬해졌고, 결국 그림 속에 등장시키려 했던 많은 지롱드당의 의원들이 목숨을 잃으면서 다비드는 작업을 더 진행할 수 없어 미완성으로 남겨야 했다. 중앙의 탁자에 올라선 국민의회 초대 의장 장 실뱅 바이 역시, 1793년에 단두대의 이슬로 사라졌다.

272

Saturday

속옷 차림의 오스트리아 여자

비제 르브룅, 〈슈미즈를 입은 마리 앙투아네트〉, 캔버스에 유화,
89.8×72cm, 1783년, 뉴욕 메트로폴리탄 미술관

비제 르브룅은 마리 앙투아네트와 국왕 루이 16세의 총애를 받으며 프랑스 미술아카데미의 회원이 되었다. 총 550명의 회원 중 여성은 14명뿐이었다.

왕비를 그린 이 아름다운 초상화는 그녀로서는 첫 살롱전 출품작이었다. 그러나 작품은 격렬한 논란에 휩싸이며 혹평을 받았다. 이유는 왕비의 옷차림 때문이었다.

왕비는 당시 영국에서 한창 유행하던, 정교한 레이스와 주름이 달린 모슬린 원피스를 입고 밀짚모자를 쓰고 있다. 밀짚모자는 화가가 좋아하던 소품으로 그녀 자신의 자화상에도 등장한다.

장미를 들고 물끄러미 그림 밖을 바라보는 앙투아네트는 왕비라기보다는 곱고, 투명한 시기를 지나는 아름다운 아가씨처럼 보인다. 그녀가 프랑스가 아닌 오스트리아 합스부르크가 출신이라는 사실부터 못마땅했던 프랑스인들은 그림 속 왕비를 두고 '속옷 차림의 오스트리아 여자'라며 빈정거렸다. 사실 속옷이라기보다 하얀색 원피스로 왕비가 평소 친구들과 어울릴 때 입던 옷일 뿐이지만, 예복이 아니라는 이유로 트집이나 다름없는 비난에 시달려야 했다. 초상화는 결국 살롱전이 끝나기 전에 철거되었다.

273

Sunday

예수의 체포

카라바조, 〈예수의 체포〉, 캔버스에 유화, 133.5×169.5㎝, 1602년경, 더블린 아일랜드 국립 미술관

이 어색한 입맞춤의 주인공은 예수와 유다이다. 유다는 유대의 대사제들에게 예수를 팔면서, 자신이 입을 맞추면 그가 곧 예수임을 알고 체포하라고 일렀다. 예수는 이미 이 모든 사실을 다 알고도 유다의 접근을 거부하지 않았다. 번들거리는 갑옷을 입은 병사가 유다의 입맞춤에 확신을 얻었는지 예수의 어깨를 잡아당긴다. 예수가 살짝 얼굴을 찡그린다. 이 모든 일은 앞으로 일어날 구원의 약속을 지키기 위해, 하느님의 계획하에 일어날 일일 뿐이다. 그런데도 유다를 확 밀어버리고픈 마음이라도 생길까, 두려웠던 예수는 자신의 두 손을 깍지 낀다. 탐욕에 젖은 유다는 힘껏 예수를 껴안는다. 벗어진 머리에 자글자글한 주름살이 공연히 서글퍼 보인다.

왼쪽 모퉁이에 혼비백산하고 달아나는 자는 스스로 예수의 애제자라고 자처하던 요한이라고들 본다. 그가 급하게 몸을 움직이느라 펄럭거리는 옷자락이 예수와 유다의 배경이 되어 그 둘에 시선을 집중시킨다. 예수의 얼굴을 확인하려고 오른쪽 귀퉁이의 한 남자가 램프를 들고 서 있다. 화가 자신이다. 카라바조는 자신을 미화하곤 하던 다른 화가들과 달리, 그림 속에서 주로 악역을 자처했다.

작품

어린 사무엘

조슈아 레이놀즈, 캔버스에 유화, 89×70cm, 1776년,
몽펠리에 파브르 미술관

조슈아 레이놀즈는 1768년 설립된 영국 왕립미술아카데미의 초대회장이었다. 아카데미의 보수성은 영국에서도 마찬가지여서, 레이놀즈는 회화의 으뜸을 역사화로 규정하고, 인간 이성으로 재구성한 이상적인 자연 풍경 안에 영웅적인 인물들을 배치해야 한다고 주장했다.

그는 초상화 역시 그들이 귀감으로 삼는 고대 그리스나 로마 스타일의 건축물을 자주 배경으로 등장시키곤 했다. 조슈아의 붓을 거친 여자들은 죄다 그리스 여신으로, 남자들은 완벽한 몸매를 자랑하는 조각상 같은 외모로 이상화되었다. 그는 특히 귀족 집안 아이들을 자주 그렸는데, 지나치게 아름답고 순수하게만 묘사해서 사실감이 떨어진다는 비판을 받기도 했다.

그림은 성서 속 인물인 이스라엘의 첫 선지자, 사무엘이 어린 시절 모습을 담은 것이다. 그는 평소 미술학교 학생들에게 거장들의 그림을 모사하는 것이야말로 가장 뛰어난 학습법이라고 주장했는데, 그 역시 렘브란트▶157의 뛰어난 음영 처리를 고스란히 자신의 그림에 반영했다. 조슈아는 바티칸에서 라파엘로의 그림을 따라 그리느라 차가운 방에 너무 오래 머물다 감기로 귀가 먹었고, 말년엔 시력 악화로 고생하다 생을 마감했다.

○ 그 당시 영국에서는 7살 미만의 남자아이는 여자처럼 머리를 기르고 심지어 치마를 입혔다. 그 때문에 조슈아가 그린 남자아이들은 대부분 여자아이처럼 보인다.

275

Tuesday

낙선전

에두아르 마네,
〈풀밭 위의 점심 식사〉,
캔버스에 유화, 208×264.5cm,
1863년, 파리 오르세 미술관

아카데미에서 개최하는 살롱전은 오늘날의 스포츠 경기를 방불케 할 정도로 많은 이가 몰려드는 최고의 축제였다. 살롱전에서 좋은 성적을 거둔다는 것은 곧 미술가로서의 성공을 의미했다.

그러나 문제도 적지 않아서, 1863년에는 총 5천 점이 넘는 작품이 출품되었지만 3천 점이나 낙선되자 화가들 사이에서 불만이 터져 나왔다. 결국 나폴레옹 3세는 낙선 작품들만 따로 모아 전시하는 '낙선전' 개최를 명령했다.

이 작품은 바로 그해 열린 낙선전에서 가장 주목받는 그림이 되었다. 대중들은 벌거벗은 여자가 남자들과 어울려 앉아 수치스러움을 잊고 빤히 그림 밖을 응시하는 모습에 격분했다. 몸이 너무 환해서 중간 밝기나 어둠 없이 윤곽선으로만 처리된, 입체감이 부족한 여인의 누드를 두고 기본 실력 자체가 미달인 그림이라 매도했다. 그러나 마네는 실제로 야외의 햇살 가득한 곳에서 보게 되는 대상은 미술실의 석고상처럼 그 밝기와 어둠의 정도가 세밀하게 드러나지 않으며, 지금 이 그림에서처럼 밝은 부분만 눈에 확 띌 뿐, 명도나 색조의 변화를 섬세하게 볼 수 없다는 사실을 염두에 두었을 뿐이다.

O 대중들은 뱃살이 접히고, 몸의 비율이 아름답지 않은 '일반 여성'의 벗은 몸에 분노했다. 그들이 생각하는 여성 누드는 완벽한 몸을 가진 여신이어야 했다.

276

Wednesday

디에고 벨라스케스

〈자화상〉, 캔버스에 유화, 45×38cm, 1650년, 발렌시아 미술관

당시로서는 수도인 마드리드보다 훨씬 더 부유한 스페인의 남부 도시, 세비아에서 태어난 벨라스케스는 귀족이지만, 몰락한 귀족이나 돈을 주고 산 귀족 등을 의미하는 '이달고' 집안 출신이다. 어렸을 때부터 그림 실력이 뛰어났던 그는 12살이 되던 해부터 프란시스코 파체코의 공방에서 공부했다. 파체코는 벨라스케스가 그림으로 크게 대성할 것을 알았는지, 딸 후아나 파체코와의 결혼을 허락했다.

벨라스케스는 1623년에 펠리페 4세의 초상화를 주문받아 성공적으로 그린 덕분에 왕의 눈에 띄어, 가족을 모두 데리고 마드리드로 삶의 터전을 옮기게 된다. 펠리페 4세는 궁정화가가 된 그를 이탈리아로 유학 갈 수 있도록 주선, 경비 일체를 지급해주었고, 유학 기간에도 월급을 줄 정도로 그를 신임하고 아꼈다. 그는 화가로서뿐 아니라, 왕의 비서 역할까지 하면서 왕실의 재무, 금융 관련 일도 도맡았다. 왕은 그에게 기사 작위를 내려주었는데, 그 덕분에 이달고 출신임에도 불구하고 정통 귀족들만 들어갈 수 있는 산티아고 기사단의 일원이 될 수 있었다.

벨라스케스는 주방의 음식과 그릇 등을 그리는 일종의 정물화인 '보데곤'[263] 장르에 뛰어났고, 왕가의 공주와 왕자, 시종과 광대들까지 그의 손을 타기만 하면 불멸의 존재가 되었을 정도로 위대한 스페인의 초상화가였다.

톤도

성모 마리아를 포함한 성가족을 그린 그림이다. 배경엔 정체를 알 수 없는 나체 군상이 보인다. 오른쪽 구석에는 세례 요한으로 보이는 어린 소년이 자신을 상징하는 낙타털 옷을 입고, 나무 십자가를 들고 반쯤 모습을 드러내 보인다.

미켈란젤로는 평소 "회화가 조각처럼 되면 완벽해지는 것이고, 조각이 회화처럼 되면 나빠지는 것"이라고 주장했는데, 이는 조각이 회화보다 우위에 있고, 그나마 좋은 회화는 조각

미켈란젤로 부오나로티, 〈세례 요한과 성가족(도니 톤도)〉,
패널에 템페라, 지름 120㎝, 1505~1506년, 피렌체 우피치 미술관

처럼 양감을 잘 살려내야 한다는 뜻으로 읽을 수 있다. "르네상스의 그림들은 조각적이다"라는 말은 미켈란젤로의 주장과 일맥상통한다. 그렇다 하더라도 미켈란젤로가 그린 회화 작품은 특히 근육의 과장된 표현으로 인해 여성이 남성으로 보일 정도이다. 마리아의 팔은 보디빌더의 그것을 보는 듯하다.

'톤도'는 원형으로 그려진 조각이나, 부조물을 의미한다. 과거 고대 로마 시절, 개선문에서 톤도 형식의 장식을 흔히 볼 수 있었는데, 15~16세기에도 크게 유행했다. 아폴로 도니라는 피렌체의 상인이 딸의 탄생을 기념하기 위해 주문한 이 그림은, 후원자의 성인 '도니doni'에 '톤도tondo'를 붙여 '도니 톤도'라고도 부른다. 미켈란젤로가 그렸지만, 둥근 틀과 장식물들은 조수들이 스승의 설계에 맞춰 제작했다.

○ 아폴로 도니는 완성된 그림값을 미켈란젤로가 청구한 것보다 훨씬 적게 지불했다. 격분한 미켈란젤로는 자신이 처음 제시한 가격의 2배를 내지 않으면 그림을 회수하겠노라 소리쳤고, 아폴로는 그가 달라는 만큼의 그림값을 낼 수밖에 없었다.

278
Friday

카를로스 4세의 몰락

프란시스코 데 고야,
〈카를로스 4세와 그의 가족〉,
캔버스에 유화, 280×336㎝,
1800년경, 마드리드 프라도 미술관

스페인 카를로스 4세 왕실의 집단 초상화로 고야가 의도적으로 이들을 조롱한 그림으로 평가된다. 우선, 중앙에 위치해야 할 왕이 아이 옆으로 물러난 것부터, 그가 권력의 중앙에서 비켜나 있음을 시사한다. 두꺼운 팔뚝이나, 합죽한 입은 어지간하면 화가의 손을 타고 날렵하고 우아하게 보정될 만하지만, 왕비에게는 그렇게 배려할 마음이 전혀 없어 보인다. 왕비는 당시 왕을 대신해 왕실 업무를 도맡아 전권을 휘두르던 재상, 고도이와 부적절한 관계를 유지하고 있었다.

부부 이외의 등장인물들도 화가는 있는 그대로 그렸을 뿐, 결점을 가려주지 않았다. 고야는 화면 왼쪽 귀퉁이의 자신을 제외하고 13명을 그려 넣었는데, 무능한 카를로스 4세 왕가를 저주의 숫자로 조롱하기 위한 것이라는 말도 있다. 그림 왼쪽 앞에 서 있는 아들, 페르난도 7세는 고도이에 대한 사람들의 불만을 등에 업고 나폴레옹을 끌어들여 아버지를 폐위시켰다. 하지만 그 자신도 프랑스의 계략에 넘어가 왕권을 나폴레옹의 형 조제프 보나파르트(스페인어로는 호세 1세)에게 빼앗기고 유배 생활을 해야 했다.

○ 항간의 소문에 의하면 왕비가 양팔에 끼고 있는 두 아이는 왕이 아니라, 고도이와의 사이에서 태어난 아이라고 한다.

279

Saturday

한눈에 반한 수녀님

프라 필리포 리피, 〈두 천사와 성모자〉, 패널에 템페라,
93×62.5cm, 1465년경, 피렌체 우피치 미술관

프라 필리포 리피는 '프라Fra'라는 말에서 알 수 있듯이 수도사였다. 고아였던 그는 피렌체의 카르미네회 수도원에서 성장했다. 그러나 유달리 자유분방한 성격은 신앙으로도 다스리기 어려웠는지, 어느새 그는 피렌체에서 모르는 사람이 없을 정도의 천하 난봉꾼 수도자가 되어 있었다.

그런데도 그림 그리는 재주는 뛰어나서 당시 피렌체 공화국 최고의 실세, 코시모 데 메디치가 자주 그에게 그림을 주문했다. 그의 주문을 받고도 이 난봉꾼 화가는 술독에 빠지거나, 여자에 빠지면 그림이고 뭐고 다 미루어버리기 일쑤였다. 통 큰 코시모 데 메디치의 너른 아량이 아니었으면 목숨을 지키기도 힘들었을 것이다.

그런 그가 나이 쉰에 성모 마리아 그림의 모델을 해주던 루크레치아라는 수녀를 보고 한눈에 반해버렸다. 추근대던 그는 결국 그녀를 납치해 야반도주한 뒤 아이까지 낳았다. 이 일에 피렌체 민심이 들끓었지만 코시모 데 메디치가 손을 써 겨우 목숨을 부지할 수 있었다. 두 아기 천사의 부축을 받은 아기 예수가 마주 보고 선 성모 마리아는 바로 그 루크레치아를 모델로 한 것이다.

조롱당하는 예수

프라 안젤리코, 〈조롱당하는 예수〉, 프레스코,
181×151㎝, 1440~1442년, 피렌체 산마르코 수도원

15세기 이탈리아 피렌체의 실세였던 재벌 은행가 코시모 데 메디치가 도미니코회 수도사들을 위해 재건축한 산마르코 수도원의 2층 공간에는 첼라Cella라고 부르는 수도사들의 방 40여 개가 들어서 있다. 코시모 데 메디치는 자신이 가장 아끼는 화가, 프라 안젤리코에게 각 방의 벽을 성화로 장식하게 했다. 그중 하나인 이 그림은 예수를 모욕하는 장면을 담고 있다.

빌라도는 "대체 이 사람의 죄가 뭐냐"고 의문을 제기했지만, 군중들이 계속 처형을 요구하자 예수를 병사들에게 넘겼다.

프라 안젤리코는 병사들이 예수를 모욕하는 장면을, 침을 뱉는 사내의 얼굴과 따귀를 때리는 손, 막대기 등 신체나 도구의 일부로만 표현해 괴이한 느낌이 들게 했다. 눈이 가려진 예수의 머리에는 붉은 십자가가 함께하는 후광이 그려져 있다. 손에는 갈대와 돌멩이가 쥐어져 있는데, 왕이 들고 있어야 할 홀과 보주를 대신한 것이다. 예수 발치에는 성모 마리아가 상념에 빠진 모습으로 앉아 있다. 오른쪽에는 수도원이 속해 있는 도미니코회의 창시자, 성 도미니코가 기도서를 읽고 있다. 그는 뛰어난 지혜를 가진 자로 존경받았고, 그림에서는 그 지혜를 주로 별로 표현한다. 그는 가끔 백합꽃과 함께 등장하기도 하는데, 이는 성 도미니코의 순결함과 순수함을 뜻한다.

시녀들

디에고 벨라스케스, 캔버스에 유화, 318×276cm, 1656~1657년, 마드리드 프라도 미술관

〈시녀들〉은 19세기에 후세 사람들이 붙인 제목으로 17세기의 왕실 미술품 목록에는 그저 〈시녀들 및 여자 난쟁이와 함께 있는 마르가리타 공주의 초상화〉로 기록되어 있었다. 더러는 왼쪽 대형 캔버스 앞에 서 있는 화가 자신의 모습 때문에 〈벨라스케스의 자화상〉이라고도 부른다.

그림을 바라보고 있노라면 관객인 우리를 끌어들이는 느낌이 든다. 팔레트를 든 벨라스케스의 시선, 공주와 몇몇 시녀들이 던지는 시선이 정확히 우리를 향하고 있어서 화가가 모델 삼아 그리는 대상이 우리 자신처럼 느껴져서이다. 그러나 그림 중앙, 사각 틀에 보이는 두 남녀의 모습은 이러한 우리의 상상을 여지없이 차단한다. 사각 틀은 액자가 아니라 거울이다. 따라서 벨라스케스는 거울 속에 비친, 어쩌면 우리 뒤에 서 있는 국왕 펠리페 4세와 왕비의 모습을 그리고 있는 것이다.

공주 마르가리타(1651~1673년)는 멀찌감치 서서 포즈를 취하고 있는 엄마 아빠를 물끄러미 쳐다보고 있다. 벨라스케스의 가슴에 그려진 붉은 십자가는 정통 귀족만 들어갈 수 있는 산티아고 기사단의 표식이다. 순수 혈통 귀족이 아니라 자격 미달이었지만 펠리페 4세의 도움으로 입단이 승인되자 화가는 그림이 완성된 지 1~2년의 세월이 지났음에도 불구하고 가슴팍에 그 표식을 그려 넣었다.

282

Tuesday

사실주의 누드화

귀스타브 쿠르베, 〈샘〉, 캔버스에 유화, 128×97cm, 1868년,
파리 오르세 미술관

고대 그리스인들의 '이상적인 인체상'을 모범으로 하던 19세기의 아카데미 화풍은 최대한 결점은 감추고, 장점만을 취하는 방식으로 누드를 그리게 했다. 따라서 고대 그리스 조각이 그러했듯, 현실에서는 있을 수 없는 몸매를 과시하는 누드화가 신화나 종교화라는 탈을 쓴 채 등장하기 일쑤였다.

"사실주의는 본질적으로 민주주의이다"라는 말을 남긴 쿠르베는 누드화에서도, 현실적인 사실주의의 어법을 따랐다.

등을 돌린 채 한 손을 흐르는 물에 맡긴 이 여인은 얼핏 강이나 샘의 요정을 떠올리게 하지만, 푸짐한 엉덩이와 출렁이는 허벅지는 보통 여성의 가장 방심한 몸과 크게 다르지 않다.

나폴레옹 3세는 가뜩이나 자신의 실정을 소리 높여 비판하던 쿠르베가 그린 이 누드상에 격분해 승마용 채찍으로 그림을 내리쳤다고 하는데, 그 사실이 오히려 이 그림에 커다란 관심을 불러왔다.

283

Wednesday

오귀스트 르누아르

〈자화상〉, 캔버스에 유화, 39.1×31.6cm, 1875년,
매사추세츠 클라크 미술관

양복점을 운영하던 가난한 가정에서 태어난 르누아르는 13살의 나이에 도자기 공장에 취업해 도자기를 장식하는 그림을 그렸는데, 이는 자연스레 화가의 꿈으로 이어졌다.

그는 틈만 나면 루브르 박물관을 들락거리며 거장들의 그림을 감상했다. 그러다 1862년부터 샤를 글레르가 운영하는 미술학교에 들어가 공부를 시작했고, 덕분에 모네나 시슬레, 바지유, 세잔, 피사로 등 훗날 인상파 화가로 이름을 떨치는 이들과 어울릴 수 있었다.

르누아르의 그림은 대체로 밝고 화사하고 부드러우며, 낙천적인 느낌이 물씬 풍긴다. 이 자화상은 제2회 인상주의 전시회에 출품한 작품으로, 가난한 시절 화가의 모습을 담고 있다. 짧은 머리와 수염, 줄무늬 셔츠와 짙은 파란색의 넥타이, 얼굴과 그에 비치는 빛들이 짧은 붓질로 끊어질 듯 이어져 있다. 물감을 두껍게 바른 부분과 거의 마른 붓을 거칠게 그어댄 흔적들은 그림의 분위기를 독특하게 만든다. 1900년, 레지옹 도뇌르 훈장까지 받을 정도로 승승장구하던 르누아르는 노년엔 류머티즘성 관절염을 앓게 되지만 붓이나 연필을 손가락에다 붕대로 묶은 채, 꿋꿋하게 그림을 그리곤 했다.

원근법

마사초, 〈성 삼위일체〉, 프레스코, 640×317cm,
1425~1428년, 피렌체 산타마리아 노벨라 성당

피렌체 산타마리아 노벨라 성당 벽면에 있는 이 그림은 선 원근법*[270]의 가장 대표적인 예시가 되는 작품이다. 마사초는 2차원의 평면에 3차원의 공간감을 표현하기 위해, 당대 피렌체에서 주로 활동하던 건축가 브루넬레스키나 알베르티가 연구한 원근법을 이 그림에 구현했다. 가까운 것은 크게, 멀리 있는 것은 작게 그리는 원근법은 고대에도 있어 왔지만, 소실점을 기준으로 계산된 비율에 따라 대상들이 작아지면서 깊은 공간감을 표현하는 기법은 르네상스에 와서나 가능해졌다.

마사초는 7m 떨어진 거리에 서서 십자가 아래와 바닥이 만나는 지점에 정한 소실점에 눈높이를 맞춘 뒤 그림을 보면 가장 완벽하게 공간감을 느낄 수 있도록 했다. 그림은 후원자 부부를 앞에 두고 그 뒤로 성모 마리아와 사도 요한, 예수, 하느님까지 등장시키는데 발치에는 해골이 석관 위에 누워 있다. 마사초는 건축물과 조각에 해당하는 부분을 단색 톤으로 처리하여 이들을 실제처럼 착각하게 했다.

○ 해골 위로 적힌 글자는 "나의 어제는 그대의 오늘, 그리고 나의 오늘은 그대의 내일" 정도의 뜻으로 해석할 수 있는데 '바니타스*[095]'를 떠올리게 한다.

285

Friday

나폴레옹 황제의 대관식

자크 루이 다비드, 〈나폴레옹 황제의 대관식〉, 캔버스에 유화, 621×979cm, 1805~1807년, 파리 루브르 박물관

1799년 나폴레옹은 "공화국이 위험에서 벗어나는 순간 권력에서 물러나겠다"라는 선언과 함께 스스로 절대 권력의 자리에 앉았다. 뒤이어 1804년 12월 2일 파리 노트르담 대성당에서 대관식을 거행했다. 대혁명으로 간신히 끝장낸 왕정을 다시 복구시킨 것이었다. 로베스피에르 실각 이후 감옥 생활까지 해야 했던 다비드는 나폴레옹 황제의 전속 화가가 되었다. 그는 작품에 등장하는 무려 204명이나 되는 인물들의 사실감을 높이기 위해 일일이 찾아다니며 스케치했고, 주요 인물의 경우에는 밀랍 인형까지 만들어 모델 삼아 작업했다.

그날 나폴레옹은 교황이 왕관을 씌우기 전에 손으로 왕관을 받아 스스로 씀으로써, 구습에 저항하는 자유주의자로서의 면모를 보였다. 따라서 다비드는 황제가 아내인 조세핀에게 황후의 관을 씌어주는 장면을 담아야 했다. 결론적으로 그림은 황제가 아닌 황후의 대관식을 그린 셈이다. 그림 정중앙에는 참석하지도 않은 나폴레옹 황제의 어머니를 배치했고, 나폴레옹의 키를 훨씬 크게 그리는 등의 조작도 감행했지만, 대관식의 장엄함을 전하는 기록화로의 가치가 상당하다.

허영 혹은 위선

한스 멤링, 〈허영심〉, 패널에 유화, 각각 22×15㎝, 1485년경, 스트라스부르 미술관

접었다 펼 수 있는 데다 크기마저 작게 휴대용으로 제작된 세폭화는 혼자서 기도를 하거나 명상을 하고 싶을 때 언제 어디서건 유용하게 사용할 수 있어 실용적인 가치를 중요시하는 플랑드르의 부유층 사이에서 큰 인기를 끌었다.

노트 한 권 크기보다 작은 3개의 그림은 좌측부터 각각 죽음, 허영, 악마를 의미한다. 중간 면에는 옷은 벗고 있지만, 가죽 슬리퍼를 신고, 머리에는 진주 장신구까지 한 여인이 허리께에 손을 얹은 채, 만족스러운 듯 거울을 들고 서 있다. 그러나 거울 속 그녀는 정면을 쳐다볼 때의 모습이라 서로 맞지 않는다. 어쩌면 거울이, 허구한 날 자신을 쳐다보는 그녀의 모습을 표면에 새겨버린 것인지도 모른다. 여성이 거울을 보는 모습은 자주 그림으로 그려졌는데, 이는 여성이 자신을 가꾸는 데 많은 시간과 노력을 허비하고, 또 그런 자신을 만족스러워하는 헛된 허영의 존재라는 편견 때문이다.

여성이 허영의 존재라면, 기도나 명상을 이유로 세폭화를 펼쳐놓고 은밀한 시선을 누드의 여성에게 고정하는 남성들은 과연 어떤 명사나 형용사로 그 존재를 설명할 수 있을까?

○ 한스 멤링은 벨기에 최고의 화가였으며 멀리 스페인, 이탈리아 등지에서도 고객이 끊이지 않았다. 덕분에 그는 15세기 브루게 지역의 부호 명단에 들 정도였다.

베로니카의 수건

프란시스코 데 수르바란, 〈베로니카의 수건〉, 캔버스에 유화,
68×51㎝, 1635년, 스웨덴 국립 미술관

《황금 전설》이라는 기독교 성인의 기묘한 이야기들을 모은 책에 의하면, 예수가 십자가를 들고 골고다를 오르며 몇 번이고 쓰러지곤 할 때, 베로니카라는 이름의 한 여인이 수건을 들고 예수의 얼굴에 흐르는 피와 땀을 닦아주었다 한다. 새벽닭이 울기 전에 3번씩이나 예수를 부정한 베드로와 비교해보면, 자기에게 가해질지도 모를 모든 불이익과 위험을 무릅쓰고 수건을 내미는 일은 대단한 용기가 필요한 일이었다.

이 일은 기적으로 보상받는데, 예수의 피와 땀을 닦아준 그 수건에 놀랍게도 예수의 얼굴이 고스란히 찍혀 남은 것이다. 수건에 그려진 예수의 얼굴은 사실상 그녀가 아닌, 신이 그린 그림이다. 따라서 '참된vera 그림icon'이라 할 수 있는데, 라틴어 '베라 이콘'은 그녀의 이름 베로니카와 어쩐지 비슷하다. 17세기 스페인에서 가장 부흥했던 도시, 세비야에서 주로 활동하던 수르바란은 열렬한 가톨릭 국가였던 스페인의 화가답게 그림을 보며 명상에 잠길 수 있는 성화를 다수 제작했다. 검은 바탕에 걸려 있는 베로니카의 수건 안에 고통스러워하는 예수의 얼굴이 희미하게 보인다. 신앙이 지금 같지 않던 시절, 신도들이 이 그림 앞에서 흘렸을 눈물의 양이 가늠되지 않는가?

288

Monday

최후의 심판

미켈란젤로 부오나로티, 프레스코, 13.7×12.2m, 1534~1541년,
바티칸 시스티나 예배당

교황청은 카를 5세의 로마 약탈과 종교개혁으로 인해 교황청의 절대 권력에 균열이 생기자 위기감을 느끼고, 그들에 대한 일종의 경고로써 '최후의 심판'이라는 주제의 제단화를 미켈란젤로에게 의뢰했다. 1535년에 시작해 이윽고 1541년 가을, 총 면적 약 167㎡의 벽면에 391명이나 되는 인물로 가득 찬 그림이 완성되자 다들 입을 다물지 못할 정도였다.

그중에는 성스러워야 할 성당 제단화가 마치 목욕탕 풍경처럼 벌거벗은 사람들로 가득하다는 사실에 분개하는 이도 많았다. 미켈란젤로는 예수를 건장한 청년의 알몸으로 그려, 그림 앞에 선 자들에게 민망함과 송구함을 느끼도록 했다. 이 정도면 다른 그림으로 덮어버려야 한다는 주장까지 나오자 관련자들은 전전긍긍할 수밖에 없었다. 외설 논란은 계속 이어지다가 결국 그림이 완성된 지 무려 20여 년 후인 1564년 1월에, '비속한 부분'을 지우라는 결론이 트리엔트 공의회에서 발표되었다. 다행인지 불행인지, 미켈란젤로는 이 결정이 내려진 지 20일 만에 생을 마감, 미켈란젤로의 친구이자 제자이기도 했던 다니엘레 다 볼테라가 이 일을 맡았다. 그는 1여 년간 등장인물들에게 옷을 입히느라 진땀을 쏟아야 했는데, 덕분에 그는 '바지 재단사'라는 뜻의 브라게토네 Braghettone라는 별명을 얻었다.

289

Tuesday

인상주의

클로드 모네, 〈인상, 해돋이〉,
캔버스에 유화, 48×63cm,
1872년, 파리 마르모탕 미술관

살롱전을 향한 대중의 관심이 뜨거워질수록 입선을 위한 경쟁은 치열해져 갔다. 그러나 다수가 사랑한다고 해서, 또 관료화된 아카데미가 인정한다고 해서 무조건 좋은 작품일 수는 없었다. 늘 구태의연한 주제와 기법만 제시하는 아카데미에 반감을 품은 진보적인 화가들은 세상을 색다른 방식으로 그리고자 했다. 그들은 낙선전[275]의 스타, 마네를 추종했고, 자주 모여서 뻔한 그림 일색의 보수적인 살롱전과는 차별화된 전시회를 구상했다. 드디어 1874년, 마네의 추종자들은 '제1회 무명의 화가·조각가·판화가 협동협회'라는 이름으로 사진작가 펠릭스 나다르의 작업실에서 그들만의 전시회를 개최했다.

모네는 1872년에 그린 〈인상, 해돋이〉를 이 전시에 출품했다. 밑그림을 그리듯 빠르게 붓으로 스케치한, 심지어 물감이 아래로 흘러내린 자국까지 선연한 이 그림은 미완성의 느낌이 너무나도 강렬했다. 평론가 루이 르루아는 이 그림 제목 중 '인상'이라는 말을 비꼬기라도 하듯, 〈인상주의자들의 전시회〉라는 제목으로 기사를 썼다. 그 이후 이들 미술가는 자신들을 인상주의자라고 칭하기 시작했다.

○ 곰브리치의 《서양 미술사》에 소개된 당시의 전시 평은 이렇다. "캔버스 위에 물감을 대강 붓질해서 발라 놓고는 거기에 자신들의 이름을 써놓았다. 이런 짓은 베들레헴의 정신병자들이 길바닥에서 주운 돌을 다이아몬드라고 우기는 것처럼 웃기는 일이다."

290

Wednesday

라비니아 폰타나

〈하녀가 함께하는 버지널 앞의 자화상〉, 캔버스에 유화, 27×24cm, 1577년, 로마 산 루카 아카데미

라비니아 폰타나의 아버지, 프로스페로 폰타나는 이탈리아 볼로냐에서 활동하던 화가로 외동딸인 라비니아에게 자신의 직업을 전수하기로 한다.

그는 열정적으로 고대 조각품 등 미술 전반에 대한 해박한 지식을 가르쳤고, 그림과 조각을 지도했다. 라비니아는 곧 볼로냐 귀족들의 초상화로 유명해졌고 훗날 로마로 건너가 교황 클레멘스 8세의 초상화까지 제작했다.

그녀는 아버지의 제자인 화가 조반니 파울로 차피와 결혼했는데, 결혼 후에도 화가로서의 경력을 단절시키지 않겠다는 단서와 함께, "시댁 가족들이 책임지고 후원할 것이며, 제작한 작품에 대한 소득은 지참금으로 간주한다"라는 서약을 남겼다. 그녀의 남편은 아내의 작업을 돕는 조수 역할을 하며 지낸 것으로 추정한다.

그녀는 11명의 아이를 출산했지만 쉬지 않고 그림을 그렸다. 자화상 속 그녀가 연주하는 버지널▶214은 작은 쳄발로에 해당하는 악기로, 그 이름이 '처녀virgin'를 연상케 한다. 이 그림은 결혼을 앞두고 시댁에 보낸 일종의 혼수로 자신이 이처럼 그림을 잘 그리는 '처녀'임을 강조하고 있다.

페트 갈랑트

장 앙투안 와토, 〈키테라섬에서의 출항〉, 캔버스에 유화, 129×194㎝, 1717년, 파리 루브르 박물관

'페트 갈랑트Fête Galante'는 세련된 옷차림을 한 귀족들이 자연에서 춤추고 마시면서 대화하는 모습을 그린 그림을 말한다. '페트'는 축제를, '갈랑트'는 우아한 태도를 의미하는데 '정중한, 상냥한, 고상한' 등의 뜻도 있다. 이러한 그림은 '짐이 곧 국가'라 외치던 루이 14세의 시대가 저물고, 귀족들의 권력이 강해지면서 그들이 구가하던 고급스럽고 우아한, 한편으로는 퇴폐적이고 향락적인 분위기의 시대상을 반영한다. 17세기 네덜란드 회화에서 자주 그려지던, 서민들의 먹고 마시고 떠드는 일상의 한 장면을 표현한 장르화의 귀족판이라고 할 수 있다. 페트 갈랑트에는 지나친 쾌락에 대한 경고라거나, 경건한 삶을 추구해야 한다는 등의 어떤 교훈도 없다. 그저 이렇게 우아하고 고상하게 즐길 수 있는 삶을 향한 행복하고 낙천적인 감성만 있을 뿐이다. 이 그림은 와토(1684~1721년)가 프랑스 아카데미 회원이 되기 위해 출품한 작품이다. 종교적 · 도덕적 · 영웅적 주제와는 거리가 멀었지만, 아카데미는 당시 귀족들의 취향을 무시할 수 없었기에 와토가 고안해낸 '페트 갈랑트'를 인정하고 받아들임으로써 화려한 로코코 회화의 발전을 주도했다.

292

Friday

프랑스의 스페인 침략

프란시스코 데 고야,
⟨1808년 5월 3일⟩, 캔버스에 유화,
266×345cm, 1814년,
마드리드 프라도 미술관

카를로스 4세[278]와 고도이를 몰아낸 페르난도 7세(재위 1808, 1814~1833년)는 마드리드를 점령한 프랑스군에 의해 두 달 만에 왕위를 내놓아야 했다. 나폴레옹은 자신의 형 조제프 보나파르트(재위 1808~1814년)에게 스페인 왕위를 넘긴다. 프랑스에 대한 반감이 하늘을 찌르던 어느 날 마드리드 시내에서 한 프랑스 군인이 폭행당하는 사건이 벌어진다. 이 소동은 곧장 민중 봉기로 이어졌는데, 다음 날인 1808년 5월 3일부터 폭동 가담자들에 대한 프랑스군의 학살이 시작되었다.

프랑스군은 어두운 밤을 밝히는 램프를 앞세우고 스페인 민간인들에게 총구를 겨누고 있다. 학살당하는 스페인 민중들은 마치 기독교 순교자와도 같은 모습이다. 하얀 옷을 입은 남자는 예수처럼 양팔을 치켜들고 있는데, 손바닥에 예수의 손바닥에 난 상처와 똑같은 흔적이 있다. 그 아래로 피를 흘리고 죽은 사람의 모습, 마지막 기도를 드리는 성직자, 두 손으로 얼굴을 가리며 곧 다가올 운명을 애써 회피하는 이의 모습이 보인다. 프랑스 군인들은 그들에게 기계처럼 총을 겨눌 뿐이다. 대항에 나선 스페인 민중은 게릴라전을 펼치며 프랑스군을 교란하고, 영국의 지원까지 받은 끝에 1813년 12월, 드디어 프랑스군을 완전히 몰아내고 페르난도 7세를 복권했다. 이 그림은 바로 그 직후에 그려진 것이다.

O 이 그림은 훗날 피카소가 그린 ⟨한국에서의 학살⟩과 마네의 ⟨막시밀리안 황제의 처형⟩[327]을 떠오르게 한다.

293

Saturday

교황의 사생활

멜로초 다 포를리, 〈바르톨로메오 플라티나를 바티칸 도서관장
으로 임명하는 식스토 4세〉, 프레스코, 370×315㎝,
1477년, 바티칸 피나코테카 미술관

교황 식스토 4세(재위 1471~1484년)가 바르톨로메오 플라티나를 바티칸 도서관의 관장으로 임명하는 모습이다. 식스토 4세는 고대 그리스 철학에 심취했는데, 바티칸 도서관을 증축한 이유도 자신이 모은 많은 양의 고대 그리스 서적을 잘 보관하기 위해서였다.

그림은 등장인물이 워낙 많아서 대체 누가 누구인지 알 수 없을 정도이다. 오른쪽에 앉아 있는 이가 식스토 4세이다. 그림 중앙, 교황을 마주 보고 선 자는 식스토 4세의 조카로, 훗날 율리오 2세 교황이 된다.

교황 바로 옆에는 라파엘레 리아리오라는 이름의 조카가 서 있다. 그림 왼쪽에 서 있는 두 남자도 교황의 조카들이다. 기록에 의하면 식스토 4세 교황은 자신의 조카 6명을 모두 추기경으로 임명했다.

어째 그리 많은 조카가 있나 싶지만, 당시 교황 중에는 성직자로서 올바르지 않은 처신 탓에 생긴 아이를 '조카nepos'로 칭했고, 그들을 교회 요직에 기용하는 일이 만연했다고 한다. '족벌주의'로 번역되는 '네포티즘'은 바로 이 '조카 사랑'이라는 말에서 비롯된 것이다. 정작 주인공인 바르톨로메오 플라티나는 교황 앞에 무릎을 꿇고 앉아 예를 다하고 있지만, 교황에게나 관객에게나 큰 주목을 받지 못하는 것 같다.

십자가 처형

〈라불라 복음서〉의 삽화, 양피지에 잉크, 26.7×33cm, 586년, 피렌체 라우렌치아나 도서관

중세의 그림은 그 이전의 그리스 · 로마 시절처럼 더 아름답거나 현실감 넘치게 그리는 것보다는 그저 이야기 전달에만 치중했다. 사실적이고 현장감 넘치는 그림이 다시 그려진 것은 13~14세기, 신 중심에서 인간 중심의 사고로 전환된 르네상스 시절부터이다. 복음서 삽화로 그려진 이 그림은 예수의 십자가 처형과 관련된 것으로, 그림을 이해하는 자는 글자를 읽을 필요가 없을 정도로 상세하다.

우선 예수가 입은 자줏빛 옷은 왕을 상징한다. 론지노는 예수의 오른쪽 옆구리를 창으로 찔러 그의 고통을 조금이라도 줄여주려 하고 있다. 반대편에는 누군가가 해면에 신 포도주를 적신 뒤 예수의 고통으로 바짝 마른 입술을 적셔주고 있다. 곧 예수는 "다 이루었다"라는 마지막 말을 남길 것이다. 그의 양옆으로 함께 십자가형에 처한 두 도적이 있다. 한 사람은 그를 조롱하지만, 한 사람은 예수의 말을 좇아 낙원에 들 것이다. 예수의 발치에는 예수가 입던 옷을 갖기 위해 제비뽑기를 하는 병사들이 그려져 있다. 화면 오른쪽에는 예수를 따르던 여인들이, 그리고 왼쪽에는 마리아와 요한이 함께한다. 하늘에는 해와 달이 동시에 떠 있는데 이는, 곧 예수가 신이자 인간이기도 하다는 사실의 은유이다.

295

Monday

월턴 두폭화

작자 미상,
패널에 템페라,
각각 26.7×36.8cm,
1395년,
런던 내셔널 갤러리

닫았다 펼쳤다 할 수 있는 두폭화로 제작된 이 작품은 월턴 가문이 소장하고 있었다 하여 월턴 두폭화라고 흔히 불린다. 성당 건물 내부에 보관했다가 미사 집행 때 펼치는 그림이 아니라, 개인 소장으로 만들어진 것이기에 그림 주문자의 취향과 과시욕에 맞게 제작될 수 있었다.

왼쪽 후광이 그려진 3명의 성인 앞으로 무릎을 꿇고 오른쪽의 성모자를 향해 예를 다하는 이는 이 두폭화의 실소유자, 영국의 왕 리처드 2세이다. 그의 뒤를 지키고 선 3인의 성인 중 화살을 든 이는 에드먼드 왕으로 9세기, 기독교 왕국을 지키다 화살을 맞고 순교했다. 그 곁으로 반지를 든 에드워드 왕은 거지에게 자신의 반지를 빼준 왕이다.

세례자 요한은 낙타털 옷을 입고 서 있다. 리처드 2세의 옷에는 자신의 상징물로 정한 어린 수사슴 무늬가 가득하며, 가슴에 장식물로도 달고 있다. 이 수사슴 장식물은 오른쪽 천사들의 가슴에도 달려 있다. 한 천사가 들고 있는 흰 바탕의 붉은 십자가 깃발은 부활한 예수의 승리를 상징하는데, 영국의 수호성인 조지를 상징하는 성 조지 기이기도 하다.

296

Tuesday

일점 시점에서의 탈출

폴 세잔,
〈바구니가 있는 정물〉,
캔버스에 유화,
65×81.5cm,
1888~1890년,
파리 오르세 미술관

그림에서 알 수 있듯이, 세잔은 이전의 화가들처럼 일점 시점을 고집하지 않았다. 테이블 위에 놓인 물 주전자나 바구니 등은 화가가 앉아서 본 시점과 일어서서 본 시점이 서로 섞인 채이다. 탁자 역시 마찬가지로 왼쪽에서 시작된 선과 오른쪽의 선이 서로 일치하지 않음을 알 수 있다.

세잔의 이러한 시도는 어떤 장면을 본다는 것은, 그리고 기억한다는 것은 결국 여러 시점의 결합이 필요하다는 사실을 깨닫게 해준다. 세잔 이전의 화가들이 이젤 앞에서 그린 그림들은, 우리의 눈이 카메라 렌즈처럼 눈동자가 전혀 움직이지 않는 상태에서나 포착 가능한 장면이었다. 그러나 우리는 대상을 바라볼 때, 때론 시선을 살짝 위로, 때론 아래로, 혹은 좌측이나 우측으로 움직인 뒤 그렇게 포착된 것들을 조합하는 형식을 취한다. 수백 년간 지켜온 일점 시점의 원근법에서 탈출해 비로소 진정한 모습을 드러낸 '시선'의 실체는, 그 이후 미술의 판도를 완전히 바꾸어 놓았다. 앞에서 보는 모습과 옆에서 보는 모습을 겹치듯 그리는 피카소의 그림 또한, 세잔의 영향이라고 볼 수 있다. 그런 의미에서 세잔을 '현대 미술의 아버지'라 칭한다.

○ 세잔은 정물화를 그릴 때, 백 번 천 번을 반복해서 그리고 수정하고를 반복했다. 그 때문에 사과는 그림이 완성되기도 전에 썩곤 해서, 할 수 없이 모형 사과를 놓고 그림을 그려야 했다.

297

Wednesday

페데리코 바로치

〈자화상〉, 캔버스에 유화, 34×27cm, 1570~1575년,
피렌체 우피치 미술관

이탈리아 우르비노의 화가, 페데리코 바로치(1535~1612년)는 음악, 미술, 문학, 극예술 모두를 섭렵한 르네상스 형의 다재다능한 화가였다.

빼어난 그림 솜씨가 소문을 타자, 교황 비오 4세(재위 1559~1565년)의 초대를 받아 바티칸에서도 활동했다. 그러나 샐러드를 먹은 뒤로 장에 문제가 생기면서 사경을 헤매게 되었던 그는, 몸이 낫자마자 고향으로 줄행랑을 쳤다. 당시 교황청에는 기라성 같은 예술가들이 모여 있었고, 그들 간의 암투도 적지 않았다. 바로치는 자신의 병이 단순한 것이 아니라, 누군가가 자기를 죽이려고 독극물을 탔다고 생각한 것이다.

설사만 아니었으면 교황청을 주름잡는 당대 최고 반열의 화가가 되었을 그는 고향으로 내려와 우르비노 귀족들을 위한 그림을 그리다, 비교적 장수했다. 〈자화상〉은 정확히 몇 살에 그린 그림인지 알 수 없다. 칠흑같이 어두운 배경에 얼굴을 드러낸 화가는 머리털이 듬성듬성하고, 눈이 충혈되어 있다. 달관한 듯한 그의 표정에서 인생의 많은 시간을 이미 흘려보낸 한 사내의 고독한 노년이 느껴진다.

298

Thursday

사크라 콘베르사치오네

피에트로 페루지노, 〈성인들과 함께하는 성모자〉, 패널에 템페라,
193×165㎝, 1495~1496년, 바티칸 피나코테카 미술관

종교화에서 성모자가 높은 권좌에 앉아 성인들과 함께하는 장면을 그린 그림을 '사크라 콘베르사치오네Sacra Conversazione(성스러운 대화)'라고 부른다. 앞 열 왼쪽은 성 루도비코로 왕위계승권을 동생에게 줘버리고 수도자로 살다가 훗날 툴루즈의 대주교에까지 오른 인물이다.

그는 왼손으로 왕의 지팡이, 즉 홀을 들고 있다. 오른쪽 앞 열은 성 라우렌시오이다. 뜨거운 석쇠 위에서 고문을 받고 순교한 성인이라 주로 석쇠가 지물▶305로 함께 등장하지만, 이 그림에서는 차분하게 기도서를 읽는 모습으로 그려졌다. 이 두 성인 뒤로 양쪽에 페루자의 수호성인인 헤르쿨라노와 콘스탄스가 서 있다. 르네상스 화가들은 이처럼 좌우대칭을 완벽하게 하여 균형감 있는 구도를 선호했다.

성모자는 우아한 자태로 아래를 내려다보고 있는데, 성모 마리아의 한쪽 발이 옷 밖으로 살짝 삐져나와 있는 모양새가 다소 어색하게 느껴진다. 화가는 성모의 발로 일단 감상자들의 시선을 낚아챈 다음 바로 그 아래에 "치타 델라 피에베Città della Pieve의 피에트로가 이 작품을 완성했다"라는 글자를 그려 넣어 자신의 존재를 부각했다.

299

Friday

프랑스 7월 혁명

외젠 들라크루아,
〈민중을 이끄는 자유의 여신〉,
캔버스에 유화, 260×325cm,
1830년, 파리 루브르 박물관

나폴레옹의 몰락 이후 루이 16세의 동생, 루이 18세는 입헌 군주제를 채택했다. 그 뒤를 이어 샤를 10세가 왕권을 이었다. 하지만 경제 실정으로 주식 시장이 폭락하는 등 무능력한 왕에 대한 분노로 1830년 7월, 시민들이 다시 봉기했다. 이를 7월 혁명이라 부른다. 그림 속 여인은 마리안으로 프랑스를 의인화한 인물이다. 그녀는 파랑, 하양, 빨강의 프랑스 국기를 들고 있는데, 각각 자유, 평등, 박애의 가치를 의미한다. 높은 모자를 쓴 부르주아 지식인, 허름한 옷차림의 노동자, 심지어 어린아이까지 함께한 이 혁명 역시 바닥에 널브러진 사람들이 보여주듯 상당한 희생과 대가를 치러야만 했다.

7월 혁명 이후, 루이 필리프(재위 1830~1848년)가 왕위에 올랐다. 그의 아버지는 1789년 프랑스 혁명 때 자신의 궁전 팔레 루아얄을 '혁명 정원'이라 칭하고, 스스로 귀족의 작위를 버리고 평민들 편에 섰던 오를레앙 공작이었다. 시민들은 그를 환영했지만, 막상 왕위에 오른 그는 이 그림이 혹시 시민들을 다시 자극해 궐기라도 할까 봐 얼른 그림을 사들여 자신만 볼 수 있게 조치했다는 소문이 있다.

○ 프랑스의 대문호, 빅토르 위고는 이 그림을 보고 영감을 얻어 소설 《레미제라블》을 썼다.

300

Saturday

7만 원에서 5천억 원으로

레오나르도 다빈치, 〈살바토르 문디-구세주〉,
패널에 유화, 65.6×45.4㎝, 1500년경, 개인 소장

살바토르 문디Salvator Mundi. '구세주'라는 뜻의 이 그림은 1500년대, 프랑스의 루이 12세가 의뢰하여 그린 것으로 이후 공주가 결혼하며 영국으로 가져간 이래, 한동안 행방을 알지 못한 채 잊혔다가 1900년에 영국의 프레더릭 쿡이라는 수집가의 손에 들어갔다. 워낙 덧칠이 많이 되어 있고 훼손 정도가 심해 원화를 알아보기가 힘든 수준이었던지라 그는 다빈치가 아닌, 제자 중 누군가가 그린 모사화 정도로 생각했다.

결국 1958년에 소더비 경매에 나온 그림은 45파운드, 한화로 고작 7만 원 정도에 팔렸다. 이후에도 그림의 주인이 몇 차례 바뀌었는데, 세월이 갈수록 복원 기술도 발달해 원작의 품격이 되살아나기 시작했고, 2011년에는 드디어 이 작품이 다빈치 본인의 것으로 인정받기에 이르렀다. 2017년, 이 작품은 무려 4억 5,030만 달러, 한화로 약 5천억 원에 낙찰되었다. 그림을 산 이는 사우디 왕자로 추정되나, 확실치는 않다.

〈모나리자〉처럼 윤곽선을 흐릿하게 하는 스푸마토 기법으로 그려져 분위기가 흡사한데, 그 때문에 '남자 모나리자'라는 별명으로도 불린다. 르네상스 시대 귀족들의 옷차림을 한 구세주 예수는 정면을 바라보며 오른쪽 두 손가락을 세우고 있는데, 축복의 뜻이다. 왼손에 든 수정구는 그가 구원하게 될 우리 인간 세상을 의미한다.

베드로의 십자가 처형

필리피노 리피, 〈시몬 마구스와의 토론과 베드로의 십자가 처형〉, 프레스코, 230×598cm, 1481~1482년,
피렌체 산타마리아 델 카르미네 성당

베드로는 예수로부터 "너는 베드로^{Petros}이다. 내가 이 바위^{petra} 위에 내 교회를 세울 터인즉, 저승의 세력도 그것을 이기지 못할 것이다〈마태오복음〉 16장 18절)"라는 말을 들었다. 그의 이름 베드로는 '돌, 바위'라는 뜻을 지닌 라틴어 '페트라'에서 비롯되었다.

베드로는 교회를 조직하여 신의 대리자로서 살다가, 네로 황제 통치 기간에 박해를 받고 십자가 처형으로 순교했다. 그는 감히, 예수와 같은 방식으로 죽을 수 없어 십자가에 거꾸로 매달리겠다고 자처했다 한다. 반면에 네로의 통치 시절에는 거꾸로 매다는 십자가 처형이 더 일반적이었다는 말도 있다.

아치를 중심으로 오른쪽에, 권좌에 앉은 네로 황제 앞에서 베드로와 바울이 시몬 마구스라는 영지주의 종파 학자와 격론을 벌이는 장면이 보인다. 베드로는 무리 중 왼쪽에서 세 번째, 하얀 수염을 기른 이로도 등장한다. 아치 기준 왼쪽 부분에서는 그가 거꾸로 순교 당하는 장면이 보인다.

○ 그림의 제일 오른쪽 구석에서 그림 밖을 응시하는 자는 화가 자신이며, 중앙 아치 아래쪽 세 남자 중 역시 밖을 향해 고개를 돌린 사람은 보티첼리이다. 화가의 아버지 프라 필리포 리피*²⁷⁹는 수녀와 야반도주로 유명 했는데, 보티첼리를 가르친 스승으로도 잘 알려져 있다.

302

Monday

거울을 보는 아프로디테

디에고 벨라스케스,
캔버스에 유화,
122.5×177cm,
1647~1651년,
런던 내셔널 갤러리

벨라스케스가 그의 정부였던 플라미니아 트리바를 모델로 그린 누드화이다. '아프로디테'라는 그리스 여신을 내세운 여성 누드는 르네상스 시대부터 흔한 주제였지만, 엄숙한 가톨릭 국가인 스페인에서는 쉽게 시도할 수 있는 장르가 아니었다. 그 때문에 당대 유명 화가들이 수십 점의 누드를 그리는 동안에도 벨라스케스는 그저 몇 점의 누드화만 그렸고, 그나마도 다 소실되어 이 작품 하나만 남았다.

아프로디테는 등을 돌린 채 사랑의 신 에로스가 든 거울에 자신을 비춰보고 있다. 그 덕분에, 등만 보인 여인의 얼굴이 궁금한 감상자의 호기심은 쉽게 해결된다. 하지만 사실 거울 속에 비친 얼굴은 그녀가 취한 자세로는 만들어내기 어려운 각도이다. 이 그림은 영국으로 팔려 가, 로크비 가문의 별장에 걸려 있었다 해서 '로크비 아프로디테'로 불리기도 한다.

○ 1914년 메리 리처드슨이라는 여성이 미술관 안으로 들어와 손도끼로 이 그림을 일곱 군데나 난도질했다. 그림을 훼손한 이유는 영국 여성의 참정권을 위해 싸우던 사회운동가 에멀라인 팽크허스트의 구속에 항의하기 위해서였다. "나는 현대사에서 가장 아름다운 동료를 파괴한 정부에 대해, 신화의 역사에서 가장 아름다운 여성의 그림을 파괴하려고 했다." 이 인터뷰로부터 14년이 지난 1928년, 영국 여성은 비로소 남성과 동등한 참정권을 얻었다.

303

Tuesday

표현주의

빈센트 반 고흐, 〈사이프러스와 별이 있는 길〉, 캔버스에 유화,
92×73cm, 1890년, 오텔로 크뢸러 뮐러 미술관

표현주의 미술은 르네상스 이래 미술이 추구해온 세상의 재현에서 벗어나고자 하는 운동이다. 그들에게 있어 미술은 대상의 외관을 베끼듯 그리는 게 아닌, 어떤 감정이나 감각 등을 표현하는 것이었다.

표현주의의 선구자로 고흐나 뭉크 등이 꼽히는데, 이들은 빛에 따른 색의 변화를 그림으로 풀어낸 인상주의자들과 달리, 어떤 대상을 보며 일어나는 '감정'을 표현하고자 했다.

인상주의자들이 바깥세상이 내 눈 안으로[im] 들어와 찍히는 대로[press]를 그렸다면 표현주의자들은 자신의 감정, 정서가 바깥으로[ex] 나가, 대상에 찍힌 것[press]을 그렸다고 볼 수 있다.

인상주의자들의 그림은 빛이 변화시킨 색을 그렸지만, 표현주의자들은 화가의 '마음'이 변화시킨 색, 나아가 형태를 찾아 그렸다. 1905년 프랑스와 독일에서 동시에 나타난 야수파[324]와 다리파[352] 등은 표현주의의 한 갈래이다. 프랑스의 야수파가 형태를 단순화하고, 색채의 자율성을 추구하여 결국 장식성으로 나아갔다면 독일의 다리파 등은 색채와 형태를 과장, 왜곡하여 만족스럽지 못한 현실에 대한 날 선 저항감을 표현하는 그림을 주로 그렸다.

안니발레 카라치

〈자화상〉, 패널에 유화, 42×30cm, 1604년경,
상트페테르부르크 예르미타시 미술관

안니발레 카라치(1560~1609년)는 볼로냐 태생으로 사촌 로도비코 카라치, 그리고 형인 아고스티노와 함께 볼로냐에 미술아카데미를 개설했다. 그는 1595년부터 아고스티노와 로마에 머물렀는데, 1597년에 파르네세 가문 출신의 추기경 오도아르도의 의뢰를 받아 파르네세 저택 천장 벽화를 그리기 시작했다.

작업 도중 아고스티노는 먼저 볼로냐로 떠나버렸고, 안니발레가 마지막까지 임무를 완수했다. 안니발레는 파르네세 저택의 천장을 신화 속 세계로 만들었는데, 가히 시스티나 예배당에 그린 미켈란젤로의 천장화에 비견할 만했다. 그러나 어떤 이유에서인지 작업이 끝난 뒤부터 우울증과 신경쇠약증에 시달렸고 1606년부터 너무 기분이 가라앉아 더는 그림을 그릴 수가 없었다는 기록이 있다.

혹자는 그의 우울증이 천장화에 대한 파르네세 가문 사람들의 뜨뜻미지근한 반응 때문 아닐까 추정하기도 한다. 이젤 뒤의 동그란 눈을 반짝이는 강아지는 말까지 더듬게 될 정도로 충격이 컸던 그의 사연을 알고 있을지도 모른다. 말다툼으로 먼저 로마를 떠나버린 형, 아고스티노가 볼로냐에서 죽었다는 소식을 듣고부터 그의 증세는 더욱 심해졌다. 이 그림은 그런 시기에 그려진 것이다. 그림 속, 이젤 위에 놓인 자화상은 40살의 자신보다 훨씬 젊다.

305

장르 · 기법

지물어트리뷰트

카라바조, 〈성녀 가타리나〉, 캔버스에 유화, 173×133cm,
1598년경, 마드리드 티센보르네미사 미술관

조명이 잘 연출된 연극무대에 오른 여배우의 열연을 보는 것 같은 이 그림은 테네브리즘[242]을 적절히 구사해 드라마틱한 효과를 자아내는 데 뛰어났던 화가, 카라바조의 초기 작품이다. 그림의 주인공은 성녀 가타리나이다. 《황금 전설》에 따르면 그녀는 기독교를 탄압하던 로마제국 황제 막센티우스의 명에 의해 아사형을 선고받고 감옥에 갇힌다. 그러나 12일 동안 예수가 비둘기를 통해 음식을 가져다줘서 목숨을 부지할 수 있었다. 그러자 황제는 이번에는 못이 박힌 바퀴에 깔리게 했다. 이 역시 예수가 나서서 바퀴를 박살 내는 기적으로 해결해주었다. 결국 가타리나는 칼로 목이 잘리는, 즉 참수형을 받고 순교한다.

카라바조가 그린 그림에는 황제가 그녀를 죽이려 사용했던 기물들이 등장한다. 우선 거대한 못이 박힌 큰 바퀴가 보인다. 그녀는 바퀴에 몸을 슬쩍 기대인 채, 옷가지까지 걸쳐놓고 앉아 물끄러미 감상자들에게 시선을 던지고 있다. 그녀가 든 큰 칼은 자신이 참수형을 당했다는 사실을 떠올리게 한다. 붉은 방석 위로 비스듬하게 누인 종려나무 가지는 기독교 종교화에서 주로 '순교'를 상징한다. 그림 속에 등장하는 이런 사물들은 그녀가 누구인지를 설명하는 적절한 도구가 된다. 이들을 일러 '지물', 즉 '어트리뷰트Attribute'라고 한다.

306

Friday

1848년 6월,
노동자들의 봉기

에르네스트 메소니에, 〈모르텔리 거리의 바리케이드, 1848. 6〉,
캔버스에 유화, 29×22cm, 1851년, 파리 루브르 박물관

대혁명 이후 프랑스는 혼란을 거듭했다. 1830년 7월 혁명▶299으로 왕위에 오른 루이 필리프 역시 1848년에 2월 혁명으로 퇴위했고, 이후 임시정부가 수립되었다. 2월 혁명은 노동자·농민 계급의 봉기였다. 그들은 급격한 사회개혁을 요구했다. 임시정부는 국영 작업장을 설립, 약 15만 명의 노동자들을 등록하여 안정적인 일자리와 급여를 보장하겠노라 발표했다.

하지만 이 좋은 의도들은 세금 낭비라는 여러 저항을 불러일으켰고, 결국 국영 작업장 해산이라는 절망적인 상황으로 치달았다. 이내 노동자들은 동요했고, 폭동을 일으켰다. 임시정부는 국민 방위대를 소집하여 유혈 진압을 명령했다.

화가 메소니에(1815~1891년)는 1848년 6월 모르텔리 거리에서 벌어진 유혈 사태로 노동자들이 바리케이드 앞에서 죽어간 비참한 현장을 그림으로 담아냈다. 채도가 낮은, 거의 흑백에 가까운 그림이지만 죽은 노동자들의 붉은 바지, 붉은 피, 푸르거나 하얀 셔츠 등이 프랑스의 삼색기를 떠올리게 한다.

○ 프랑스 임시정부는 1848년 2월에 들라크루아의 그림에서 보았던, 그리고 지금 우리가 알고 있는 삼색기를 국기로 정식 선포했다.

307

Saturday

한 번의 결혼식과 장례식

아뇰로 브론치노, 〈엘레오노라 디 톨레도와 아들의 초상화〉,
패널에 유화, 115×96cm, 1545년, 피렌체 우피치 미술관

엘레오노라 디 톨레도는 토스카나 공국의 초대 대공, 코시모 1세[194]의 아내이다. 화가는 푸른색 배경에 그녀가 아들 조반니와 함께 앉아 있는 장면을 그렸다. 그녀의 머리 주변은 알 수 없는 빛에 의해 푸른색이 살짝 날아간 듯한 느낌이 든다. 브론치노가 마치 종교화의 후광처럼 그녀를 성스러운 존재로 묘사한 것이다.

그녀는 스페인 왕가 혈통이자 갑부였던 나폴리 부왕의 딸로, 굳이 따지자면 코시모보다 지체 높은 집안이었다. 왕족 출신과 결혼하면서 코시모 1세의 지위는 덩달아 높아졌고, 그녀가 친정으로부터 가져온 엄청난 지참금은 대공의 자금 동원 능력을 높여주었다. 금슬도 좋아서 두 사람 사이에 무려 11명의 아이가 태어났고, 그녀와 결혼한 이래로 코시모 1세는 그 어떤 여자와도 관계를 맺지 않았다.

안타깝게도 그녀는 1540년, 마흔의 나이에 그림 속 아들 조반니와 함께 말라리아에 걸려 생을 마감한다. 그녀가 입고 있는 화려한 옷은 결혼식 때 입은 옷으로, 그녀가 가장 아끼는 옷이었다. 은빛에 가까운 창백한 피부와 감정이 전혀 드러나지 않는 표정은 육신을 잃은 영혼의 모습처럼, 음울해서 묘한 기분을 느끼게 한다.

O 그녀는 결혼식 때 입었던 이 아름다운 옷을 입은 채로 관 속에 묻혔다.

십자가 처형과 구원

(대) 루카스 크라나흐와 (소) 루카스 크라나흐,
〈바이마르 제단화 중 중앙 패널: 십자가 처형〉,
패널에 유화, 370×309㎝, 1555년,
바이마르 성 베드로와 성 바오로의 성당

아버지 (대) 루카스 크라나흐가 그리다 사망하자, 아들 (소) 루카스 크라나흐가 이어서 완성한 세폭 제단화 중 중앙 패널이다. 예수는 용의 모습을 한 악마를 밟고 무찌르는 모습으로, 또 십자가에 못 박힌 모습으로 2번 등장한다.

십자가를 기준으로 화면 왼쪽 멀리, 죽음과 악마에게 쫓기는 인간의 모습이 보인다. 오른쪽에는 광야에 세운 이스라엘 백성들의 천막, 그리고 십계명을 퍼든 모세와 아론이 예언자들과 함께하는 모습이 그려져 있다.

화면 하단 오른쪽, 나란히 서 있는 세 남자 중 십자가 바로 곁에는 세례 요한이 손으로 어린 양을 가리키고 있다. 중앙의 하얀 수염의 남자는 그림을 그리던 (대) 루카스 크라나흐로 머리에 예수의 옆구리에서 튀어나온 피가 그대로 떨어진다. 이는 구원은 성직자 등 중재하는 이의 몫이 아니라, 예수와 신자 개인 간에 직접 이루어지는 일이라는 루터의 생각을 반영한다. 그의 곁에는 11살 아래 친구인 마르틴 루터가 자신이 번역한 독일어 성경책을 가리키고 있다. 성직자가 아닌, 성경을 통한 믿음과 신앙이야말로 구원으로 이르는 길임을 설파하는 듯하다.

장 오노레 프라고나르, 캔버스에 유화, 71×92cm, 1776년, 파리 루브르 박물관

이미 마음을 먹은 터이지만, 그래도 마지못해 자신을 허락한다는 듯이 머리를 제외한 온몸을 남자에게 던지는 여자. 그녀가 단단히 여미고 있던 마음의 빗장을 활짝 열어젖히는 동안, 속옷 차림의 남자는 여자를 한쪽 팔로 단단하게 끌어안은 채문의 빗장을 잠그며 자신들이 사랑할 공간을 만들고 있다. 그림은 18세기 프랑스귀족 사이에서 유행하던 가볍고, 경쾌하며, 향락적이고, 또 연극적인 로코코 미술의 전형을 보여준다. 루이 가브리엘 베리 남작의 주문으로 제작한 이 그림이 귀족들의 입소문을 타고 성공하면서 프라고나르(1732~1806년)는 사랑의 아름다운 한순간을 잘 그리는 화가로 명성을 얻게 된다.

빛은 빗장이 있는 오른쪽 상단부터 왼쪽 하단을 향해 비스듬하게 그림을 가로지른다. 왼쪽 하단, 탁자 위에는 사과 하나가 놓여 있다. 이브의 사과가 연상되는데, 거부할 수 없는 유혹을 의미한다. 여인의 뒤로 보이는 침대 위 베개는 아무렇게나 헝클어진 듯하지만, 여성의 가슴을 떠올리게 하는 형태이다.

○ 화면 왼쪽의 붉은 커튼은 그 자체로 성적 흥분을 상기시키는데, 왼쪽 상단은 특히 여성의 성기를 닮았다.

310

Tuesday

상징주의

'비현실적', '꿈', '몽환', '환상'과 같은 키워드로 함축되는 상징주의는 19세기 말, 세기말의 혼란과 불안 속에서 등장했다. 인상주의 화가들이 눈에 보이는 세계를 그렸다면 상징주의 화가들은 눈으로 볼 수 없는, 그러나 감성과 감각이 머릿속에서 만들어낸 상상의 세계를 그렸다.

오딜롱 르동, 〈키클롭스〉, 카드보드에 유화, 65.8×52.7㎝, 1898~1900년, 오텔로 크뢸러 뮐러 미술관

모호하고 불분명한 세계에 탐닉했던 르동(1840~1916년)은 태어난 지 이틀 만에 친척 집에 보내졌다. 가난한 살림에 어쩔 수 없이, 먹는 입이라도 줄이고자 부모님이 내린 결단이었다. 11살이 되던 해에 집으로 돌아왔지만, 우울하고 내성적이며 말수가 적은 아이로 성장한 그는 오랫동안 버림받는 공포에서 벗어나지 못했다. 그는 렘브란트나 고야처럼 판화 그림에 몰두했는데, 말년의 고야가 그러했듯 주로 검은 톤으로 괴기스럽고 음울한 세계를 마치 유년의 트라우마를 토해내듯 그리곤 했다.

그러나 그는 마흔의 나이에 카미유와 사랑에 빠지고 결혼에 이르면서 흑백의 세계와 결별한다. 이후 그의 그림은 화려하고, 화사하고, 달콤한, 부드러운 색으로 완전히 바뀐다. 신화 속 키클롭스는 아버지 우라노스가 흉측하다고 지하세계 깊은 곳에 감금시킨 외눈박이 거인으로 르동 자신과 동일시된다. 비스듬히 누운 님프는 아내인 카미유 르동으로, 그를 어둠으로부터 꺼내어 꽃이 만발한 지상으로 인도한다.

311

Wednesday

마리에타 로부스티

〈마리에타 로부스티의 자화상〉, 캔버스에 유화, 93.5×91.5㎝,
1578년, 피렌체 우피치 미술관

틴토레토▶262라고 불리는 야코포 로부스티의 일곱 자녀 중 장녀, 마리에타 로부스티(1554년경~1590년)가 그린 자화상으로 알려진 그림이다. 여성이 화가가 되기 극히 힘든 시절이었지만, 화가인 아버지의 작업실에서 남자 형제들과 함께 그림을 배웠다.

15살 나이에 이미 여러 귀족이 그녀에게 초상화를 주문할 정도로 솜씨가 뛰어나 유럽 여러 왕실에서 앞다퉈 그녀를 초대했지만, 아버지는 그를 모두 거절해 그녀가 세계적인 화가의 반열에 들 기회조차 박탈해 버렸다. 심지어 그녀는 서른이 되어서야 당시로는 아주 늦은 결혼을 할 수 있었는데, 그나마 남자 측이 절대로 베네치아를 떠나지 않는다는 조건을 받아들였기 때문이다. 물론 그녀는 결혼 후에도 여전히 아버지의 작업실에서 일했다.

그녀는 결혼생활 4년 만에 아이를 낳다가 사망하는데 이때부터 틴토레토의 공방에서 생산되는 그림의 수가 급속도로 줄어든다. 딸을 잃은 슬픔 탓에 자주 붓을 놓아버려서인지, 자신 대신 그림을 그려줄 사람이 없어져서인지는 알 수 없다. 소문난 천재 화가였지만, 그녀의 그림은 대부분 아버지나 남자 형제의 이름으로 팔려나가, 서명이 있는 작품은 단 한 점뿐이다. 그림 속 마리에타는 하프시코드 앞에서 악보를 든 채로 서 있다. 그녀는 작업실에서 일하는 동안, 종종 아버지를 위해 하프시코드를 연주하며 노래를 불러주곤 했다.

312

Thursday

두폭화

한스 멤링, 〈마르틴 판 니우엔호버의 두폭화〉, 패널에 유화, 각각 52×41.5cm, 1487년, 브뤼주 성요한 병원

15~16세기에는 성당의 예배 공간을 장식하고 그 권위를 강조하기 위한 제단화가 제작되기도 했지만, 개인적인 신앙생활을 위한 제단화도 다수 제작되었다. 2개의 패널화를 경첩으로 연결한 소형의 두 폭짜리 제단화는 여행 등 이동 시에도 휴대할 수 있어 주문량이 많았다. 가장 인기 있는 주제는 역시 성모자상이었다.

　이 그림은 브루게의 귀족, 마르틴 판 니우엔호버가 주문한 것으로 왼쪽의 성모자와 오른쪽의 마르틴이 한 공간에 있는 것처럼 묘사하고 있다. 성모 마리아는 브루게의 풍경이 멀리 내다보이는 창을 등지고 앉아 있는데, 왼편에는 니우엔호버 가문의 문장이 그려져 있다. 한편, 마르틴 뒤로 보이는 창에는 아마도 이름을 지을 때 고려했을 자신의 수호성인, 성 마르티노가 보인다. 성 마르티노는 기독교 박해가 극심했던 4세기의 로마 군인으로 아미앵에서 우연히 가난한 사람을 만나자 자신이 입은 망토를 칼로 반으로 잘라준 선행으로 유명하다. 스테인드글라스에 그려진 것처럼 성 마르티노는 주로 말을 탄 채 큰 칼로 망토를 자르거나 옷을 건네주는 모습으로 등장한다. 한편 성모 마리아는 아기 예수에게 인간의 원죄를 상징하는 사과를 건네주고 있다.

313

Friday

오스만 남작의 파리

귀스타브 카유보트,
〈비 오는 날의 파리〉,
캔버스에 유화,
212.2×276.2cm,
1877년,
시카고 미술관

1848년의 선거에서 프랑스 대통령으로 당선된 루이 나폴레옹 보나파르트는 1851년에 쿠데타를 일으켜 의회를 해산했고, 다음 해에 스스로 나폴레옹 3세라 칭하면서 황제의 자리에 올랐다. 그 시절 파리는 도시화와 공업화로 인해 도시로 몰려드는 인구가 급증하면서 포화 상태에 이르러 위생과 편의 면에서 최악의 상태가 되었다. 나폴레옹 3세는 도시 재정비를 구상했다. 어디가 어딘지 알 수가 없는 미로 같은 골목길들을 없애고 새 길을 놓는 일은 시민들을 위해서뿐 아니라, 자주 그를 불안하게 하던 시위대 진압에도 효과적일 수 있었다.

그는 1853년, 오스만 남작을 파리 시장으로 임명하고 파리 시가지 개선을 일임했다. 오스만은 기차역과 주요 광장을 직선으로 연결하는 대로를 만들었고, 충분한 녹지를 조성했다. 역사적 건축물들을 개보수하고, 공공건물이나 공연장 등의 문화 공간을 신축했다. 상하수도망을 대폭 개선하여 악취나 전염병으로부터 도시를 보호했다. 그 이후 파리는 놀라울 만큼 달라졌다. 그가 만든 19세기의 파리는 현재까지도 그 기능을 하고 있다는 점에서 성공적이다. 비 오는 날 이렇게 차려입고 도시를 거닐 수 있다는 것. 오스만 이전의 파리에서는 상상하기 힘든 일이었다.

314

Saturday

걱정 속에 지워진 얼굴

조르주 피에르 쇠라, 〈화장을 하는 젊은 여인〉,
캔버스에 유화, 95.5×79.5cm, 1889~1890년,
런던 코톨드 인스티튜트 오브 아트

점묘파의 화가, 쇠라가 어느 날 심한 발열과 함께 부모님과 함께 살던 집으로 실려 왔다. 그의 곁에는 임신한 여성과 돌을 넘긴 한 아이가 함께했다. 쇠라가 모델 출신의 여인과 2년째 동거하며 둘째 아이까지 기다리는 중이라는 사실은, 부모뿐 아니라 주변 동료들도 까맣게 모르고 있었다.

쇠라는 자기에 대해 말하기 좋아하는 화가가 아니었다. 가까운 친구가 있는 것도 아니었다. 그가 죽고 나서야, 사람들은 이 그림이 연인을 모델로 했다는 사실을 깨달았다.

한 점 한 점 찍어 눌러 그린 그림 속에 마들렌 크노블로흐(1868~1903년)가 퍼프를 손에 든 채 앉아 있다. 그림 상단 왼쪽에는 거울이 있는데 꽃병 하나를 비추고 있다. 그러나 1958년의 연구에 따르면 이 자리에는 쇠라 자신으로 추정되는 남자의 얼굴과 어깨가 그려져 있었다 한다. 처음 그의 그림을 본 누군가가 "화장하는 창부의 집에 함께 있는 남자, 너무 뻔해 보이지 않나?"라고 충고했다는 것이다. 사랑하는 그녀와의 동반 초상화는 '남이 어떻게 볼까?'라는 걱정 속에서 지워져 버렸다.

쇠라는 발병 후 며칠 지나지 않아 서른둘의 나이로 생을 마감했다. 병명은 전염성 후두염이었다. 2주 후 아이가 아버지를 따랐다. 태어난 둘째도 태어나자마자 세상을 떠났고 크노블로흐 역시 마흔을 넘기지 못한 채 요절했다.

315

Sunday

엠마오의 식사

카라바조, 〈엠마오의 식사〉,
캔버스에 유화, 141×196cm,
1601년, 런던 내셔널 갤러리

열두 제자에 속하지는 않았지만, 예수를 존경하고 따랐던 제자 두 사람이 길을 걸으며 예수의 시신이 사라졌다는 소문을 이야기하고 있었다. 그들은 죽은 지 사흘이나 된 시신이 사라진 것을 도무지 믿을 수가 없다고 말했다. 이에 한 낯선 이가 끼어들며 모든 것이 예언대로 이루어졌다고 말한다. 그들은 두런두런 이야길 나누며 함께 엠마오로 가서 저녁 식사까지 하게 된다. 식탁에 앉아 빵을 들어 감사 기도를 드린 뒤, 낯선 이가 빵을 떼어줄 때야 비로소 그들은 그가 부활한 예수라는 사실을 알게 된다.

그림은 그들이 예수의 존재를 알아차리는 순간의 놀라움을 고스란히 전해준다. 마치 예수가 십자가에 처형당했을 때처럼 두 팔을 쫙 펼쳐 보이는 오른쪽 남자 덕분에 화면에 실제 같은 깊은 공간감이 느껴진다. 등지고 앉은 남자는 너무나 놀란 나머지 그냥 앉아만 있을 수 없어 의자에서 막 몸을 일으킨다. 왼쪽에 서 있는 남자는 아마도 식당 주인으로, 대체 무슨 일인가 궁금해하는 표정이다. 하얀 식탁 위에 놓인 빵과 포도주는 성찬식을 떠올리게 한다. 식탁 끄트머리에서 떨어질 위기에 놓인 과일 바구니는 그림에 긴장감을 가득 선사하고 있다.

○ 두 팔 벌린 자의 가슴에 달린 조개껍데기는 순례자들을 의미한다. 성 야고보의 무덤을 순례한 자들이 조개를 기념으로 가져오곤 한 것에서 유래한다.

작품

성모의 죽음

카라바조, 캔버스 유화, 369×245cm, 1601~1605년,
파리 루브르 박물관

〈성모의 죽음〉은 카라바조의 그림 중 가장 대작으로 알려져 있다. 성서 속 인물들을 동네에서 흔히 볼 수 있는 후줄근한 옷차림의 소시민으로 묘사하는 카라바조답게, 신의 아들을 낳은 성모의 모습도, 예수의 죽음 앞에서 애도하는 제자들도 너무 평범해 초라해 보일 정도이다.

화면 아래쪽, 마리아 막달레나는 슬픔에 겨운 듯 주저앉아 하염없이 울고 있다. 그 앞에 놓인 세숫대야는 아마 시신을 씻는 데 사용되었을 것이다. 성모는 보통 붉은 옷을 입고 그 위에 푸른 옷을 걸친다. 붉은 옷은 그녀가 '사람'임을 강조하고, 푸른 옷은 그러면서도 신을 낳은 '신성한 존재'임을 강조하기 때문이다. 그림에서는 그의 붉은 옷이 압도적이다. 카라바조가 그녀의 '인간으로서의 죽음'에 더 주목한 까닭이다.

무엇보다 충격적인 것은 카라바조가 성모의 모델로 택한 이가 물에 빠져 자살한 창녀였다는 사실이다. 카라바조는 과감하게도 죽은 성모를 맨발로 그렸다. 그러고 보면, 등장인물 대부분이 맨발이다. 이제야 그림을 주문한 단체의 이름이 떠오른다. '맨발의 카르멜 수도회.'

317

Tuesday

추상으로 가는 풍경

폴 세잔, 〈생 빅투아르 산〉, 캔버스에 유화, 73×91.9cm, 1902~1904년, 필라델피아 미술관

인상주의의 짧고 활달한 선이 그려낸 그림들은 그저 눈에 보이는 진실만을 좇았다. 강렬한 햇살 아래 서 있는 사람들의 눈·코·입 같은 세부적인 모습은 적당한 거리를 두고 보면, 사실상 정확하게 파악할 수 없다. 몸의 윤곽도 명확하게 보이지 않는다. 그 때문에 인상주의의 그림들은 대상의 정확한 형태보다는, 빛에 의해 바스러진 색들이 보여주는 순간의 인상에 가깝다. 그러나 인상주의 이후 화가들은 망막에 맺히는 것 이상의, '대상의 본질'에 다시 접근하고자 했다. 내 눈에 순간적으로 보이지는 않지만, 그 대상이 원래 가진 단단한 형태를 그림으로 남기고자 한 것이다.

　세잔은 생 빅투아르 산의 모습을 보면서, 그 산이 가진 가장 결정적인 형태를 그림으로 옮기고자 했다. 그는 "자연을 원통과 구체, 원추형으로 해석하라"라고 주장했는데, 산의 전체적인 모습, 즉 영원히 변하지 않는 단단한 모습을 삼각형으로 잡은 뒤 그 산에 떨어지는 빛이 만들어놓은 색들을 여러 색 면으로 그려 넣었다. 들과 집들의 모습도 마찬가지로 기하학적인 형태와 색 면으로 묘사하고 있다. 세잔의 그림은 곧, 대상을 단순화해 표현하는 추상으로 가는 큰길을 터준 셈이다.

318

Wednesday

한스 폰 아헨

〈거울을 들고 희롱하는 남녀〉, 구리판에 채색, 25×20cm, 1596년,
빈 미술사 박물관

한 여자가 가슴을 풀어헤치고 있다. 남자는 여인의 어깨에 왼손을 올리고, 오른손으로는 거울을 들어 여자의 얼굴을 비추는 중이다. 거울 위로 새장에 갇힌 앵무새가 보인다. 유럽에서는 유곽 간판에 앵무새를 주로 그려 넣는다는 점을 감안하고 본다면, 이 그림은 창부와 그녀를 찾은 남성이 함께 시시덕거리는 장면을 담은 장르화로 볼 수 있다. 그러나 그림의 주인공은 화가 자신이며 거울을 보는 여인은 아내이다. 따라서 이 그림은 자신들을 재미있는 상황극의 주연으로 연출한 화가, 한스 폰 아헨(1552~1615년)의 부부 초상화인 셈이다.

한스 폰 아헨은 독일 쾰른 출신으로 주로 베네치아에서 활동했다. 네덜란드 화가들처럼 장르화를 주로 그렸으며 로마 등지를 돌며 이탈리아 회화를 연구, 당시 유행하던 매너리즘 화풍에도 능숙했다. 1587년부터 다시 독일로 돌아와 작업했으며 뮌헨에서 살면서 음악가 집안의 딸과 결혼했다. 프라하 궁전에서 지내던 루돌프 2세는 한스 폰 아헨을 궁정화가로 임명했는데, 프라하가 아닌 화가가 사는 곳에서도 그림을 그릴 수 있도록 해주었다. 소위 재택근무가 가능했던 아헨은 왕의 신임을 얻어 외교관 역할까지 해내기 위해 유럽 여러 곳을 여행하며 작업했다.

○ 앵무새는 워낙 깔끔한 새라는 속설 때문인지, 종교화로 그려질 때는 성모의 순결을 의미하지만, 가정을 지키는 아내의 순결이나 사랑을 의미하기도 한다. 때로는 말을 따라 하는 새라는 점에서 수다쟁이를 뜻하기도 한다. 따라서 앵무새는 그림의 전체 맥락에 따라 그 해석을 달리해야 한다.

장르 · 기법

역사화

산드로 보티첼리,
〈모략에 빠진 아펠레스〉.
패널에 템페라,
62×91㎝,
1495~1497년,
피렌체 우피치 미술관

안티필로스는 알렉산드로스가 총애하는 화가 아펠레스를 시기한 나머지 그가 왕위 찬탈을 꿈꾸고 있다며 모함했다. 이에 아펠레스는 시기, 모함, 진실 등과 관련한 그림을 한 점 남겼다. 그 그림은 사라졌지만, 훗날 르네상스 최고의 인문학자 알베르티는《회화론》에서 '역사화'를 설명하며 이 그림을 자세히 언급했다. 보티첼리는 알베르티가 전하는 말을 따라 아펠레스의 그림을 복원했다. 그림 오른쪽, 귀가 큰 만큼 남의 말에 잘 넘어가는 왕은 여자들이 늘어놓는 감언이설을 듣고 있다.

질투를 상징하는 짙은 갈색 옷차림의 남자가 '비방의 횃불'을 든 푸른 옷의 여인을 끌고 왕 앞을 향한다. 비방의 여인에게 머리채를 잡힌 소년은 벗은 몸으로, '거짓 없음'을 의미한다. 비방 여인의 머리를 매만지는 두 여인 중 붉은 옷을 입은 이는 시기심, 오른쪽은 속임수이다. 그림 왼쪽의 수녀는 '속죄' 혹은 '후회'를 뜻하며, 홀로 서 있는 전라의 여성은 감출 것 없는 '진실'을 의미한다. 아펠레스는 결론적으로 시기와 모함에도 진실은 분명히 존재한다는 이야기를 왕에게 전하고자 한 것이다. 알베르티는 적절한 비유와 상징으로 교훈을 전하는, 이런 역사화야말로 좋은 그림이라고 주장했다.

○ 아펠레스에 대한 알렉산드로스의 총애를 엿볼 수 있는 일화가 있다. 어느 날 왕이 그에게 자신의 정부 '캄파스페'의 누드를 그리도록 했는데, 둘은 그만 사랑에 빠져버렸다. 그러자 왕은 "아름다움을 감상하는 눈은 나보다 그대가 낫겠지"라며 아펠레스에게 그녀를 양보했다.

320

Friday

개혁의 소용돌이 속 러시아

일리야 레핀,
〈아무도 기다리지 않았다〉,
캔버스에 유화,
160.5×167.5cm,
1884~1888년,
모스크바 트레티야코프 미술관

러시아를 빠르게 서구화하려는 측과 러시아 정교의 가치 아래서 슬라브 민족의 전통을 고수하려는 측의 갈등은 18세기 이후 한 세기가 지나도록 지속되었다. 19세기의 러시아는 혼란 그 자체였다. 1825년, 상트페테르부르크에서 '12월당(데카브리스트)'이 봉기하자 니콜라이 1세는 그들을 무자비하게 탄압, 자유주의 사상의 싹을 잘라놓으려 했다. 1853년, 발칸 반도에서 발발한 크림 전쟁에서 러시아는 영국, 프랑스, 프로이센의 전폭적인 지원을 받는 투르크에 크게 패하게 된다. 니콜라이 1세가 죽고, 뒤를 이은 알렉산드르 2세는 농노 해방을 비롯한 여러 굵직한 개혁을 추진하려 했으나 '더 빨리'를 외치는 서구파와 '너무 빠르다'며 제동을 거는 슬라브주의자들 양쪽 모두에게 공격의 대상이 되었다. 결국 황제는 암살당한다.

레핀(1844~1930년)이 그린 그림은 혼란의 시기, 가족을 떠나 혁명에 뛰어들었던 한 남자가 한동안 소식이 끊어졌다 갑자기 집안으로 불쑥 들어오는 모습을 담았다. 남자의 어머니인 듯한 여인은 몸을 일으키고, 거실 구석에서 피아노를 치던 아내쯤 되어 보이는 이도 놀라움을 감추지 못한다. 어린 딸과 아들은 두려움 반 호기심 반의 표정으로 그를 쳐다본다. 아무도 그를 기다리고 있지 않았다.

321

Saturday

애증의 모녀

비제 르브룅이 살던 시절에는 여성이 화가가 되기도 힘들었지만, 벌어들이는 수입을 남편이 관리하는 것이 당연하다고 생각했다. 화가이자, 화상이기도 했던 르브룅의 남편은 아내의 수입을 기반으로 사업을 확장하곤 했다.

프랑스 혁명은 안락한 궁정 화가 부부의 일상을 뒤집어 놓았다. 그녀는 마리 앙투아네트와의 친분으로 인해 투옥되었다가 간신히 석방되었다. 남편은 그녀와 딸 쥘리(1780~1819년)를 더 안전한 해외로 도피시켰다. 모녀는 무려 12년간 떠돌이 생활을 했지만, 워낙 뛰어난 그림 솜씨에 화려한 외모, 사교적

비제 르브룅, 〈딸과의 자화상〉, 캔버스에 유화, 130×94cm, 1789년, 파리 루브르 박물관

인 성격으로 가는 곳마다 일거리를 맡을 수 있었다. 정작 그녀의 남편은 파리에서의 독신 생활을 만끽하며 아내가 일구어놓은 전 재산을 탕진했다. 상심한 그녀는 딸에게 모든 것을 걸었고, 그 무엇 하나 부족함 없이 키웠다.

그러나 자신이 겪었던 것처럼 딸을 마음대로 결혼시키려 했고, 딸은 엄마의 말을 무시하고 스스로 선택한 남자와 결혼했다가 곧 이혼했다. 이후 모녀 사이는 다시는 저 그림 속만큼 따사로워지지 않았다. 심지어 쥘리가 병으로 사망할 때도 엄마는 그녀의 임종을 지키지 않았다.

토마스의 불신

구에르치노,
〈토마스의 불신〉,
캔버스에 유화,
115.6×142.5cm,
1621년,
런던 내셔널 갤러리

예수가 부활한 뒤, 유대 제사장들은 제자들이 경비병을 매수해서 예수의 시신을 빼돌렸다는 소문을 퍼트렸다. 제자들은 혹시 자신들에게 불미스러운 일이 닥칠까 봐 두려움에 떨고 있었다. 그 와중에 뜻밖에도 예수가 직접 그들 앞에 나타났다. 그러나 그날따라 제자, 토마스가 현장에 없었다. 의심 많은 토마스는 예수를 보았다는 동료들의 말을 믿으려 하지 않았다. 그는 자신의 눈으로 예수의 손에 있는 못자국을 보고, 손가락을 그 상처에 넣어보고, 또 옆구리에 난 상처까지 확인하지 않고는 결코 믿지 못하겠다고 말했다.

며칠 후, 예수가 다시 나타나 그에게 원한다면 자신의 손과 옆구리를 만져도 좋다고 말한다. 그제야 토마스는 "나의 주님, 나의 하느님!" 하고 대답했고, 예수는 "너는 나를 보고야 믿느냐? 나를 보지 않고도 믿는 사람은 행복하다"라고 말한다. 사실 성서에는 정말 토마스가 상처에 손을 넣었는지에 대한 언급이 없지만, 화가들은 드라마틱한 현장을 상상으로 연출해 그림으로 펼쳐놓곤 했다. 볼로냐 태생인 구에르치노(1591~1666년)는 그 도시 최고의 화가 귀도 레니와 카라치 형제들의 그늘에 가려져 있다가, 그들 사후에야 유명세를 탔다.

323

악몽

헨리 푸젤리,
캔버스에 유화,
101×127cm, 1781년,
디트로이트 미술관

푸젤리(1741~1825년)는 낭만주의 화가답게 이성에 대한 믿음이나 도덕적·합리적 세계에 대한 이야기보다는 인간 내면에 도사리고 있는 어두운 광기, 위험한 상상 등을 그렸다. 잠든 여성에게 찾아와 성적 환상을 불러일으킨 뒤에 범하는 꿈속 악마는 푸젤리의 그림 세계에 빈번하게 등장하는 소재였다. 중세 시절부터 서구인들은 잠자는 동안 가위에 눌려 자신의 의지대로 몸을 움직이지 못하는 상태를 두고 악몽 속에 나타난 악마가 그 또는 그녀를 성적으로 유린하고 있는 것으로 보았다.

그림의 주인공은 푸젤리가 사랑했던 여인, 안나 란돌트를 모델로 했다. 그는 친구의 조카인 안나에게 반해 청혼했지만 그녀의 부모에게 거절당했고, 그 이후 오랫동안 이루지 못한 사랑에 대한 상처로 고통받았다고 한다. 화가는 자신의 모습을 원숭이와 닮은 악마로 표현, 그녀를 성적으로 취하고픈 욕망을 꿈에서라도 이루고 있다. 어둠 속에 모습을 드러내는 말 역시 잠든 이의 꿈으로 달려와 악몽에 시달리게 하는 존재이다.

O 푸젤리는 스위스 취리히 출생이지만 정치적 문제로 인해 고향을 떠나 주로 런던에서 활동했다. 꿈과 환상의 세계를 담은 그의 작품은 20세기의 초현실주의자들에게 큰 영향을 미쳤다.

야수파

앙리 마티스, 〈모자를 쓴 여인〉, 캔버스에 유화, 80.6×59.7㎝,
1905년, 샌프란시스코 현대미술관

397명의 작가가 참가해 1,600여 점의 작품을 출품한, 1905년 가을의 제3회 살롱 도톤느^Salon d'Automne는 더는 그 위세가 예전 같지 않은 살롱전의 대안으로 급부상했다. 이 전시는 무엇보다 '7번 전시실' 벽에 걸린 작품들 때문에 큰 주목을 받았다. 마티스, 블라맹크, 드랭, 뒤피, 브라크, 루오 같은 이들이 그린 작품들은 일단 그 색채부터 충격적이었다.

빨간 나무, 노란 하늘 등 자연색이라고는 찾아볼 수 없는 데다가 원색의 물감 덩어리들이 덕지덕지 발라져 있는가 하면, 선과 형태 또한 거칠기 짝이 없었다. 비평가 루이 복셀은 전시실 중앙에 놓인 알베르 마르케가 만든 15세기풍의 고전적인 여인 조각상을 두고 "야수들에 둘러싸인 도나텔로(르네상스의 조각가)!"라고 말하기도 했다. 따라서 그의 말은 그나마 고전적으로 완성된 조각상에 비해, 형편없고 조악해 보이는 야수 같은 미술에 대한 야유인 셈이다. 인상주의가 그랬듯, '야수'라는 말은 이들 7번 방의 악동 화가 집단을 일컫는 단어가 되었다. 원색에 평면적이고 거칠며, 세부 묘사가 생략된 이 초상화는 특히 큰 비난을 받았다. 마티스는 이 작품을 두고 야유하는 이들에게 "나는 여인을 그린 것이 아니라 그림을 그렸을 뿐이다"라며 응수했다.

○ 이 그림은 마티스의 아내를 그린 것으로 1939년에 이혼하게 되는데, 적어도 아내를 못생기게 그린 것 때문은 아닌, 여러 가지 다른 이유들 때문이었다.

325

요하네스 굼프

〈자화상〉, 캔버스에 유화, 지름 89㎝, 1646년, 피렌체 우피치 미술관

요즘 화가들은 자신의 사진을 보고 자화상을 그릴 수 있지만, 과거에는 거울을 사용할 수밖에 없었다. 그렇다고 해서 자화상 속에 거울까지 넣어 그리는 화가는 드물었다. 요하네스 굼프(1626~1728년)는 거울 속의 자신과 그 모습을 그리는 자신의 뒷모습, 그리고 캔버스에 그려진 자신까지 모두 3인의 자신을 하나의 자화상 안에 그려 넣었다. 이젤 위 캔버스 상단에는 그의 이름과 자화상을 그린 날이 적혀 있다.

사실상 이 자화상의 시점은 화가가 아니라 감상자의 시선을 기준으로 한다. 거울 속 그와 캔버스 속 굼프는 서로 같지만 다르다. 보이는 대로 그린다 한들 그림은 그림일 뿐이어서 실제 모습과 차이를 보이기 때문이다. 그렇다면, 거울 속 그의 모습 또한 등을 돌리고 있는 화가 자신과 같다고 볼 수 없다. 그려진 모습과 실제의 모습 간의 차이는 결국 '스스로 아는 자신'과 '원래의 자신' 사이의 간극과 같다. 굼프는 오스트리아 출신으로 건축가의 아들로 태어났다는 사실 이외에는 거의 알려진 바가 없으며, 그의 작품 또한 이 자화상 이외에는 크게 알려지지 않았다. 이 작품은 화가의 자화상을 전시해놓은 우피치 미술관의 바사리 회랑에 전시되어 있다.

326

Thursday

숨은 상징들

도메니코 기를란다요, 〈최후의 만찬〉, 프레스코, 400×800㎝, 1486년경, 피렌체 산마르코 수도원

피렌체 산마르코 수도원에 그려진 〈최후의 만찬〉 속에는 갖가지 상징이 숨어 있다. 탁자 저쪽에는 예수를 비롯한 11명의 제자가 앉아 있다. 이들과 감히 함께 둘수는 없어 화가가 홀로 맞은편에 앉혀놓은 제자는 예수를 은전 몇 냥에 팔아넘긴유다이다. 그는 사악함을 상징하는 고양이를 곁에 두고 있으며 남들은 다 달고 있는 후광 하나 없다. 사도 요한은 늘 그렇듯, 애제자로서의 특권인 듯 예수에게 슬쩍 기댄 채이다.

식탁 위에 가득한 체리는 예수의 피를 의미한다. 오른쪽의 창 앞에 앉은 공작은죽어서도 썩지 않는다는 속설에 힘입어 '영원히 죽지 않음', 즉 '부활'을 의미한다. 그 아래 보이는 비둘기 세 마리는 성령을 뜻한다. 하늘을 날고 있는 새들은 죽음의순간 육체를 벗어나는 영혼이다. 아래 레몬 나무는 독성을 제거하는 용도로도 사용된 만큼, 구원의 의미로 그려지곤 했다. 이들 상징물은 결국 예수의 수난과 죽음, 부활과 구원, 그리고 그 모든 것을 가능케 하는 성령의 힘을 이야기하는 셈이다.

327

Friday

멕시코의 막시밀리안 황제

에두아르 마네,
〈막시밀리안 황제의 처형〉,
캔버스에 유화, 252×305cm.
1868년경, 만하임 미술관

나폴레옹 3세는 프랑스에 진 거액의 채무를 갚지 못해 허덕이는 멕시코에, 자신이 쥐락펴락할 수 있는 괴뢰 왕가를 세우고, 합스부르크 왕가 출신의 막시밀리안(재위 1864~1867년)을 왕으로 앉힌다. 엄연히 대통령이 존재하고 있었음에도, 외세에 의해 새로운 왕이 등장하자 멕시코 국민의 반감은 극에 달했다. 막시밀리안은 자신의 안위를 위해서라도 프랑스 군대 유지비에 막대한 비용을 쓸 수밖에 없었다. 그러나 나폴레옹 3세는 프로이센과의 보불 전쟁이 시작되자, 멕시코에 주둔하던 프랑스군을 동원해갔다. 막시밀리안은 낙동강 오리 알 신세가 되어 후아레스의 자유주의 정부에 의해 처형된다.

마네는 이 사건이 멕시코인들의 잘못이 아닌, 나폴레옹 3세의 잔인한 야욕에서 비롯되었음을 그림을 통해 고발했다. 그는 총을 쏘는 병사들을 멕시코인이 아닌 프랑스 병사로 그렸다. 그림 오른쪽의 총을 장전하는 중사는 심지어 나폴레옹 3세의 모습과 닮았다. 이 그림은 고야가 그린 〈1808년 5월 3일〉[292]에서 영향을 받은 것으로 알려져 있다.

○ 마네는 같은 내용의 그림을 네 번 그렸다. 그림의 내용이 프랑스의 수치를 드러내는 일이라 생각되었기에 프랑스에서는 전시될 수 없어 나라 밖, 미국에서 첫 전시되었다.

328
Saturday

그녀의 마지막 모습

클로드 모네, 〈임종하는 모네의 아내〉, 캔버스에 유화,
90×68cm, 1879년, 파리 오르세 미술관

모네는 아내 카미유 동시외가 막 숨을 거두는 순간, 이 그림을 그렸다. 그는 침대 앞에 앉아 죽음이 아내의 얼굴에 드리운 색을 자신도 모르게 관찰하고 있었고, 거의 무의식적으로 푸른색과 노란색, 회색 등의 색조를 찾아내어 재빠르게 스케치북에 옮겼다. 그 스스로 이 순간을 이렇게 기억한다.

"변화하는 그녀의 얼굴빛들에 전율이 일기 시작했고, 내 의지와는 관계없이 반사적으로 나의 일상이 다시 회복되었습니다. 나는 그 속에 빨려들 수밖에 없었습니다."

아직 아버지의 도움 없이는 제대로 살 수조차 없던 시절,
모네는 온 집안 전체가 나서서 반대하는 모델 출신의 카미유 동시외와 사랑에 빠졌다. 그는 아버지의 지원을 포기하고 대신 그녀를 택했다. 언제나 그의 다정한 모델이 되어주던 카미유 동시외는 둘째 아이를 낳은 뒤, 급속도로 몸이 나빠져 1여 년간 앓다가 생을 마감한다.

모네는 그날 의사에게 차용증서를 보내면서 전당포에 저당 잡힌 그녀의 목걸이를 되찾아 달라고 부탁했다. 그녀가 떠나기 전에, 자신으로부터 받은 유일한 기념품인 목걸이를 걸어주고 싶어서였다.

329

Sunday

모세의 일화들

산드로 보티첼리, 〈모세의 일화들〉, 프레스코, 348.5×558cm, 1481~1482년, 바티칸 시스티나 예배당

시스티나 예배당 내부 남측 벽에는 모세의 일생을 주제로 한 6개의 그림이 그려져 있다. 그중 이 그림은 〈탈출기〉 2장과 3장에 등장하는 여러 이야기를 한 화면에 담아낸 것이다. 화면 오른쪽, 노란색 상의에 짙은 올리브색 겉옷을 걸친 모세가 이집트인을 칼로 죽이고 있다. 모세 뒤로 이 이집트인에게 핍박받던 이스라엘인이 도망치고 있다. 칼 바로 위쪽에 모세가 살인을 저지르고 미디안으로 피신하는 모습이 보인다. 그림 중앙, 우물가에는 미디안에서 이드로의 딸들을 괴롭히던 나쁜 목동을 쫓아낸 뒤, 그녀들이 키우는 양에게 손수 물을 먹이는 모세의 모습이 있다.

모세는 딸 중 십보라와 결혼한다. 어느 날 모세는 불이 붙어도 타지 않는 떨기나무를 보고 다가간 곳에서 하느님의 목소리를 듣는다. "너의 선 곳은 거룩한 땅이니, 네 발에서 신을 벗으라.(〈탈출기〉 3장 5절)" 중앙 상단 두 그루 나무 사이에서 신을 벗은 모세의 모습이 바로 이 이야기를 그린 것이다. 그는 화면 왼쪽 위 떨기나무 사이에서 이스라엘인들을 이집트로부터 구하라는 하느님의 명령을 받는다. 왼쪽 하단의 모세는 지팡이를 들고 이스라엘 사람들의 행렬을 주도하는 중이다.

작품

로마 캄파냐의 괴테

요한 하인리히 빌헬름 티슈바인, 캔버스에 유화, 164×206cm, 1786년, 프랑크푸르트 슈테델 미술관

티슈바인(1751~1829년)은 베를린에서 초상화가로 일하다가 1779년에 장학금을 받고 로마로 유학을 떠났지만, 곧 경비가 떨어져 학업을 이어갈 수 없게 되었다. 그때 괴테는 얼굴 한번 본 적 없는 그를 위해 장학금을 추천, 그가 로마에서 계속 미술을 공부할 수 있도록 도와주었다. 괴테는 스물여섯의 젊은 나이에 이미《젊은 베르테르의 슬픔》으로 국제적인 문학가가 되어 있던 터였다. 그로부터 10년이 지난 뒤, 괴테는 '마흔이 되기 전'에 제대로 배우고 교육받고 싶다는 열망으로 이탈리아 여행길에 올라 티슈바인이 사는 로마의 집에 여장을 풀었다. 그들은 함께 이탈리아 여러 곳을 여행했다. 당시 유럽에서는 고대 로마의 흔적을 찾는 여행이 대유행이었다. 유럽인들은 고대 로마제국을 가장 이상적인 사회로 믿었고 그것을 다시 자신의 시대에 되돌려 놓으려는 의지를 문학과 미술, 건축에서 풀어놓았다.

그림은 둘이 함께 여행하는 동안 티슈바인이 그린 몇 점의 괴테 초상화 중 하나이다. 그림 속 괴테는 위대한 지식인의 이상적인 모습으로, 고대 로마 유적지가 멀리 보이는 곳에 앉아 깊은 사색에 잠겨 있다.

331

Tuesday

빈 분리파

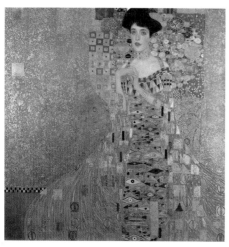

구스타프 클림트, 〈아델레 블로흐-바우어의 초상〉,
캔버스에 유화, 은, 금, 138×138㎝, 1907년,
뉴욕 노이에 갤러리

'분리파'라고 흔히 번역하는 제체시온 Secession이라는 단어는 '분리하다'라는 뜻의 라틴어 '세체도 secedo'에서 비롯되었다. 아카데미 주도의 보수적인 예술에서의 '분리'를 선언한 젊은 유럽 예술가들의 모임으로 독일의 뮌헨 분리파(1892년), 베를린 분리파(1898년), 오스트리아의 빈 분리파(1897년) 등이 대표적이다.

빈 분리파는 1897년 4월 3일, 클림트를 초대회장으로 콜로만 모제, 오토 바그너, 요제프 마리아 올브리히, 요제프 호프만 등의 화가와 건축가 등 예술가들을 주축으로 결성했다. 이들은 인상파가 그랬듯, 관료 중심의 전시회와 다른 자신들만의 전시회를 개최했다. 분리파는 아르누보[172]의 영향을 받아 순수미술과 공예, 건축 모두를 접목하는 예술을 지향했다.

클림트는 특히 당시 빈을 들썩이던 프로이트의 글에 힘입어 인간 내면의 깊은 욕망, 특히 성을 주제로 한 수위 높은 그림들을 내놓아 비난의 대상이 되곤 했다. 이 그림은 얼굴, 어깨, 손만 사실적으로 표현되었을 뿐, 나머지는 모두 화려하기 그지없는 아르누보 스타일의 장식성이 돋보인다. 그림의 주인공인 아델레 블로흐-바우어(1881~1925년)는 후원자의 아내였으나, 이내 클림트와 연인으로 발전, 그의 여러 그림에 모델이 되어주었다.

○ 그림 속 그녀는 왼손으로 오른손을 감싸고 있는데, 어릴 적 사고로 오른손 가운뎃손가락을 심하게 다친 후 드러내기를 싫어했기 때문이다. 한편, 평생 독신이었던 클림트가 죽은 뒤 14건 이상의 유자녀 양육비 청구 소송이 제기되었는데, 이 가운데 4건이 받아들여졌다.

332

살바토르 로사

〈자화상〉, 캔버스에 유화, 116.3×94cm, 1645년,
런던 내셔널 갤러리

살바토르 로사(1615~1673년)는 나폴리에서 토지 측량사의 아들로 태어났다. 법률가나 사제가 되길 바라는 아버지의 뜻을 거역하고 몰래 그림을 배웠고, 고향을 떠나 로마, 피렌체 등에서 활동했다. 그는 화가이자 시인이었으며, 음악가로도 활동했다. 그뿐 아니라 직접 희곡을 쓰고, 또 그에 맞추어 연기도 하는 다재다능한 예술가였다. 로사는 자신을 특별한 어떤 존재로 분장한 뒤 그리곤 했다.

이 자화상 속 로사는 단호한 얼굴을 한 철학자의 모습이다. 헝클어진 머리칼에 모자를 쓰고, 갈색 망토를 입은 그는 외양에 별로 신경 쓰지 않는, 내면으로 침잠하는 사색자의 모습이다. 하지만 실제의 그는 늘 사람들의 평가를 신경 쓰는 배우로서의 기질이 다분했다고 한다.

그의 손에 들린 판에는 라틴어로 "네가 한 말이 침묵보다 못하다면, 차라리 조용히 해라"라는 글이 쓰여 있다. 마치 그 글을 시연이라도 하듯, 그는 입을 유난히 꽉 다물고 있다. 배경의 하늘은 검은 구름으로 인해 곧 폭풍우가 몰아칠 듯하다. 그는 거친 자연을 어둡고 암울하게 그린 풍경화와 전쟁화로도 유명했는데, 마치 19세기에 유행할 낭만주의를 예고한 듯하다.

333

Thursday

오리엔탈리즘

외젠 들라크루아,
〈사르다나팔로스의 죽음〉,
캔버스에 유화,
392×496cm, 1827년,
파리 루브르 박물관

끔찍한 살육의 현장을 그린 그림으로 바이런이 1821년에 발표한 희곡 〈사르다나팔로스^{Sardanapalos}〉의 내용을 담았다. 동방의 왕 사르다나팔로스는 전쟁에 질 위기에 처하자 자신의 소유물을 적에게 뺏기느니 아예 다 처분해버리기로 한다. 그에겐 함께 즐기던 여인들도, 말도, 시종들도 모두 소유물에 불과했다. 병사들은 왕의 명에 따라 그 모두를 무자비하게 살육하고 파괴하고 있다. 정작 왕은 이 광경을 물끄러미 바라보면서 자신의 사디스트적 욕망을 채우고 있다.

침대보나 바닥에 놓인 붉은 천은 죽어가는 이들이 흘린 피와 함께 현장을 더욱 잔혹하고, 고통스럽게 연출한다. 화면을 사선으로 가로지르는 침대 주변으로 목이 잘린 채 죽거나, 죽이거나 하는 인물들이 얽혀 있다. 차분하고 지적인 느낌의 우아함을 벗어던지고, 폭력과 절규, 공포로 가득 채운 이 작품은 낭만주의 회화의 진수라 부를 만하다. 낭만주의는 이처럼 이성과 합리보다는 정서와 감정을 자극하여 폭발적인 반응을 유도하곤 한다. 그러나 들라크루아는 잔인하고 비이성적인 일이 일어나는 곳을 동방, 즉 오리엔트로 한정했다는 점에서 유럽과 백인 중심의 오리엔탈리즘적 세계관을 드러내고 있다.

독일제국의 탄생

안톤 폰 베르너,
〈독일제국의 선포〉,
캔버스에 유화,
167×202㎝,
1885년,
프리드리히스루 오토
폰 비스마르크 재단

신성 로마제국의 황제 자리는 1438년 이후부터 합스부르크 왕가가 세습해왔다. 여러 왕국과 작은 공국들의 복합체 같던 제국은, 나폴레옹과의 전쟁을 치르는 중 황제 프란츠 2세가 퇴위하면서 1806년에 해체되었다. 나폴레옹 몰락 이후, 제국의 후손들은 프로이센을 중심으로 하는 세력과 오스트리아 중심의 세력으로 나뉘어 팽팽하게 대립했다. 한편, 프랑스에서는 1848년의 노동자·농민이 주축이 된 혁명 이후, 나폴레옹 3세가 황제로 등극했다. 1870년, 나폴레옹 3세는 오스트리아와의 전쟁에서 승리한 뒤, 프랑스를 넘보는 프로이센을 견제하기 위해 전쟁을 주도했다가 처참하게 패배한다. 승기를 잡은 프로이센은 1871년, 아직 정식 패배를 인정하지도 않은 프랑스로 직행, 베르사유 거울의 방에서 독일제국의 탄생을 선포하고, 빌헬름 1세(재위 1861~1888년)를 독일제국의 초대 황제로 지명했다.

오스트리아를 물리치고 프로이센을 중심으로 독일을 통일해, 제국을 탄생시키는 데 가장 큰 힘이 되어준 비스마르크(1815~1898년)는 화면 한가운데에서 흰옷을 입고 있다. 원래는 다른 이들과 같은 색의 옷을 입고 있었지만 위대한 비스마르크를 알아보기 힘들다는 비판 때문에 흰옷으로 수정한 것이다. 이 그림은 비스마르크의 70세 생일을 위해 왕가에서 주문한 세 번째 버전이다.

335

모네의 또 다른 사랑

클로드 모네, 〈지베르니의 숲속에서〉, 캔버스에 유화, 91.4×97.9cm, 1887년, 로스앤젤레스 카운티 뮤지엄

모네에 대한 평가가 조롱으로 일관되던 시절, 에르네스트 오슈데(1837~1891년)는 모네의 작품을 기꺼이 사준 든든한 후원자였다. 모네는 작업을 위해 한동안 그의 별장에 머물렀다. 파리에서 집까지의 전용 기차를 두었을 정도로 막강한 재력을 과시하던 오슈데는 파산으로 하루아침에 알거지가 되었고, 구속을 피하고자 잠시 프랑스를 떠나면서 아내와 아이들을 모네에게 맡겼다.

모네 역시 가난을 면치 못하는 신세였지만, 아내 카미유 동시외와 두 아이, 그리고 앨리스 오슈데와 그녀의 아이 6명과 함께 복작거리며 살아야 했다. 모네가 파리 교외로 이사 다닌 이유에는 이 많은 식구가 머물 수 있는 적당한 가격의 집이 필요했던 것도 있다. 빈곤의 세월을 지나는 동안 카미유 동시외가 병으로 죽고, 앨리스 오슈데와 모네는 서로 의지하며 부부와 다를 바 없이 살았다. 더러 사람들은 이미 모네가 오슈데의 별장에서부터 앨리스와 사랑에 빠졌고, 따라서 오슈데 성을 가진 막내 아이는 모네의 아이가 틀림없다고까지 말한다.

위 작품에서 그림을 그리는 이는 블랑슈 오슈데, 앉아서 책을 읽는 이는 수잔 오슈데이다. 모네는 의붓자식들을 살갑게 잘 거두었다. 특히 블랑슈 오슈데는 자신의 수제자로 키워 화가의 길을 걷게 했다.

336

Sunday

이드로의 딸들을 구하는 모세

로소 피오렌티노, 〈이드로의 딸들을 구하는 모세〉, 캔버스에 유화,
160×117cm, 1523년경, 피렌체 우피치 미술관

그림은 〈탈출기〉 2장에 소개된, 모세가 장래에 아내가 될 십보라와 만나게 되는 결정적 계기가 되었던 사건을 그리고 있다. 그는 이스라엘 사람을 괴롭히는 이집트인을 살해한 뒤 피신하던 중, 미디안이라는 마을에 이르러 한 우물가에서 쉬고 있었다. 우물가에는 마침 7명의 여인이 양에게 먹일 물을 길어다 나르는 중이었으나 낯선 사내들이 여인들에게 겁을 주자 어쩔 줄 몰라 하고 있었다.

불의를 참지 못하는 성질 급한 모세는 격분했고, 단숨에 그들을 제압했다. 그날 모세의 도움을 받은 여인들은 미디안의 제사장인 이드로의 딸들로, 모세는 그중 십보라와 결혼하게 된다.

바싹 다가가 찍은 사진처럼 인물들을 클로즈업하거나, 여러 사람을 등장시켜 이리저리 얽히게 하는 복잡한 구성은 조화와 균형을 중시하던 르네상스의 이상에서 어쩐지 멀어져 보인다. 인체의 섬세한 근육 표현이나, 색채도 다소 과장되거나 생경하다. 이는 르네상스 후기, 매너리즘[116] 미술의 특징이다. 프랑수아 1세가 퐁텐블로에 궁전을 지을 때 건축 및 장식 일을 맡아 프랑스로 건너간 그는, 원숭이 한 마리와 살면서 밤마다 무덤을 파헤치고 시체의 부패 과정을 관찰하는 특이한 취미가 있었다는 등의 무성한 소문만 남기고 자살했다.

빌 다브레 풍경

장 바티스트 카미유 코로, 캔버스에 유화, 49.3×65.5cm, 1867년, 워싱턴 국립 미술관

장 바티스트 카미유 코로는 파리에서 태어났다. 직물 사업을 하던 아버지의 뜻을 따라서 같은 일에 종사했지만, 곧 화가의 세계로 입문했다. 자연을 사랑하고 풍경을 그리길 좋아하던 그는 아예 바르비종으로 터전을 옮겼다. 그곳에서 뜻을 같이 하는 화가들과 어울려 작업했는데 이들을 일러 '바르비종파'[261]라고 부른다. 전통적인 풍경화가 사실상 조작된 자연을 그렸다면 바르비종파 화가들은 되도록 밖으로 나가, 실제로 목격한 자연, 보이는 그대로의 자연을 그리고자 했다. 이런 경향은 인상주의 풍경화에 큰 영향을 미쳤다.

코로는 시각에 따라 달라지는 대기의 빛과 그 빛에 닿은 나무와 풀과 땅, 그리고 강과 호수의 색을 눈으로 확인하고, 그것을 화면으로 옮겼다. 튜브 물감이 대량으로 보급되기 전이라 현장에서 최대한 스케치를 많이 한 뒤 자신의 스튜디오로 돌아와 완성하는 식이었다. 말년의 그는 안개가 낀 듯 흐린 날의 은빛 대기를 푸른 숲과 어우러지게 표현하는, 몽환적이면서도 서정적인 풍경화로 인기를 끌었다. 그는 부유한 아버지가 남긴 넉넉한 유산 덕분에, 굳이 그림을 팔아서 생활할 필요가 없었다. 넉넉한 경제력은 그가 마음껏 실험적인 작업을 할 수 있게 했다.

338

Tuesday

신조형주의

피트 몬드리안, 〈빨강, 파랑, 노랑의 구성 II〉, 캔버스에 유화, 46×46cm, 1930년, 취리히 미술관

눈에 보이는 대상들은 죄다 그 모습이 다르지만, 그 다름을 제거하다 보면 결국 본질에 닿을 수 있다. 예컨대, 다 달라 보이는 산과 사람의 얼굴에서 차이들을 제거하면 형태 면에서 산은 삼각형, 사람의 얼굴은 원으로 남는다. 이들 삼각형과 원도 계속 그 다름을 제거하다 보면 선과 면으로 남는다.

가장 근본적인 색은 빨강, 파랑, 노랑의 삼원색이다. 다른 색들은 모두 이 세 가지 색을 어떻게 섞느냐에 따라 달라지고 다양해진다. 몬드리안(1872~1944년)의 추상화는 이러한 생각의 반영이다. 그는 자연을 모방하여 그리거나, 감정이 극도로 개입된 표현주의 미술을 경계했다.

이 작품에서 볼 수 있듯, 몬드리안은 무질서한 자연에서 찾아낸 가장 궁극적인 근원을 수직선, 수평선, 삼원색과 검정, 하양의 무채색으로 표현해 가장 완벽한 질서를 화면 속에 담아냈다. 그는 이러한 자신의 작업을 '신조형주의'라 명했다. 그의 작업은 감정을 다 도려내 버린 듯이 차갑고, 기계적이고, 수학적인 추상의 기원이 되었다.

○ 몬드리안은 자신과 뜻을 같이하다 사선을 사용하는 동료 화가의 그림을 보고, 자연의 본질은 수평과 수직으로만 가능하다고 주장하여 결국 결별까지 하게 된다. 그는 심지어 곡선도 감정적이라며 비난했다.

339

Wednesday

앙겔리카 카우프만

〈음악과 미술 사이의 자화상〉, 캔버스에 유화, 147×216cm, 1794년, 노스텔 프라이어리 내셔널 트러스트

스위스에서 태어나 아버지로부터 그림을 배운 앙겔리카 카우프만은 21살 나이에 피렌체의 미술아카데미 회원이 되었다. 그녀는 몇 개 국어에 능통한 지적인 인물로 다방면에 박식했고, 그림뿐 아니라 음악에도 조예가 깊었으며 성격 또한 사교적이었다. 신화나 종교 주제의 그림도 자주 그렸지만, 사회 지도층 인사들의 초상화로 더 큰 인기를 끌었다. 그녀는 이탈리아에 와 있던 영국 대사 부인의 권유로 런던행을 결심했으며, 급기야 영국 왕립미술아카데미 창립 회원의 영예를 누리게 되었다. 당시 창립을 주도한 여성 회원은 단 2명뿐으로 이후 한 세기를 더 넘길 때까지 여성이 아카데미의 회원이 되는 일은 없었다.

그림 속 하얀 드레스 차림의 여인은 앙겔리카 카우프만 자신으로 허리띠에 자신의 이름이 쓰여 있다. 그녀는 팔레트를 든 미술과 악보를 든 음악 사이에서 갈등하는 모습이다. 의인화된 미술은 저 멀리 높은 곳에 있는 신전을 손가락으로 가리킨다. 멀고 고단하지만, 그만큼 위대한 지점에 미술의 궁극이 있다는 이야기이다. 안주하는 여성의 삶보다, 남성의 전유물이나 다름없었던 멀고 거칠지만 보람 있는 미술의 세계를 택하게 된 자신의 이야기를 하는 듯하다.

임파스토

렘브란트 판 레인, 〈유대인 신부〉, 캔버스에 유화, 121.5×166.5㎝, 1665~1669년, 암스테르담 국립 미술관

임파스토Impasto는 이탈리아어로 '반죽이 된'이라는 뜻이다. 회화에서 임파스토는 유화 물감을 붓이나 팔레트 나이프, 손가락을 사용해 색을 두껍게 칠하거나, 직접 튜브에서 물감을 짜 바르는 방식으로, 붓 자국 등을 그대로 남겨 두껍게 칠하는 기법을 의미한다. 임파스토는 회화의 자기 고백과도 같다. 화면 위를 점령하여 울퉁불퉁하게 자신의 존재감을 과시하는 물감 덩어리들을 목격하는 순간, 사람들은 그것이 곧 그림일 뿐이라는 당연한 사실을 각성하게 되기 때문이다.

렘브란트가 그린 〈유대인 신부〉는 임파스토 기법으로 인해 도드라진 물감의 그림자가 옷의 질감이나 색, 보석 등을 더욱 효과적으로 표현해내고 있다. 그는 같은 기법으로 사물의 질감을 고혹적으로 묘사해낸 티치아노를 특별히 존경했다. 역시 임파스토 기법으로 유명한 고흐는 렘브란트의 이 그림을 보고 "열흘 내내 딱딱한 빵 조각을 유일한 음식으로 삼았지만, 이 그림 앞에 앉아 머물 수 있었기 때문에 인생의 10년은 행복할 것이다"라는 말을 남길 만큼 크게 감동했다.

○ 〈창세기〉의 26장에는 외지에서 살게 된 이삭이, 혹시 누군가가 자신을 죽이고 아름다운 아내를 취하려 할까 두려운 나머지 서로 남매인 척하다가, 사랑하는 장면을 들키는 바람에 거짓말이 들통 나는 장면이 있다. 그림은 이 이야기를 담은 것으로 추정하나 확실하지는 않다.

341

Friday

제1차 세계대전

케테 콜비츠,
〈죽은 아이를 안고 우는 여인〉,
에칭화, 41.7×47.2cm, 1903년,
워싱턴 국립 미술관

20세기 초엽부터 중엽까지 유럽과 미국은 양차 세계대전을 겪으며 인류 최악의 순간들을 맞이하게 된다. 1914년, 오스트리아·헝가리 제국의 왕위 계승자인 페르디난트 대공 부부가 조국의 독립을 원하는 세르비아의 한 청년에게 암살당하면서 시작된 전쟁은 1918년 11월까지 지속되며 1천만 명이 훨씬 넘는 사상자를 냈다.

독일 출신의 케테 콜비츠(1867~1945년)는 베를린과 뮌헨에서 미술 공부를 했다. 법관 출신의 아버지를 둔 상류층 집안의 귀한 딸로 성장했지만, 결혼 후에는 베를린 외곽의 자선병원에서 진료 봉사에 나선 남편 칼 콜비츠의 영향으로 빈곤과 기아, 노동 등 굵직한 사회 문제에 관한 판화를 제작하기 시작했다.

콜비츠는 제1차 세계대전에 참전한 두 아들 중 페터가 사망하자 본격적으로 반전 운동을 전개했다. 그녀의 판화 작품은 전쟁에 직접 참여한 이들이 겪은 공포와 고통뿐 아니라, 부모를 잃은 아이들, 자식을 잃은 부모들, 연인을 떠나보내야 했던 이들이 토해내는 슬픔까지를 담았다. 케테 콜비츠의 판화는 그 자체로 절규였고, 구호 이상의 구호였다.

O 그녀는 나치와 히틀러가 요구하는 '독일인의 위대함과 우수함'을 선전하는 작품들에서 한 발 벗어나 있었고, 이 때문에 작품을 몰수당하는 등 시련을 겪었다. 안타깝게도 그녀는 2차 세계대전 중, 페터와 같은 이름의 손자마저 잃었다.

342

Saturday

기묘한 삼각관계

단테 가브리엘 로세티, 〈라 피아 데 톨로메〉, 캔버스에 유화, 104.7×120.6㎝, 1868~1880년, 캔자스 스펜서 뮤지엄

르네상스의 문인, 단테 알리기에리의 《신곡》 〈연옥〉 편에 나오는 '라 피아 데 톨로메'라는 여인을 그린 그림으로 그녀의 남편은 애정이 식자, 그녀를 탑에 가두고 서서히 죽게 했다. 그림 속 라 피아는 윌리엄 모리스의 아내, 제인 모리스(1839~1914년)를 모델로 했다. 윌리엄 모리스는 영국의 유명 디자이너이자, 건축가, 화가로 라파엘 전파 화가들과도 친분이 깊었다.

　로세티는 아내를 아편 중독으로 잃은 뒤, 오래전부터 자신의 그림 모델이 되어주었던, 그러나 이젠 유부녀인 제인과 사랑에 빠진다. 둘의 애정 행각은 공공연하고 거침없어서 신문에 만화로 그려질 정도였다. 그럼에도 윌리엄 모리스는 그녀에게 돌아올 것을 간청하기만 할 뿐 결코 놓아주지 않았고, 심지어 아내의 불륜 상대인 로세티를 불러들여 자신의 집에서 셋이 함께 동거하는 괴이한 삶도 마다하지 않았다. 그림 속 그녀는 반지를 만지작거리고 있는데, 그 반지를 손가락에 끼워준 윌리엄 모리스 때문에 삶 같지 않은 삶을 살다 죽어가고 있다는 항변인 셈이다.

343

Sunday

성모의 대관

라파엘로 산치오, 〈성모의 대관〉, 패널에 템페라, 267×163cm, 1502~1503년, 바티칸 피나코테카 미술관

성모 마리아는 살아서의 일을 모두 끝낸 뒤, 하늘로 올라가 아들이었던 예수로부터 왕관을 받는다. 이를 화가들은 '성모 대관'이라는 이름으로 그리곤 했다. 라파엘로는 화면을 구름으로 나눈 뒤, 상단은 천상, 하단은 지상으로 구분했다.

천국에 이른 마리아에게 예수가 왕관을 씌우고 있는 동안 천사들은 축하 연주를 하고, 밤송이 같은 머리의 아기 천사들이 둥둥 떠다니며 분위기를 띄운다. 하단에는 사선으로 가로지르며 놓인 성모의 텅 빈 관 앞에서 망연자실한 제자들의 모습이 보인다. 정중앙의 남자는 허리띠를 들고 있는데, 의심 많은 성 토마스▶322로 성모의 승천을 미처 목격하지 못해 의심하자, 마리아가 하늘 높은 곳에서 그녀가 착용하던 허리띠를 던져주었다는 전설이 있다.

토마스의 오른편, 파란색에 노란 망토를 두른 남자는 천국의 열쇠를 들고 있는 것으로 보아 성 베드로임을 알 수 있다. 토마스의 왼편에는 긴 칼을 들고 선 바오로가 보인다. 바오로는 칼로 참수를 당했다. 빈 무덤 안에는 백합과 장미가 피어 있다. 성모 마리아를 의미하는 꽃들이다.

○ 이 그림은 페루자의 성 프란치스코 알 프라토 성당 내 오디 가문의 개인 예배당을 장식하는 제단화로 제작되었다. 나폴레옹이 이탈리아를 침략한 당시 파리로 약탈했다가 반환된 것이다.

344

Monday

이젠하임 제단화

마티아스 그뤼네발트, 패널에 유화, 269×307cm, 1515년경, 콜마르 운터린덴 미술관

닫고 펼칠 수 있는 형태로 제작된 제단화이다. 중앙 그림은 예수의 십자가 처형 장면이다. 매달린 예수의 온몸에 못이 박힌 회초리로 찍어낸 듯한 상처가 가득해서 그 고통이 생생하게 전해진다. 이 제단화가 놓인 장소는 이젠하임 지역의 한 수도원 병원 예배당이다. 오른쪽 날개에 그려진 성 안토니오는 이 병원의 수호성인이다.

그는 극단적인 금욕 생활을 하던 은수자인데, 어느 날 자신의 유혹에 넘어가지 않는 것에 분개한 악마가 저주를 내려, 손과 발이 불에 타는 듯한 증상으로 고초를 겪었다 한다. 10세기 이후, 이젠하임 인근 지역에서 비슷한 증상의 환자가 속출했는데, 병명을 '안토니오의 불'이라 불렀다. 왼쪽 날개에는 기독교인이라는 이유로 화살에 맞는 처벌을 받았던 성 세바스티아노가 그려져 있다. 화살 맞은 상처 부위가 마치 페스트 반점 같아서인지, 페스트를 낫게 해주는 수호성인으로도 모셨다.

그뤼네발트(1470년경~1528년경)는 예수의 마지막 모습을 마치 '페스트'나 '안토니오의 불'을 앓는 이처럼 묘사하여 같은 병으로 수도원 병원을 찾은 이들에게 그가 환자들의 고통을 충분히 이해하고 있다는 위안을 주려 했다. 하단에는 고통 속에 숨을 거둔 예수의 시신을 두고 슬퍼하는 애도의 모습이 그려져 있다.

345

Tuesday

미래주의

자코모 발라, 〈가죽끈에 달린 개의 움직임〉, 캔버스에 유화, 89.8×109.8cm, 1912년, 뉴욕 올브라이트 녹스 아트 갤러리

1909년, 이탈리아 시인 마리네티는 미래주의 선언문을 발표했다. 이는 문학과 미술계를 비롯한 사회 전반에 큰 반향을 불러일으켰는데, 새로운 시대, 새로운 사고, 새로운 것을 향해 모든 예술가가 구태의연함과 관습에 저항해야 한다는 주장이었다.

미래주의를 천명하는 이들은 속도와 역동성, 기계를 예찬했는데, "달리는 자동차는 승리의 여신상 〈사모트라케의 니케〉보다 아름답다"라고 주장할 정도였다. 자동차는 이른바 '속도와 미래'를, 루브르에 전시된 〈사모트라케의 니케상〉은 날개가 있어도 날지 못하는 박제된 승리, 즉 '과거'를 의미했다. 이들은 박물관을 불태우라는 구호를 외칠 정도로 급진적이었고, 더러 비상식적이어서 대중들의 분노를 자아내기도 했다.

자코모 발라(1871~1958년)가 그린 이 작품은 움직이는 강아지의 발과 흔들리는 가죽끈의 움직임을 표현한 것으로 빠른 움직임이 남기는 잔상 효과를 이용했다. 오늘날에는 만화 등에서 많이 볼 수 있는 표현이지만 회화사에서 드물었다. 미래파는 자신들이 목적한 바를 먼저 선언문 형태로 밝혀놓고, 그에 맞추어 활동했다는 점에서도 기존 예술가들의 모임과 달랐다. 그들은 낡은 것을 한순간에 엎을 수 있다는 이유로 전쟁을 예찬하기도 했는데, 제1차 세계대전에 적극적으로 참여했던 화가 보초니(1882~1916년)가 사망한 뒤로 미래파는 자연스레 와해되었다.

346

Wednesday

베노초 고촐리

〈동방 왕들의 행렬, 동쪽 벽화〉, 프레스코, 1459~1460년, 피렌체 팔라초 메디치 리카르디

베노초 고촐리는 르네상스 초기 피렌체에서 주로 활동하던 화가로, 프라 안젤리코의 제자였다. 그는 프라 안젤리코가 산마르코 수도원에서 작업할 때 조수로 일했으며, 스승을 따라 로마에서도 활동한 경험이 있다. 이탈리아 몇몇 도시를 전전하던 그는 다시 피렌체로 돌아와 메디치 가문 저택 내, 개인 예배당 세 벽면을 장식하는 〈동방 왕들의 행렬〉을 그렸다. 성서의 이야기를 주제로 하고 있지만, 실제로는 메디치 가문이 주도해 개최한 '동서 교회 화합을 위한 공의회(1439~1442년)[138]'를 기념하는 그림에 더 가까워서, 당시 회의를 위해 동로마제국에서 온 실세들을 포함, 메디치가 사람과 인근 지역의 최고 지도자, 학자 등 당대 유명인사를 대거 등장시켰다.

이 그림은 동쪽 벽 부분으로 가장 나이 어린 왕, 발타사르가 행렬을 주도하는 모습이다. 발타사르는 메디치가의 '위대한 자 로렌초'의 어린 시절 모습을 모델로 했다. 그 뒤를 갈색 당나귀를 탄 코시모 메디치와 하얀 말을 탄 피에로 메디치가 따른다. 행렬하는 인파 중에는 화가의 모습도 그려져 있다. 화면 왼쪽 무리 중 중앙, 화가는 자신이 쓴 빨간 모자에 "OPVS BENOTII D"라는 글자를 넣었는데, 라틴어로 '베노초의 작품'이라는 의미이다.

○ 나머지 두 점의 그림에는 각각 동로마제국의 황제, 요안니스 8세 팔레올로고스와 동로마교회의 대주교 주세페 2세가 그려져 있다.

347

Thursday

16세기, 독특한 초상화

주세페 아르킴볼도, 〈사서〉, 캔버스에 유화, 98×71cm, 1562년,
스톡홀름 스코클로스터 성

아르킴볼도는 신성 로마제국의 페르디난트 1세부터 막시밀리안 2세, 그리고 루돌프 2세까지, 무려 세 명의 황제를 모신 궁정화가였다.

그는 채소, 과일, 개구리, 새, 꽃, 나무 등 자연의 생물과 잡다한 무생물들의 형태를 이용해 초상화를 그리곤 했다. 사물과 생물의 고유한 형태를 초상화 안에 적절히 배치하여 전체와 부분을 모두 살리는 이런 기법은 너무나 기발하여, 그 상상력에 혀를 내두르게 된다.

화가는 도서관 사서의 초상화를 그리기 위해 쌓여 있는 책들로 전체적인 실루엣을 만든 뒤에, 책 먼지떨이로 수염을 그리고 당시 도서관 개인 열람실에 설치된 커튼으로 배경과 옷을 그려 디테일에도 신경을 썼다. 사서들이 가장 많이 접하게 되는 사물들을 선별하여 '사서'라는 직업을 표현해낸 것이다.

그림의 모델은 페르디난트 1세의 도서관 사서이자 과학자였던 볼프강 라지우스(1514~1565년)로 추정한다. 이 작품들을 포함, 아르킴볼도가 프라하성에서 그린 초상화들은 스웨덴군이 1648년 프라하를 침략했을 때 상당 부분 약탈한 바람에 한동안 우리에게 잊혔다가 근대에 이르러 다시 발굴되었다.

348

Friday

1차 대전과 슬라브의 독립

알폰스 무하, 〈슬라브 서사시〉, 캔버스에 템페라와 유화,
480×405㎝, 1926년, 프라하 국립 미술관

각종 상품 디자인과 광고 포스터 등으로 높은 인기를 누리던 알폰스 무하는 파리와 미국을 오가며 활동하다가, 1910년에 조국 체코로 금의환향한다.

그는 체코의 우표와 화폐 등을 디자인했고, 이후 미국의 사업가 찰스 크레인의 후원을 받아 겨의 20여 년에 걸쳐 체코에 대한 애국심을 듬뿍 담은 20개의 연작, 〈슬라브 서사시〉를 완성했는데, 위 작품은 그 마지막 편에 해당한다. 1928년에 이르러 작품들이 최종 완성되자, 무하는 이를 정부에 기증해 공공의 것이 되도록 했다.

무하가 이 대작들을 준비하고 작업하던 때는 혼란스러운 시기였다. 오스트리아·헝가리 제국과 슬라브계 세르비아의 갈등이 최고조에 달하면서 유럽은 마침내 제1차 세계대전 발발이라는 끔찍한 상황에 놓였다. 엄청난 사상자를 낸 뒤 가까스로 종전되면서 체코슬로바키아 공화국이 탄생했고, 발칸 반도의 여러 나라가 제국으로부터 독립했다. 그림 중앙, 두 팔을 벌린 청년은 공화국을 의미한다. 그의 뒤는 든든한 예수가 지킨다. 동맹국들의 깃발 사이에 성조기가 보이는데, 이 그림을 후원한 미국의 사업가 크레인과 민족자결주의를 선언한 윌슨에 대한 존경의 마음을 표한 것으로 볼 수 있다.

○ 무하는 나치의 신념에 반하는 작품 활동을 이유로 1939년 체포되었고, 그 심문의 후유증에 폐렴까지 겹쳐 결국 생을 마감했다. 무하의 장례식에 참석하지 못하도록 한 나치의 방해에도, 10만 명이 넘는 인파가 몰려들었다.

349

Saturday

넬슨 제독의 사랑

비제 르브룅,
〈아리아드네로 분장한
에마 해밀턴의 초상〉,
캔버스에 유화, 135×158cm,
1790년, 개인 소장

에마 해밀턴(1765~1815년)은 대장장이의 딸로 태어났고, 런던 코벤트 가든의 왕립 극장에서 배우들의 뒤치다꺼리를 하다가 담당자의 눈에 띄어 데뷔, 모델 겸 가수로 크게 성공했다. 그녀는 자신보다 무려 35세나 많은 나폴리 주재 영국대사이자 아트 컬렉터인 윌리엄 해밀턴(1730~1803년)과 1791년에 결혼했다. 윌리엄 해밀턴은 도를 넘은 수집벽으로 파산에 이르자 자신의 수집품을 크리스티 경매에 내놓아야 했다. 그들 중에는 에마 해밀턴을 모델로 그린 이 작품도 포함되어 있었는데, 영국의 영웅 넬슨 제독이 300파운드에 구입했다.

사실 넬슨은 1798년부터 에마 해밀턴과 연인 관계였다. 연인의 초상화가 남의 손에 넘어갈 처지에 놓이자, 넬슨은 전쟁으로 함선에 오른 중에도, 경매사에 직접 편지를 보내 그 가격대에 자신이 낙찰될 수 있도록 손을 써달라고 부탁했다. 그는 "300파운드가 아니라, 300방울의 피를 그 값으로 내놓으라고 해도 그렇게 할 것"이라는 말로 그녀에 대한 애정을 과시했다.

○ 1801년, 에마 해밀턴은 넬슨의 아이를 낳았고, 남편 윌리엄은 그녀와 넬슨의 관계를 묵인하여 함께 동거하기도 했다. 1803년에 그녀의 남편이 사망했고, 1805년에는 이번 전투만 끝나면 결혼하자던 넬슨이 전사했다.

350

Sunday

성 에라스무스의 순교

니콜라 푸생, 〈성 에라스무스의 순교〉, 캔버스에 유화, 320×186cm, 1628~1629년, 바티칸 피나코테카 미술관

형틀에 누운 남자의 배에서 내장이 빠져나오고 있다. 끔찍한 고문의 주인공은 기독교인이라는 이유로 박해받다 순교한 성 에라스무스이다.

기독교 박해가 절정에 달했던 디오클레티아누스 황제(재위 284~305년) 시절, 안티오키아에서 주교 생활을 하던 그는 박해를 피해 깊은 산에 숨어 까마귀가 물어주는 곡식 알갱이로 7년 넘게 연명하다 체포되어 감금당했다. 하지만 천사의 도움으로 탈출, 다시 기독교 전파에 힘쓰다 체포된다. 그에게 가해진 고문은 뱀 굴속에 던지기, 끓는 기름 끼얹기, 불타는 석탄 속에 던지기, 손톱 밑을 못으로 찌르기 등으로 매우 잔인했다.

성 에라스무스는 그림에서 보듯 선원들이 사용하는 밧줄 감는 기계에 내장이 뽑히는 고문을 받는다. 이 이야기에 고무된 후세 사람들은 그를 선원들의 수호성인으로 삼았고, 복통이 생기거나 할 때도 그에게 기도하곤 했다. 그림 상단 오른쪽의 헤라클레스 조각상은 영웅이나 신을 믿는 우상숭배에 대한 조롱으로 볼 수도 있지만, 화가인 푸생의 고대 그리스·로마에 대한 깊은 이해와 관심을 자랑하는 것으로도 볼 수 있다.

아프로디테의 탄생 Ⅱ

윌리앙 아돌프 부그로, 캔버스에 유화, 300×215㎝,
1879년, 파리 오르세 미술관

현실에서 여성들의 노출은 언제나 경고와 비난의 대상이자 '행실 나쁨'으로 치부되지만, 벗은 여성의 영상과 사진, 그림 등은 예나 지금이나 끊임없이 소비되곤 한다. 19세기 프랑스 화단도 마찬가지여서 신화를 빙자한 여성 누드가 빈번하게 그려졌고, 또 그만큼 잘 팔렸다.

그림은 아프로디테가 조개를 타고 오는 장면으로, 보티첼리의 그림▶014과 상황이 비슷하다. 다만 등장하는 조연들이 아기 천사, 즉 '푸토'들이라거나, 아름다운 남녀 인어들이고, 무엇보다 아프로디테가 과거처럼 자신의 부끄러운 부분을 가리지 않고 대담하게 드러낸다는 점은 달라졌다. 그럼에도 여전한 것은 아프로디테의 시선이다.

보티첼리의 그녀가 그랬던 듯이, 부그로(1825~1905년)의 그녀도 자신의 시선을 온전히 다른 곳으로 돌려 그 감상자의 멋쩍음을 배려한다. 부그로는 완벽한 데생, 고대 그리스 조각상 같은 이상적인 몸매 구현, 붓 자국이 전혀 보이지 않는 사진과 같은 사실감으로 당시 프랑스 아카데미가 원하는 바에 가장 부합하는 그림을 그리곤 했다. 하지만 진보적인 화가들 사이에서는 가장 구태의연한 작품으로 두고두고 놀림감이 되었다.

352

Tuesday

다리파

에른스트 루트비히 키르히너, 〈베를린 거리의 풍경〉, 캔버스에 유화, 121×95㎝, 1913년, 뉴욕 노이에 갤러리

다리파는 현재와 미래를 잇고, 혁명적·전위적인 생각들을 회화와 잇는 다리 같은 역할을 하자며 모인 미술가들의 모임으로 루트비히 키르히너▶059가 1905년 창설했다. 낡고 오래된 기성의 관습을 부정하고 그에 저항하고자 했고, 눈에 들어온 세계보다는 마음이 들여다본 비가시적인 세계를 그리고자 했던 독일 표현주의자들의 연합이었다.

그들은 주로 드레스덴과 베를린을 기점으로 함께 생활하며 작업했는데, 거친 붓질로 형태를 극단적으로 왜곡하고 전혀 어울릴 것 같지 않은 색들을 조합해, 생경하고 낯설지만 그 부조화로 인해 팽팽한 긴장감이 감도는 작품들을 발표했다. 키르히너의 그림 속 인물들은 길고 뾰족하게 늘어나 있고, 어둡고 탁한 색감에, 불편한 선들이 얽힌 느낌이 든다.

중앙의 여성들은 매춘부로 남성들에게 둘러싸여 있다. 거리는 숨을 쉬기도 벅찰 만큼 인파로 붐비지만, 그 누구도 따뜻하게 느껴지지 않는다. 감정을 철저히 배제한 채, 오로지 망막에 들어오는 진실만을 기록한 인상파와는 달리, 그의 그림에서는 어딘가 어둡고, 불안하며, 퇴폐적인 기운이 가득하다.

○ 에밀 놀데, 헤켈, 슈미트-로틀루프, 페히슈타인, 판 동언 등이 다리파로 활동했으며, 이들 다리파는 1913년 내부 갈등으로 해체되었다.

353

Wednesday

조제프 뒤크뢰

〈하품을 하고 있는 자화상〉,
캔버스에 유화, 114.3×88.9㎝, 1783년,
로스앤젤레스 게티 박물관

〈조롱하는 자화상〉,
캔버스에 유화, 91×72㎝, 1793년,
파리 루브르 박물관

모리스 캉탱 드 라투르[241]가 그 시대로서는 드물게, 웃는 모습의 자화상을 그렸다면, 그의 유일한 제자였던 조제프 뒤크뢰(1735~1802년)는 마치 광대처럼 스스로 여러 감정을 직접 연기하며 그렸다. 이런 모습은 16세기, 한스 폰 아헨[318]의 자화상을 떠올리게 한다.

프랑스 낭시에서 태어나 화가였던 아버지로부터 그림을 배웠고, 1760년에는 파리에서 라투르의 제자가 되었다. 초기에는 스승이 그랬던 것처럼 주로 파스텔로 그림을 그렸다. 드디어 1769년 즈음, 루이 16세와의 결혼을 앞두고 있던 마리 앙투아네트의 초상화를 그리는 위치에 이르렀다. 사진과 인터넷 등이 없던 시절, 왕가의 결혼은 이런 초상화가들의 활약에 의존할 수밖에 없었다.

왕실 초상화가로서 입지를 다진 그는 궁정의 신임을 얻어 남작의 작위까지 받았고, 마리 앙투아네트 왕비의 전속 초상화가가 되었다. 프랑스 대혁명이 일어나자 그는 런던으로 떠나, 그곳에서 루이 16세의 마지막 초상화를 완성했다. 대혁명 이후 급진적 공화파인 로베스피에르의 심복으로 문화부 장관에 올랐던 자크 루이 다비드는 뒤크뢰가 비록 왕실에서 일하던 화가였음에도 불구하고 계속 파리에서 그림을 그릴 수 있도록 했다.

초상화

피에로 델라 프란체스카, 〈우르비노 공작 부부의 초상화〉, 패널에 템페라, 각 47×33㎝, 1465년경,
피렌체 우피치 미술관

신 중심의 중세와 달리, 인간 중심적인 사고가 팽배해지는 르네상스 시대에 접어
들면서 초상화 제작이 활발해졌다. 귀족들이나 신흥 부유층은 고대 로마의 황제나
귀족들처럼 동전이나 메달에 완전 측면의 자기 얼굴을 새겨 모으기도 했는데, 이
것이 초상화 주문과 제작으로 이어졌다. 따라서 르네상스 초기의 초상화는 그림에
서 보듯, 완전 측면 상이 일반적이었다. 이는 측면으로 그린 얼굴이 훨씬 더 권위
있어 보인다는 고대인들의 사고를 받아들인 탓도 있지만, 기독교 이콘화의 전통과
도 무관하지 않다. 중세, 특히 동로마제국에서 발전한 이콘화에는 오로지 하느님
과 예수만이 정면의 초상화로 그려질 수 있었다.

그 덕분에 정면이 아닌, 측면으로 그려진 우르비노의 공작, 몬테펠트로는 용병
출신으로 전쟁에서 잃은 한쪽 눈을 슬쩍 감출 수 있었다. 대개 부부 초상화는 밖에
서 일하는 남편은 피부를 짙게 표현하고, 집에서 일하는 아내는 밝고 화사하게 그
리지만, 그림 속 여인의 얼굴은 유난히 창백한 데다가 생기마저 없어 보이는데 그
녀가 아들을 낳고 얼마 못 가 세상을 뜬 뒤에 사후 초상화로 제작되었기 때문이다.

355

Friday

나치의 게르니카 폭격

파블로 피카소, 〈게르니카〉, 캔버스에 유화, 349.3×776.6cm, 1937년, 마드리드 레이나 소피아 국립 미술관

스페인은 1873년부터 공화제를 채택했다. 그러나 10개월 동안 대통령이 네 번이나 바뀔 정도로 권력 다툼이 치열했다. 이 혼란은 왕정복고의 시대를 거쳐 제2공화국으로 이어지면서도 계속되었다. 1936년, 스페인 국민은 사회주의 정권인 인민전선을 선거로 뽑아 공화정을 유지하고자 했다. 그러나 파시스트, 프란시스코 프랑코(1892~1975년)가 주도하는 군부가 쿠데타를 일으키면서 스페인은 약 3여 년간 내전 상태에 들어간다.

프랑코는 나치에 요청해 바스크 지역의 작은 마을 게르니카를 폭격했다. 그는 무려 2천여 명의 사상자를 내며 마을을 초토화했고, 공화정부군의 퇴로를 막으면서 승기를 잡았다. 이후 프랑코는 약 36년간 집권한다. 피카소(1881~1973년)는 조국에서 벌어진 끔찍한 사건에 세계적인 관심을 유도하기 위해 〈게르니카〉를 제작했다. 어린아이들의 그림처럼 단순한 형태로 그려졌지만, 흑백 신문을 연상케 하는 빼곡한 글자들을 배치해 뉴스를 보는 듯한 느낌을 유도하며, 사태의 진실을 환기한다. 피카소는 "당신이 게르니카를 그렸느냐?"라는 게슈타포의 질문에 이렇게 답했다. "그림은 당신들이 그렸지."

356

Saturday

구두 수선공 발판 속 비밀

레오나르도 다빈치, 〈성 예로니모〉, 패널에 유화, 103×75cm,
1482년, 바티칸 피나코테카 미술관

레오나르도 다빈치의 미완성작이다. 4세기경, 광야에서 금욕 생활을 하며 수양하던 성 예로니모를 그린 것으로 앙상하게 드러난 골격에서 화가의 해부학 지식이 상당했음을 알 수 있다. 성 예로니모는 그리스어와 히브리어로 된 성경을 라틴어로 번역한 학자였으며, 훗날 추기경의 자리에까지 올랐다.

쭉 뻗은 오른손엔 돌이 들려 있는데, 성인은 어쩔 수 없는 욕정에 사로잡힐 때마다 이 돌로 자신의 가슴을 내리쳤다고 한다. 화면 아래에서는 사자가 꼬리를 늘어뜨린 채 쉬고 있다. 성인이 사막에서 우연히 이 사자의 발가락에 낀 가시를 빼준 뒤부터 늘 함께했다 한다.

누군가 이 작품을 미술학교 학생의 습작품 정도로 생각했는지, 두 동강이 난 채로 하단은 상자 뚜껑으로 사용되다 우연히 나폴레옹의 삼촌인 페슈 추기경에게 발견되었다. 이어 발견된 상단도 한 구두 수선공의 작업장에서 발판으로 사용되던 것이다. 19세기 말이 되자, 두 동강 난 그림을 바티칸에서 사들여 현재의 모습으로 복원했다. 이 그림과 관련된 기록은 여성화가 앙겔리카 카우프만[339]의 유품 목록에 등장하는데, 적어도 그때까지만 해도 멀쩡했던 모양이다.

산타클로스의 기원

젠틸레 다파브리아노, 〈콰라테시 제단화〉 중
'세 소녀에게 행한 기적', 패널에 유화,
35.8×36.1cm, 1425년,
바티칸 피나코테카 미술관

성 니콜라오는 3세기 후반, 오늘날의 터키 한 도시에서 주교로 활동했다. 미국에 이주한 네덜란드인들이 그의 이름을 '산테 클라스'라고 부르기 시작했고, 미국인들이 산타클로스라고 부르게 되어 오늘에 이른다. 1931년에 코카콜라 광고를 위해 만들어진 붉은 옷과 하얀 수염이 워낙 강렬해 지금도 그 이미지로 남아 있다. 그는 부유한 집에서 태어났지만 막대한 상속 재산을 가난한 자들을 위해 사용했고, 금욕적인 수도사 생활을 하다 대주교에까지 올랐다.

그림 오른쪽으로 보이는 집안에서는 아버지의 발을 닦아주는 딸, 머리를 빗는 딸, 그리고 잠자리에 들기 위해 옷을 벗는 딸의 모습이 보인다. 그림 왼쪽, 거리에서는 성 니콜라오가 이 집 창문으로 황금 공을 던져 넣는 것이 보인다. 성 니콜라오는 이들 가족이 너무나 가난하여, 딸들이 곧 매춘부로 팔려 갈 것을 알고 남몰래 이런 선행을 하게 된 것이다. 침대에 이미 황금 공 2개가 놓여 있는 것으로 보아 그가 던지는 공은 세 번째임을 알 수 있다. 밤에 일어난 성 니콜라오의 선행은 모두가 잠든 밤 선물을 가져오는 크리스마스의 '산타클로스 할아버지' 이미지로 각색되었다.

작품

말레 바베

프란스 할스, 캔버스에 유화, 75×64㎝, 1633년경,
베를린 국립 미술관

프란스 할스(1582년경~1666년)의 그림은 붓을 몇 번 휘둘렀는지 셀 수 있을 정도로 대담하게 붓 자국을 남기는 과감함이 인상적이다. 그는 특히 초상화에서 진가를 드러냈는데, 모델을 며칠씩 불러다 오랜 시간 앉혀놓고 작업하는 다른 화가들과 달리, 인물의 특징을 재빨리 파악해서 밑그림 없이 바로 붓으로 그리기 시작해, 가능한 한 빨리 작업을 마무리하는 걸로 유명했다.

'말레 바베'는 '미친 바베'라는 뜻으로 하를럼 술집에서 일하는 작부이다. 그녀의 어깨에는 올빼미가 하나 그려져 있는데, '올빼미처럼 취한다'라는 네덜란드 속담을 떠올리게 한다. 그녀는 올빼미처럼 취해서 옆 테이블에 앉은 누군가를 향해 뜨거운 농지거리를 하는 중이다. 그의 그림은 증명사진처럼 정형화된 태도를 벗어나, 옆자리 혹은 앞자리에 앉은 다른 누군가를 향해 말을 걸거나, 쳐다보는 등의 모습으로 그려져 오늘날의 스냅사진과도 같은 느낌을 준다. 할스는 죽을 때까지 그 흔한 여행 한 번 제대로 하지 않은 하를럼 붙박이여서 초상화로는 당대 그 지역에서 최고의 화가로 알려졌음에도 불구하고 쉽게 잊었고, 19세기에 와서야 재발굴되었다.

○ 그의 초상화는 인기가 있었지만, 두 번의 결혼에서 자식을 많이 둔 까닭에 그들을 부양하느라 경제적으로 늘 시달렸다. 가난을 이기지 못한 딸 중 하나는 매춘부가 될 정도였다.

359

Tuesday

뜨거운 추상

바실리 칸딘스키, 〈즉흥 5를 위한 습작〉, 펄프 보드에 유화,
70.2×69.9㎝, 1910년, 미니애폴리스 미술 연구소

1910년의 어느 날, 산책에서 돌아온 칸딘스키는 자신의 화실에서 색으로 뒤덮인 캔버스를 보며 그 아름다움에 크게 감동했다. 무엇을 그렸는지 알 수 없고, 알 사이도 없이 그저 화면 전체를 가득 메운 황홀한 색들에 마음을 빼앗긴 것이다. 한참을 눈으로 더듬던 그는 마침내 그것이, 자신이 어떤 대상을 그리다 거꾸로 세워둔 것임을 알게 되었다.

그 이후 칸딘스키는 무엇을 그렸는지 전혀 알 수 없는 그림으로도 충분히 아름다움이나, 벅찬 감정, 즐거운 감정을 전달하고 느낄 수 있다고 믿으며 추상의 세계로 접어들었다. 이 일화가 시사하는 바는 명료하다. 우리는 그림을 볼 때, 그 캔버스를 덮은 아름다운 색들이나, 즐거운 선과 그 선이 만들어내는 고혹적인 형태를 보기보다는 그려진 대상에만 집중한다. 소크라테스가 그려져 있으면 소크라테스를, 물병이 있으면 물병을 본다. 칸딘스키는 그림 속에서 식별 가능한 대상을 제거해버리면 비로소 사람들이 색과 면과 선에 집중한다는 사실을 깨달았다. 그의 그림은 알아볼 수 있는 대상들이 사라졌지만, 색채나 선의 힘을 빌려 감정을 자극한다는 점에서 표현주의적이다. 몬드리안▶338이 '차가운 추상'이라면, 칸딘스키는 다분히 '뜨거운 추상'이라 할 수 있다.

○ 칸딘스키는 기하학적 형태를 나열하는 〈구성〉과 색채들을 거침없는 붓질로 채운 〈즉흥〉을 연작으로 그렸다.

360

Wednesday

유딧 레이스테르

〈자화상〉, 캔버스에 유화, 74.3×65cm, 1630년경,
워싱턴 국립 미술관

유딧 레이스테르(1609~1660년)는 네덜란드 하를럼에서 양조업자의 딸로 태어났다. 대부분 아버지가 화가인 경우에나 겨우 그림 배울 기회를 얻었던 다른 여성 화가들과 달리, 유딧은 프란스 할스의 공방에서 그림을 배웠다.

1633년에는 화가조합에 가입했는데, 이는 그녀가 자신의 이름으로 그림을 주문받고, 판매할 수 있으며, 후학을 양성할 자격이 됨을 의미했다. 자화상에서도 볼 수 있듯, 일상의 어느 순간을 즐겁고 낙천적인 분위기로 표현하는 그녀의 그림은 스승인 할스의 영향을 많이 받았다고 할 수 있다.

한창 잘나갈 때는 자신의 제자를 프란스 할스가 빼앗아갔다고 고소할 정도로 자기주장이 강했지만, 결혼한 뒤 역시 화가였던 남편과 아이를 부양하느라 그림에서 손을 뗐고, 그 후 오랫동안 잊혔다. 그녀가 남긴 그림들은 대부분 자신의 이름이 아니라 프란스 할스나 그의 남편 얀 몰레나르의 이름으로 팔려나갔다. 여성의 그림은 보나 마나 형편없을 거라는 편견 때문에 미술 시장에서 제값을 받지 못하자, 중간 상인들이 화풍이 비슷한 프란스 할스의 그림처럼 서명을 바꾸어 판매한 탓이다.

361

Thursday

알레고리

알레고리는 그리스어 '다른^{allos}'과 '말하기^{agoreuo}'를 합쳐서 만든 단어로 '무언가 다른 것을 말하기^{other speaking}'라는 뜻이다. 따라서 알레고리에는 어떤 대상의 겉모습이나 행동 이면에 감추어진 의미를 읽어내게 하는 재미가 있다. 그러나 그 의미는 다소 모호하다는 점에서 또한 매력적이다.

아뇰로 브론치노, 〈아프로디테와 에로스의 알레고리〉, 패널에 유화, 147×117㎝, 1540~1545년, 런던 내셔널 갤러리

그림 속에서 미의 여신 아프로디테와 사랑의 신 에로스는 모자 관계이지만, 어쩐지 불편한 패륜적인 분위기이다. 그림 오른쪽의 장미를 던지는 아이는 가시에 찔려도 아픈 줄을 모르는, 사랑에 눈이 먼 상태를 의미한다. 아이 뒤로 오른손과 왼손이 잘못 달린 소녀의 모습이 보인다. 소녀의 몸은 뱀 꼬리에 사자 다리로 끝나는데, 이는 '기만'을 뜻한다.

아프로디테의 발치에 놓인 가면은 '위선'이다. 에로스 뒤, 두 손으로 머리를 감싸 쥐고 고통을 토하는 노파는 '질투'를, 왼쪽 상단의 뒤통수가 깨진 여인은 '망각'을 상징한다. 오른쪽은 모래시계를 어깨에 얹은 시간의 신이다. 그는 망각이 덮으려고 하는 장막을 힘차게 걷어내고 있다. 처음에는 미칠 듯 빠져들지만, 어느덧 기만과 질투에 번민하게 되는 사랑. 그 고통스러운 사랑의 추억들은 시간이 가도 망각되지 않는다. 진실은 그렇게 드러난다.

362

Friday

홀로코스트의 시대

펠릭스 누스바움, 〈유대인 신분증을 쥔 자화상〉, 캔버스에 유화,
56×49cm, 1943년, 오스나브뤼크 펠릭스 누스바움 박물관

제2차 세계대전 중 히틀러가 이끈 나치당은 정치범들을 비롯해 유대인과 슬라브인, 또 동성애자나 장애인까지 약 1천만 명이 넘는 무고한 이들을 학살했는데, 이중 약 6백만이 유대인이었다. 나치는 곳곳에 집단 수용소를 지어 이들을 감금한 뒤, 각종 노역과 생체 실험 등에 동원했고, 가스와 총살로 집단 사살하기도 했다. 이 대량 학살을 일컫는 '홀로코스트 Holocaust'는 과거 고대 그리스인이 짐승들을 태워 신에게 바치던 제의식에서 유래되었다.

펠릭스 누스바움(1904~1944년)은 독일 태생의 유대인 화가이다. 벨기에로 망명했지만, 1940년에 독일이 벨기에를 침공하자 '적대적 외국인'으로 체포, 수용되었다가 탈출했다. 이후, 마치 네덜란드의 안네 프랑크처럼 아내와 함께 은신처에 숨어 지인들의 도움으로 살았다.

그는 자신이 그린 그림을 전체적으로 잘 조망하기 위해 뒤로 물러설 만큼의 공간도 확보되지 않는 곳에서 그림을 그렸다. 그러다 결국 종전 1년을 앞두고 발각, 벨기에에서 아우슈비츠로 향하는 마지막 홀로코스트 열차에 실려 가 살해당했다. 자화상 속 누스바움의 모습은 너무나 사실적이라 안타까움을 자아낸다. 나치가 유대인들에게 강제한 노란별을 단 외투를 입고, 'Juif-Jood', 즉 '유대인'이라는 붉은 스탬프가 찍힌 신분증을 든 채로 그가 우리를 보고 있다.

363

Saturday

레오 10세,
삶 자체가 스캔들

라파엘로 산치오, 〈레오 10세의 초상〉, 패널에 유화,
155.5×119.5cm, 1518년, 피렌체 우피치 미술관

교황 레오 10세(재위 1513~1521년)는 '위대한 자'로 불리던 로렌초 데 메디치의 아들, 조반니 디 로렌초 데 메디치였다. 막강한 집안 출신으로 아버지의 권력과 정보력을 등에 업고 교황이 된 그는, 교회를 하느님의 것이 아니라 자신의 집무실 정도로 생각한 듯하다.

자신의 위상에 맞추어 더 크고, 더 화려하게 만들겠다는 이유로 성 베드로 성당의 재건축에 엄청난 돈을 쏟아부었고, 낭비와 탕진이 습관인 지라 늘 재정 적자에 시달려야 했다.

결국 레오 10세는 세속의 아버지보다 더 막강한 권력을 가진 아버지, 하느님을 팔아, 돈을 내면 죄를 사해준다는 면죄부를 판매하고, 성직자 임명에 검은 뭉칫돈을 받아 챙기는 등 비리를 일삼았다. 이는 마르틴 루터의 종교개혁을 불러온 계기가 되었다. 어찌 보면 삶 그 자체가 스캔들이었을 교황은 그림 속에서 팔걸이가 달린 의자에 앉아 돋보기를 든 채 필사본으로 된 기도서를 읽고 있다. 그의 뒤, 화면상 왼쪽에 서 있는 줄리오 데 메디치는 위대한 자 로렌초 데 메디치의 동생, 줄리아노 데 메디치의 사생아로 훗날 교황 클레멘스 7세[049]가 된다. 오른쪽의 루이지 데 로시 추기경 역시 메디치 가문 사람으로 교황의 외사촌이다.

364

Sunday

성녀 헬레나

파올로 베로네세, 〈성녀 헬레나〉, 캔버스에 유화, 166×134cm,
1580년경, 바티칸 피나코테카 미술관

로마제국이 기독교를 공인하기까지 어쩌면 가장 큰 영향력을 행사한 이는 콘스탄티누스 황제의 어머니, 헬레나(250~330년)라고 해도 과언이 아니다. 그녀는 터키의 비티니아라는 곳에서 여인숙집 딸로 태어났다.

빼어난 미모로 소문이 자자했던 그녀는 270년 로마의 장군 콘스탄티우스 클로루스의 애첩이 되었고, 둘 사이에 아이를 두었다. 그러나 장군은 황제가 되기 위해 최소한 왕족의 혈통을 이은 여자와 결혼해야만 했다. 장군은 막시미아누스 황제의 딸 테오도라와 결혼했고, 황제의 자리에 오를 수 있었다. 그들 사이에 태어난 콘스탄티누스는 자라서 아버지의 뒤를 이어 황제에 올랐다. 어머니 헬레나는 예순이 넘는 나이에 기독교로 개종했고, 이어 아들이 기독교를 공인하도록 설득했다.

어느 날 헬레나는 꿈에서 나무 십자가를 본 뒤, 예루살렘으로 떠나 골고다 언덕에 올랐고 십자가 3개를 찾아냈다. 어느 것이 예수의 것이고, 어느 것이 강도의 것인지 알 수 없던 차에 어떤 장례 행렬이 지나다가 그중 한 십자가를 스치자 죽은 자가 살아나는 것을 보고 그 장소에 예수 탄생 교회와 성묘 교회를 세웠다. 이 사건은 기독교인들의 십자가 공경 사상이 생긴 기원이 되었다.

365

Monday

까마귀 나는 밀밭

빈센트 반 고흐, 캔버스에 유화, 50.5×103cm, 1890년, 암스테르담 반 고흐 미술관

1890년 7월 27일, 고흐는 세상을 떠났다. 그의 나이 서른일곱이었다. 그가 생의 마지막을 살던 오베르쉬르우아즈의 밀밭은 딱 이런 모습이었고 지금도 이와 흡사하다. 그는 색채를 대담하게 왜곡했고, 형태 또한 단순화하거나 변형하기 일쑤였지만, 자신이 직접 목격하지 않은 것은 함부로 그리지 않았다. 따라서 그의 그림은 언제나 그와 함께했던 순간을 품고 있다.

길은 지평선을 향해 바삐 제 몸을 늘리고, 바람은 밀밭을 온통 흔들어놓으며, 까마귀들은 하늘을 삼킨다. 상처로 거칠어진 마음과 고통으로 희미해진 그 눈이 목격한 그날의 풍경은 이랬다. 그리고 고흐는 자신에게 안녕의 총구를 겨눴다. 물론 그의 죽음을 두고 여러 의문이 남는다. 정신병을 앓은 경력이 있는 그가 어떻게 총을 구했을까? 게다가 그 총은 그 이후로 마을 어디에서도 발견되지 않았다. 자살을 결심한 그가 왜 총에 맞은 몸을 굳이 끌고 숙소로 돌아왔는지도 의문이다. 총탄이 지나간 방향이 도저히 스스로 겨눈 것이라 할 수 없는 점 또한 그렇다.

어찌 되었든, 그는 이 그림을 그린 지 얼마지 않아, 이곳 어디에선가 생의 마지막 하늘을 보았고, 우리의 슬픈 가슴으로 걸어 들어왔다. 고흐의 이름은 까마귀가 날아갈 푸른 하늘이 남아 있는 한 영원히 기억될 것이다.

당신과 미술, 그 365일

모르면 낯설고, 낯서니 거부하고픈 마음이 앞서기 마련이다. 미술도 그랬다. 스치고 지나치자니 왠지 내 등 뒤를 서성이는 것 같아 걸음을 멈추게 했던 미술은 문학 작품 속에서, 혹은 영화와 철학, 역사 등 도처에서 은유로, 수사로 등장하며 나를 유혹했다. 뜻밖에도 미술은 모르면 안 보이는, 그러나 알면 알수록 그만큼 더 좋아지는 매력적인 신세계였다.

작은 그림 안에, 무뚝뚝하게 선 조각 안에, 생의 환희와 존재의 고독이, 세상에 대한 분노와 애착이 들어가 있었다. 사랑한다는 백 마디 말보다 더 짙은 사랑이 웅크리고 있기도 하고, 잊어서는 안 되는 어느 민중의 수모와 극복의 역사도 담겨 있었다. 그림과 조각들은 하나하나가 이미 그 자체로 거대한 세계였다.

낯선 마음으로 시작했건, 이미 빠져들기 시작해 호기심을 가득 안고 시작했건, 이 책이 당신에게 미술과 함께하는 새로운 365일을 선사했으면 한다. 미술사에서 스캔들까지, 혹은 위대한 작품에서 신화와 종교, 화가와 기법까지 무궁무진한 이야기를 품은 그림들을 매일 한 작품씩 살펴보다 보면 사랑해야 할 이유가 너무나 많은, 미술과의 새로운 일기장이 만들어지지 않을까 기대해본다.

책을 덮는 365일째 날, 365가지의 세계를 다 경험한 날 밤, 문득 고개를 든 당신의 눈에 어떤 별이 스치게 될지 궁금하다.

- 고종희, 《르네상스의 초상화 또는 인간의 빛과 그늘》, 한길아트, 2004
- 고종희, 《일러스트레이션》, 생각의 나무, 2005
- E.H. 곰브리치, 《서양미술사》, 예경, 2003
- 게릴라걸스, 《게릴라걸스의 서양미술사》, 마음산책, 2010
- 금경숙, 《플랑드르 화가들》, 뮤진트리, 2017
- 김광우, 《칸딘스키와 클레의 추상미술》, 미술문화, 2007
- 김영나, 《서양 현대미술의 기원: 1880-1914》, 시공사, 1999
- 김영숙, 〈손 안의 미술관 시리즈 1-6〉, 휴머니스트, 2013-2016
- 김영숙, 《피렌체 예술산책》, 아트북스, 2012
- 김영숙, 《네덜란드 벨기에 미술관 산책》, 마로니에북스, 2013
- 김영숙, 《성화, 그림이 된 성서》, 휴머니스트, 2015
- 김영숙, 《빈센트 반 고흐 1, 2》, 유화컴퍼니, 2018-2019
- 김해선, 《에곤 실레를 사랑한다면, 한번쯤은 체스키크룸로프》, 이담북스, 2019
- 나카노 교코, 《무서운 그림 3》, 세미콜론, 2010
- 노성두, 《노성두의 미술이야기 1》, 한길아트, 2001
- 린다 노클린, 《페미니즘 미술사》, 예경, 1997
- 르 클레지오, 《프리다 칼로, 디에고 리베라》, 다빈치, 2011
- 김영숙, 마경, 《영화가 묻고 베네치아로 답하다》, 일파소, 2018
- 프랜시스 보르젤로, 《자화상 그리는 여자들》, 아트북스, 2017
- 조르조 바사리, 《르네상스 미술가 평전 1-6》, 한길사, 2018-2019
- 마틸데 바티스티니, 《상징과 비밀, 그림으로 읽기》, 예경, 2007
- 폴 발레리, 《드가. 춤. 데생》, 열화당, 2005
- 존 버거, 《피카소의 성공과 실패》, 아트북스, 2003
- 하인리히 뵐플린, 《르네상스의 미술》, 휴머니스트, 2002
- 노르베르트 볼프, 《디에고 벨라스케스》, 마로니에북스, 2007
- 캐롤 스트릭랜드, 《클릭, 서양미술사》, 예경, 2010
- 나이즐 스피비, 《그리스 미술》, 한길아트, 2001
- 신성림, 《클림트, 황금빛 유혹》, 다빈치, 2002
- 다니엘 아라스, 《서양미술사의 재발견》, 마로니에북스, 2008
- 양정무, 《상인과 미술》, 사회평론, 2011
- 양정무, 《난생처음 한번 공부하는 미술이야기 1-6》, 사회평론, 2016-2020
- 데이비드 어윈, 《신고전주의》, 한길아트, 2004
- 이덕형, 《이콘과 아방가르드》, 생각의나무, 2008
- 이진숙, 《시대를 훔친 미술》, 민음사, 2015
- 이진숙, 《러시아 미술사》, 민음인, 2007
- 이연식, 《위작과 도난의 미술사》, 한길아트, 2008
- 이은기, 김미정, 《서양미술사》, 미진사, 2006

- 이은기, 《르네상스 미술과 후원자》, 시공사, 2002
- 이현애, 《독일 미술관을 걷다》, 마로니에북스, 2012
- 임영방, 《중세미술과 도상》, 서울대학교출판문화원, 2006
- 임영방, 《이탈리아 르네상스의 인문주의와 미술》, 문학과지성사, 2003
- 임영방, 《바로크: 17세기 미술을 중심으로》, 한길아트, 2011
- 전원경, 《런던 미술관 산책》, 시공아트, 2010
- 전원경, 《예술, 역사를 만들다》, 시공아트, 2016
- 전원경, 《클림트》, 아르테, 2018
- 로사 조르지, 《성인 이야기 명화를 만나다》, 예경, 2006
- 조이한, 《당신이 아름답지 않다는 거짓말》, 한겨레출판, 2019
- 스테판 존스, 《18세기의 미술》, 예경, 1996
- 진중권, 《진중권의 서양미술사 1-3》, 휴머니스트, 2008-2013
- 최경화, 《스페인 미술관 산책》, 시공아트, 2013
- 최정은, 《보이지 않는 것과 말할 수 없는 것》, 한길아트, 2000
- 스테파노 추피, 《신약성서, 그림으로 읽기》, 예경, 2009
- 스테파노 추피, 《천년의 그림여행》, 예경, 2009
- 로라 커밍, 《화가의 얼굴, 자화상》, 아트북스, 2012
- 크리스티 책임 편집, 《세상을 놀라게 한 경매 작품 250》, 마로니에북스, 2018
- 츠베탕 토드로프, 《일상예찬 : 17세기 네덜란드 회화 다시보기》, 뿌리와이파리, 2003
- 재니스 톰린슨, 《스페인 회화》, 예경, 2002
- 에르빈 파노프스키, 《인문주의 예술가 뒤러 1-2》, 한길아트, 2006
- 조지 퍼거슨, 《르네상스 미술로 읽는 상징과 표징》, 일파소, 2019년
- 슈테파니 펭크, 《아틀라스 서양미술사》, 현암사, 2013
- 로지카 파커, 《여성 미술 이데올로기》, 시각과언어, 1995
- 크랙 하비슨, 《북유럽 르네상스의 미술》, 예경, 2001
- 크리스토프 하인리히, 《클로드 모네》, 마로니에북스, 2005
- 크리스티나 하베를리크, 이라 디아나 마초니, 《여성예술가》, 해냄, 2003
- 메리 홀링스워스, 《세계 미술사의 재발견》, 마로니에북스, 2009
- 홍진경, 《인간의 얼굴 그림으로 읽기》, 예담, 2002

- Koester, Thomas & Roeper, Lars, 《50 artists you should know》, prestel, 2016
- Pomarède, Vincent, 《The Louvre: All the Paintings Hardcover-Illustrated》, Black Dog&Leventhal, 2011
- Grebe, Anja 《Vatican: All the Paintings: The Complete Collection of Old Masters, Plus More than 300 Sculptures, Maps, Tapestries, and other Artifacts Hardcover》, Black Dog&Leventhal, 2013
- Toman, Rolf ed, 《BAROQUE ARCHITECTURE, SCULPTURE, PAINTING》, Konemann, 2004
- Portus, Javier 외, (CATALOGUE) 〈The Spanish Portrait: From El Greco to Picasso〉, Museo nacional

del Prado, 2004

- Keisch, Claude ed., 《The Alte Nationalgalerie Berlin》, Scala Publishers, 2005
- Bazzotti, Ugo ed., 《Palazzo Te Mantua》, skira, 2007
- Scudieri, Magnolia, 《The frescoes by Angelico at San Marco》, Giunti, 2011
- Wolfgang Prohaska, 《Kunsthistorisches Museum Vienna, Collection of Paintings, Scala》, Arts&Heritage Publishers, 2014
- Duchet-Suchaux, Gaston&Pastoreau, Michel, 《The Bible and The Saints》, Flammarion, 1994
- De Voragine, Jacobus, 《The Golden Legend: Readings on the Saints》, Princeton University Press, 2012

인덱스는 페이지가 아닌 001일부터 365일까지의 날짜 숫자로 표기했습니다

숫자

세상의 모든 지식이 내 것이 되는
1페이지 미술 365

초판 1쇄 발행 2021년 7월 28일
초판 6쇄 발행 2023년 11월 7일

지은이 김영숙
펴낸이 이경희

펴낸곳 빅피시
출판등록 2021년 4월 6일 제2021-000115호
주소 서울시 마포구 월드컵북로 402, KGIT 16층 1601-1호

ⓒ 김영숙, 2021
ISBN 979-11-974387-7-6 04900
　　　979-11-974387-2-1 (세트)

- 인쇄·제작 및 유통상의 파본 도서는 구입하신 서점에서 바꿔드립니다.
- 이 책의 전부 또는 일부 내용을 재사용하려면 반드시 사전에
  저작권자와 빅피시의 서면 동의를 받아야 합니다.
- 빅피시는 여러분의 소중한 원고를 기다립니다. bigfish@thebigfish.kr